北京工商大学会计系列教材

企业财务学

第4版

Corporate Finance

王斌 童盼 主编

经济科学出版社
Economic Science Press

图书在版编目（CIP）数据

企业财务学/王斌，童盼主编．—4 版．—北京：
经济科学出版社，2015.4
 北京工商大学会计系列教材
 ISBN 978－7－5141－5646－1

Ⅰ.①企⋯　Ⅱ.①王⋯②童⋯　Ⅲ.①企业管理－
财务管理－高等学校－教材　Ⅳ.①F275

中国版本图书馆 CIP 数据核字（2015）第 070787 号

责任编辑：齐伟娜
责任校对：郑淑艳
责任印制：李　鹏

企业财务学
（第 4 版）
王　斌　童　盼　主编
经济科学出版社出版、发行　新华书店经销
社址：北京市海淀区阜成路甲 28 号　邮编：100142
总编部电话：010－88191217　发行部电话：010－88191540
网址：www.esp.com.cn
电子邮件：esp@esp.com.cn
天猫网店：经济科学出版社旗舰店
网址：http://jjkxcbs.tmall.com
固安华明印业有限公司印装
787×1092　16 开　16.75 印张　410000 字
2015 年 5 月第 1 版　2015 年 5 月第 1 次印刷
ISBN 978－7－5141－5646－1　定价：36.80 元
（图书出现印装问题，本社负责调换。电话：010－88191502）
（版权所有　翻印必究　举报电话：010－88191586）
电子邮箱：dbts@esp.com.cn

总 序

北京工商大学会计系列教材（以下简称"系列教材"）于1998年推出第1版。结合2001年我国《企业会计制度》的实施，我们于2002年推出了第2版。随着2006年新会计、审计准则体系的颁布，我们于2006年推出了第3版。自2006年修订以来，我国在会计准则、审计准则和内部控制规范建设等方面发生了很多重大变化，高等教育改革对人才培养质量也提出了新的要求，这些法规制度的变化，以及提高人才培养质量的内在要求，都需要我们对系列教材进行相应的修订。

首先，自2007年1月1日企业会计准则和审计准则在上市公司全面实施以来，会计准则、审计准则和内部控制规范建设方面不断取得新进展。在会计准则方面，截至2012年底，财政部共发布了5个企业会计准则解释公告，对企业合并、长期股权投资、金融工具、财务报表列报、分部报告等处理作了较大修改。国际财务报告准则很多项目也作了修改，而根据财政部2010年发布的《中国企业会计准则与国际财务报告准则持续趋同路线图》，中国企业会计准则将保持与国际财务报告准则的持续趋同，持续趋同的时间安排与国际会计准则理事会（IASB）的进度保持同步。在审计准则方面，为了保持与国际审计准则的持续全面趋同，针对国际审计准则的新变化以及我国审计实务需要解决的新问题，中国注册会计师协会启动了对审计准则的全面修订。在内部控制方面，2008年和2010年，财政部等五部委联合发布了《企业内部控制基本规范》及其配套指引，为揭示和防范风险，提供了有力指导。随着2010年《中央企业负责人经营业绩考核暂行办法》的正式实施，经济增加值（EVA）的应用首次有章可循。会计准则、审计准则、内部控制等相关法规制度的变化，是本次系列教材修订的外在驱动因素。

其次，2011年11月，北京工商大学召开本科教学综合改革会议，明确提出，通过深化本科教学综合改革，构建与新世纪高素质创新人才培养相适应的本科教学模式，培养富有创新精神、独立思维与应用能力的专业人才。2012年教育部发布《关于全面提高高等教育质量的若干意见》，要求高校探索拔尖创新人才培养模式，改革教学管理，探索在教师指导下，学生自主选择专业、自主选择课程等自主学习模式。创新教育教学方法，倡导启发式、探究式、讨论式、参与式教学；提出全面实施素质教育，把促进人的全面发展和适应社会需要作为衡量人才培养水平的根本标准。2012年3月，北京工商大学会计学专业被列为学校本科教学综合改革首批试点专业，着手改革课程体系、教学方法和实践环节，以培养能够动态满足社会需求的创新人才。在这一改革中，教材修订是非常重要的基础环节。配合本科教学综合改革，提高人才培养质量，是本次系列教材修订的内在驱动因素。

为了满足上述需求，在保持第3版特色的基础上，本次教材修订的特点主要体现在以下三个方面：

一是紧跟时代步伐，反映最新理论和实践成果。通过紧密结合会计准则、审计准则、内部控制规范的变化，吸收会计领域中新理论、新法规、新方法，更新"国际视野"部分的相关内容以反映会计国际发展趋势，使系列教材既密切联系中国实际，又反映国际发展变化；既立足于当前，又着眼于未来。

二是重视素质教育，注重学生创新和应用能力培养。在阐述现行法律、法规及实务做法的基础上，注意从理论上进行解释，通过完善"综合案例讨论和分析"和"小组讨论"部分，引导学生从根本上认识和理解问题，使系列教材既便于学生对知识和技能的掌握，又重视学生基本素质和能力的培养。

三是坚持需求导向，开发立体式教辅资源。通过配套更加完善的教辅资源，如教学大纲、PPT课件、学习指导书、习题库、辅助阅读资料等，为教师教学和学生学习提供全方位服务，使系列教材既便于教师讲授，又有利于学生独立学习；既有利于学生能力的培养，也兼顾学生参加注册会计师考试的客观需要。

北京工商大学会计系列教材是北京工商大学商学院会计系和财务系教师共同打造的。近5年来，会计系和财务系教师在教学方面取得了丰硕的成果，如2008年和2009年，会计学和财务管理专业分别被评为国家级特色专业建设点；获北京市教育教学成果一等奖2项、二等奖1项；获批国家级精品课程、教材6项，获批北京市精品课程、教材7项。本次修订，我们试图充分反映北京工商大学会计系和财务系教师在教学和科研方面取得的成果，以更好地满足广大教师和学生的需求。尽管如此，还会存在许多不足，恳请大家提出批评和改进意见，以使该套系列教材进一步完善。

北京工商大学会计系列教材编委会
2013年1月

再版前言

企业财务学涉及企业管理实务中与资金有关的各类活动，它与企业的其他管理活动一样，需要适应经营环境的变化。随着我国经济的飞速发展和互联网时代的到来，企业的经营环境日新月异，虽然企业财务学的基本理念没有根本性的变化，但具体内容却发生着或多或少的改变，各种新型融资方式层出不穷，企业投资渠道不断拓宽，公司股利政策的制定受到外界的约束越来越大……这些都使得企业财务学的世界更为丰富多彩。基于此，我们对《企业财务学（第3版）》进行了修订。

我们修订的原则是：

（1）保留原书的主体架构，因为我们认为原书的逻辑体系和理论框架能较好地反映企业财务学的基本逻辑和理念。

（2）深化企业财务学核心内容的阐述和分析，因此，本教材删除第3版中第8章"企业并购财务决策"，而将财务规划单列一章，即第5章"财务规划与外部融资需求"。

（3）重新编写内容存在较大变动的部分，如第1章"总论"和第7章"股利政策"。

（4）与时俱进，增加环境变化对企业财务学影响的相关内容，如第1章中的"商业组织与财务管理"，第4章中的资产证券化、保理融资、集团授信等"其他融资方式"，第7章中的股利决策的相关法律法规，等等。

（5）教材更具可读性。一方面，通过实际案例让财务学中一些抽象的概念更为生动和更易于理解；另一方面，通过穿插在教材中的小段介绍性文字延伸书中的一些基本财务概念，拓宽读者视野，为之后更深入地学习企业财务学奠定基础。因此，我们在每一章都增加了"相关链接"、"国际视野"、"相关案例"和"小组讨论"。

本教材由王斌教授和童盼教授担任主编，负责全书大纲的拟定和编写的组织工作，并对全书进行统稿和总纂。各章写作的具体分工如下：第1、2章由王斌教授编写和修订；第3、4章由王力军副教授编写和修订；第5、8章由刘红晔副教授编写和修订；第6、7章由童盼教授编写和修订。本教材的修订得到了北京工商大学商学院各方的支持,在此表示感谢!同时感谢经济科学出版社的编辑老师,正是他们的高效工作,使得本教材得以较快出版。

由于编者水平有限,书中不当或错漏之处,恳请读者谅解和批评指正。

编 者
2015 年 3 月

目录 CONTENTS

第1章 总论 / 1

第一节 商业组织与财务管理 / 2

第二节 财务目标及公司治理机制 / 8

第三节 金融市场及市场有效性假定 / 19

第2章 必要收益率与财务估值原理 / 31

第一节 风险与收益的衡量 / 32

第二节 资本资产定价模型 / 39

第三节 财务估值的一般原理 / 47

第四节 财务估值原理的应用 / 53

第3章 项目投资决策与资本预算 / 63

第一节 投资战略与投资决策原理 / 64

第二节 资本预算管理 / 72

第三节 决策参数估计及其他决策事项 / 81

第4章 长期筹资决策 / 93

第一节 筹资概述 / 94

第二节 股权筹资 / 100

第三节 债务筹资 / 109

第四节 可转换债券与认股权证 / 121

第5章 财务规划与外部融资需求 / 128

第一节 财务规划概述 / 129

第二节 对外融资数量与销售百分比法 / 132

第三节 公司增长与外部融资 / 136

第6章 资本结构决策 / 150

第一节 资本成本及其计量 / 151

第二节 资本结构与公司价值 / 158

第三节 筹资风险与资本结构决策 / 169

第7章 股利政策 / 185

第一节 股利分配形式及程序 / 186

第二节 股利理论 / 192

第三节 股利政策决策 / 196

第四节 股票回购与股票分割 / 205

第8章 营运资本管理 / 214

第一节 营运资本管理概述 / 215

第二节 短期债务融资 / 225

第三节 现金管理 / 232

第四节 应收账款管理 / 242

第1章

总　论

学习提要与目标

　　财务管理是围绕公司融资、投资、收益分配及日常运营等项活动而进行的决策与管理活动，旨在最大化公司价值。公司制作为企业组织的主要形式，其财务决策及各项管理活动应囿于公司治理框架之中，并通过公司相关财务管理组织对其进行有效管理。本章介绍了商业组织与财务管理的概念，并以公司财务目标为基础，重点阐述其与公司治理机制、制度安排等之间的逻辑关系，讨论分析了作为公司财务外部环境的金融市场及其利率等对公司投融资决策的影响，最后指出市场有效性假设的含义。

　　通过本章的学习，应能够：
- 理解财务管理的基本概念；
- 掌握财务管理的目标、含义及其与公司治理机制之间的逻辑关系；
- 理解金融市场、利率等对公司投融资决策的重要影响。

第一节　商业组织与财务管理

任何商业组织都以营利为目的，其成败与否在很大程度上与财务决策及其管理有关。

一、商业组织形式

大多数商业组织主要采用业主制、合伙制或公司制三种形式。

（一）业主制

业主制（sole proprietorship）也称独资制，是由一个自然人拥有的商业组织。其优点在于一人独有或控制、易于发起建立，最大不足在于业主与公司被视为一体，因此业主个人需要对企业债务负无限个人责任。另外，由于业主个人资本有限，因此难以进行大规模融资以支持企业发展，企业规模相对较小。尽管如此，业主制仍然是经济体中数量最庞大、经营方式最为灵活的一种商业组织，它广泛存在于零售、服务业等第三产业中。

（二）合伙制

合伙制（partnership）是由两个或两个以上合伙人发起设立、共同拥有的商业组织。作为一种人合组织，发起设立的合伙人可以是自然人、法人或其他公司组织，合伙人或出资（财务资本）或出力（人力资本）等，他们依据合伙协议共同经营企业、共担风险并共享公司收益（损失）。在这里，合伙协议是合伙人之间共同协商订立，确定合伙经营原则与合伙公司事务执行原则、各合伙人间权利义务等内容的契约文件。

合伙制又可细分为普通合伙（general partnership）和有限合伙（limited partnership）两类。（1）普通合伙。作为合伙制的主要形式，其全体合伙人（均为普通合伙人）负责合伙企业的经营管理，并对合伙债务承担无限连带责任。（2）有限合伙。它是由普通合伙企业发展而来的一种合伙形式，它由两类合伙人组成：一是普通合伙人，负责合伙的经营管理，并对合伙债务承担无限连带责任；二是有限合伙人，通常不负责合伙的经营管理，并仅以其出资额为限对合伙债务承担有限责任。可见，有限合伙融合了"普通合伙制"和"有限公司制"两者的优点，在企业实践中，为资本与智力的结合提供了一种便利的组织形式，如拥有财力者作为有限合伙人，拥有专业知识、管理能力者作为普通合伙人，从而达到两者的优势互补、资源共享。

合伙制易于设立，但在普通合伙人发生变更时需要重设。相对于业主制，合伙制因融资能力增强而规模较大。作为一种普遍的商业组织，广泛适用于会计师事务所、法律事务所、咨询公司等商业组织。

◎ 相关案例

阿里巴巴集团的"类合伙制"与上市之路

合伙制是一种典型的人合体制,它既能充分激发合伙人能量以提高企业效率,又能因合伙人承担无限连带责任风险而更有利于管制风险。

以阿里巴巴集团(Alibaba Group Holding Ltd)为例,它由包括马云、执行高管和其他内部人士等共27名"合伙人"团队实际掌控,而其两大股东(日本软银集团,持有阿里巴巴35%的股权;雅虎,持有该公司24%的股权)只是作为财务投资者,被排除在27位合伙人团队之外。该公司章程规定,阿里巴巴董事会大部分董事的提名权归阿里巴巴的合伙人,但同时又为合伙人设置了苛刻的门槛限制。但是,阿里巴巴的合伙制却是一种"类合伙制",一方面,以马云为首的合伙人(管理团队)以不足10%的股权实现着对阿里巴巴的控制,另一方面,合伙人团队并不像普遍合伙企业中的合伙人,需要对企业的债务承担连带责任。可见,阿里巴巴其实是由掌握实权的合伙人团队(他们兼股东和管理层于一身)和没有太多发言权的外部股东构成的公司体制,有点类似美国公司制中同股不同权式的双轨制(dual-class)股权结构。

阿里巴巴原本计划在香港申请IPO上市,并提出上市后要赋予该公司"合伙人"任命董事会成员的权力,但这一要求被香港证交所拒绝,原因是阿里巴巴的董事产生程序的特殊方案违反港交所"平等对待股东"、"同股同权"等原则。相反,由于美国相关法律并不反对双轨制股权结构,因此,阿里巴巴转而拟在美国上市,并于2013年10月获得纽交所和纳斯达克(NASDAQ)的书面确认(如确认包括董事会的提名权等在内的阿里合伙人机制完全符合上市规定),2014年3月阿里巴巴宣布启动上市事宜,IPO地点确定为美国,并于2014年9月完成上市。

资料来源:根据该公司网站及相关报道整理而成。

(三)公司制

公司制是依法设立的法人实体,它以其全部财产对公司的债务承担责任。投资于公司的"人"即为公司股东(shareholders或stockholders)。股东作为出资者,将其财产投入到公司后,以其投资额(或持股比例)享有公司股权,体现为资产收益权、参与公司重大决策和选择管理者的权利。公司制可分为有限责任公司、股份有限公司两类,前者是指公司股东对公司仅以其认缴的出资额为限承担有限责任的公司,后者是指公司资本划分为等额股份,公司股东以其认购股份为限对公司承担有限责任的公司。另外还须指出的是,根据我国公司法规定,有限责任公司还有"一人有限责任公司"、"国有独资公司"等特殊形式。

相对于业主制与合伙制,公司制的最大特点(优点)在于:(1)有限责任。大多数公司为有限责任公司,它意味着股东以其出资额为上限承担公司债务或义务。(2)持续经营。不同于业主或合伙制,作为独立的法律存在方式,公司不因股东出售或买入股票等行为(即股东变更)而发生实质性改变。(3)融资能力。股东有限责任及公司股票流通性等，使公司具有更强的融资能力，从而支持其快速增长。(4) 公司治理。由于公司规模较大、股东多元且股权结构相对分散，公司制自然会产生诸如"股东—管理层"、"大股东—中小股东"等之间的代理矛盾和利益冲突，增加其组织成本，因此需要通过各种公司治理机制或安排降低其组织成本、保护投资者利益。

公司制是当今商业社会最主要、最规范、也是最复杂的组织形式。本书将围绕公司制这一组织形式而展开讨论。

二、公司财务管理概念及其内涵

(一) 公司财务活动或事项

从公司及其管理者角度，任何一家公司的决策、管理都离不开对下述问题的回答：(1) 如何进行投资决策？即如何从战略、财务角度来评价公司未来投资项目的可行性。投资决策事关公司发展及未来，良好的投资决策能增进公司持续盈利与价值增值、促进公司可持续发展，而不恰当的投资决策则可能减损公司盈利和价值、阻碍公司未来增长。(2) 如何为所需要实施的投资项目筹集必需的资本？公司财务所关注的核心问题就是融资决策，它包括：需要筹集多少资本？何时筹集资本？向谁以及通过什么方式来筹集资本？所筹资本成本是多少（例如，它们是否将高于拟投资项目的预期收益）？如此等等。可见，融资决策不仅关系到拟投资项目能否有效实施、关系到公司经营的持续稳定与财务安全，更关系到不同资本提供者在公司中将扮演的角色及其权益索取权行使。(3) 如何结合公司战略规划、日常运营及财务管理活动等强化对公司的财务控制？在财务管理过程中，管理者不仅要讨论对未来发展产生重大影响的重大决策与规划事项（如项目投资、长期资本的筹集等），更需要投入更大精力来加强公司日常经营与财务事项的管理，如收入实现管理、成本费用控制、公司运营与资产周转、现金流控制，等等，所有这些都是保持公司财务"健康"、"稳定"所不可或缺的管理内容。(4) 如何分配公司利润？公司一旦实现盈利，则需要在不同资本提供者之间进行合理分配，从而涉及到盈利"分给谁"、"分还是不分"、"分多分少"等一系列问题，这些问题事关投资者利益实现及权益保护等重大问题。

公司面临的上述各种决策与管理事项被称之为公司"财务活动或事项"，对这些活动或事项的管理，不仅涉及理性财务决策，更涉及决策结果的执行、控制。具体地说，它不仅需要公司股东、董事会、高管团队在公司治理规则下参与各种财务决策，更需要公司财务管理部门与其他相关部门通力协作以落实财务决策；不仅需要考虑外部环境不确定性、公司战略对财务决策的各种影响，更需要通过强化公司与公司间、公司与市场间、公司内部各部分之间的良性互动、合作来合理控制风险。

(二) 财务管理的内涵

那么，什么是公司财务管理？财务管理（financial management 或 corporate finance）

就是以价值增值为目标,围绕公司战略而对各项财务活动所进行的管理。具体分析如下:

1. 财务管理以公司价值最大化为目标

财务管理服务于公司的价值增值目标。如前所述,公司是由股东投资所设立的法律实体,股东投资以追求回报为根本,公司正是通过运营、营销、财务等各项活动的决策与管理实现股东预期回报的。公司股东取得其投资回报的形式多种多样,如按股权比例取得其应得现金红利、通过股票价值增值、转让溢价取得资本利得收益,等等。但不管采用何种回报形式,最终都要求公司价值增值。如果将公司看成是由不同资产、资源聚合在一起的经营实体,则在持续经营假设下,公司价值直接体现为未来各期预期收益现金流的现在值。

价值最大化目标为公司财务管理设立了价值判断取向、决策标准。

2. 财务管理围绕财务活动或管理事项展开

财务管理围绕与钱有关的财务活动或财务事项展开,它包括:

(1) 融资活动与资本市场。融资活动及其决策管理事项是"财务"(finance)一词的本源。在西方财务管理理论与实务中,原始意义上的财务是指各主体(如政府、公司组织和个人)对货币资源的获取。西方文献表明,自1897年美国经济学家格林出版的(Thomas L. Greene)《公司理财》(Corporate Finance)到1920年斯通(Arthor Stone)出版的《公司财务策略》(Financial Policy of Corporation),财务管理的内容无不体现在如何筹集资本以满足投资所需上。从公司管理实践看,融资管理所讨论的核心内容包括:如何设计和发行各种金融工具(如股票、债券及其他证券)筹集所需资本;如何利用商业银行和非银行金融机构(如投资银行、信托公司、保险基金等)为公司提供融资服务;如何根据公司内外部环境以筹划融资结构,在控制融资风险的同时降低融资成本,等等。可见,公司融资事关公司、资本提供者、金融市场等之间的关系互动,融资的本质是公司(作为资本需求方)与投资者(作为资本供给方)借助市场中介在"时间"上进行的货币互换交易,且以支付相应"价格"为前提:有的人现时不需要用钱而有的人现时则急需用钱,有钱的人将钱出贷或投资给没有钱的人(交易),从而取得回报。这种货币在时间上的互换交易催生了各种金融工具创新,并相继引发了金融资产定价、资本成本与资本结构、财务风险控制技术等一系列决策与管理问题,最终构成财务管理的核心内容。

(2) 投资活动。除非特殊情况,公司并不存在纯粹的融资行为,也就是说,公司融资的真正目的在于满足未来投资所需,因此财务管理从融资向投融资的转变是其发展必然。或者说,没有投资需求就没有融资需求,从而也就没有融资决策。在公司财务管理中,投资活动被看成是"牺牲现时消费而以期取得未来更多消费"的行为,由于与"现时消费支出"相比,"以期取得的未来更多消费"行为具有高度不确定性,尤其是诸如大额投资、改变原有产业或经营领域的投资等项目,更是如此,因此投资决策及其管理在很大程度上决定公司未来的成败,投资决策与管理也就成为财务管理成败的关键。

(3) 收益分配活动。收益分配是公司对投融资活动所取得的收益,在不同利益主体之间、公司"利润留存"与"股利支付"等之间所进行的分配,它事关公司与股东、债权等资本提供者间的利益关系，事关投资者利益诉求及公司可持续发展与价值增值。大量事实证明，从资本市场及"公司—资本提供者"关系角度，如果公司能够持续不断地回报于资本提供者、持续不断地为公司投资融入所需资本，则不仅有利于公司可持续增长，而且更能体现和实现股东价值最大化目标。

？ 公司章程如何助力公司制定合理的收益分配政策以实现"公司—资本市场"间的有效互动？

◎ **相关案例**

某上市公司公司章程中有关利润分配的原则规定

第＊＊条　公司实施利润分配办法，应严格遵守下列规定：

（一）公司的利润分配应重视对投资者的合理投资回报。公司可以采取现金、股票、现金与股票相结合或者法律、法规允许的其他方式分配利润，利润分配不得超过累计可分配利润的范围，不得损害公司的持续经营能力。

（二）公司保持利润分配政策的连续性与稳定性，任何三个连续年度内，公司以现金方式累计分配的利润不少于最近三年实现的年均可分配利润的百分之三十。

（三）公司每一会计年度如实现盈利，董事会应向股东大会提出现金股利分配预案；如实现盈利但未提出现金股利分配预案，则董事会应在定期报告中详细说明未进行现金分红的原因、未用于现金分红的资金留存公司的用途，独立董事应对此发表意见。

（四）在公司经营情况良好、可保持公司股本规模与股权结构合理的前提下，公司可以提出股票股利分配预案。

（五）公司董事会可以根据公司的盈利状况及资金的需求状况提议公司进行中期利润分配。

（六）存在股东违规占用公司资金情况的，公司有权扣减该股东所分配的现金红利，以偿还其占用的资金。

收益分配活动既是财务管理的终点，也是财务管理的起点。说是终点，是因为公司需要对其运营所取得收益结果在不同主体间进行分配；说是起点，是因为收益分配比例高低直接决定公司未来内部财务资源量的多少（内部融资问题），并直接影响着投资者对公司未来的风险评判和投资者信心，从而间接影响公司外部融资能力。这也可看出，收益分配在一定程度上也是公司的"融资活动"。

另外需要关注的是，对收益概念的不同理解会影响收益分配活动范围大小。依收益口径不同可以将其划定为增值性收益、经营性收益、税前收益、净收益和普通股东收益等不同层次，由此参与收益分配的主体则不仅仅是股东（stockholders），而是公司的各利益相关者（stakeholders），如公司员工、债权人、股东、政府、供应商等，收益分配活动则因此分为初次分配、再分配等内容。收益概念的层次及分配对象如表1-1所示。

表1-1 收益层次及其分配对象

收益概念	利益相关者	分配层次
（1）产品的市场价值 减：从外部取得与这些产品相关的商品和服务成本	各类供应商	
（2）等于：增值性收益 减：未来实现持有收益和人工成本	公司员工、政府、债权人、优先股东、普通股东	初次分配
（3）等于：公司经营收益（即息税前收益） 减：利息费用	政府、债权人、优先股东、普通股东	二次分配
（4）等于：税前收益 减：所得税	政府、优先股东、普通股东	再分配
（5）等于：净收益 减：优先股息	优先股东、普通股东	最终分配
（6）等于：普通股收益	普通股东	

注：增值性收益是指企业产品现行市价减去从企业外部取得与这些产品相关的商品或服务成本后的余额（包括已实现和未实现的持有收益）。

（4）日常财务活动与现金流管理。公司投融资及利润分配活动构成公司财务管理的主线，但是，财务管理不仅仅是只对重大财务决策事项进行决策管理，它还必须根植于公司日常经营活动之中，为公司采购、生产、营销与销售、服务等各项活动提供全方位的财务控制，具体体现为短期财务计划、营运资本管理、现金预算及现金流控制等方方面面。可见，日常财务活动及管理是财务管理的基础，它以提高公司运营效率、提高盈利质量、维护财务安全等为目标取向。

3. 财务管理以内外环境分析及公司战略为基础

开展管理活动离不开对公司内外环境因素的分析与考量，离不开公司战略的制定与落实。财务管理作为制定、落实公司战略的重要方式，在其决策与管理过程中，不仅需要考虑公司的各种外部环境因素（如产品市场环境、金融体系与资本市场环境、财税等政策环境），还需要考虑公司成长的阶段性（如成长期与成熟期）、获取资源的能力、管理团队稳定性及管理水平、部门间协作能力等多种内部因素，并据此制定和落实公司的财务战略。离开资本市场、离开现代商业环境分析与评估、离开公司战略的引导，财务管理将很难发挥其应有作用。

4. 财务管理根植于"业务财务一体化"的公司运营体系之中

公司管理大体包括"经商"和"理财"等主要方面，其中经商与战略定位、经营模式确立、日常运营（如采购、生产、营销与销售、服务等）等各项活动相关，理财则与经商过程中的财务规划、资本取得、有效利用及其管理控制等一系列财务活动相关。这两者的关系犹如一枚硬币的两面，相互依存、有机融合，共同构成公司管理的主体内容。在现代公司管理中，业务经营与财务管理不可能是相互割裂的，而是整合为"一体化"的（即所谓"运营—财务一体化"），经商不懂理财会导致经营失败，反过来，理财不懂得经商过程也不可能真正发挥财务管理的价值增值作用。因此，与其说财务管理是公司管理的有机组成部分，倒不如财务管理就是公司管理：它是从财务视角对公司经营活动等所进行的公司管理。

5. 简要小结：融资、投资与收益分配三者间的逻辑关系

企业财务行为都是基于企业主体的行为逻辑而展开的。企业之所以存在，根本目的在于如何更多地为投资者创造价值。因此，这一逻辑起点也就决定了三种不同财务活动间的逻辑关系，即从总体上，它们是以一个整体身份出现的，不能单独地割裂开来，它们的目标只有一个，即创造价值；从个体上，这三种不同的财务活动可以看成是为了实现价值目标的三个形式，其中，(1) 投资活动及其投资决策直接创造企业价值，它通过投资于超过最低可接受收益率的项目而创造企业价值，其标准是未来项目的预期收益（率）必须大于最低可接受收益（率）；(2) 融资活动及融资决策不是一项独立的财务活动，它必须借助于投资项目所需资本来安排融资，其标准是通过融资组合与选择，使投资项目的可接受收益（率）最低化或最小化；(3) 分配活动及其分配决策是对投资及融资活动的一种补充，其逻辑在于，如果没有可获得最低可接受收益（率）的足够项目，没有从企业未来投资获得价值增值的潜能，就应将企业所拥有的现金返还于投资者，回报于股东，让投资者或股东自身从投资中获得增值。

上述关系可用图 1-1 表示。

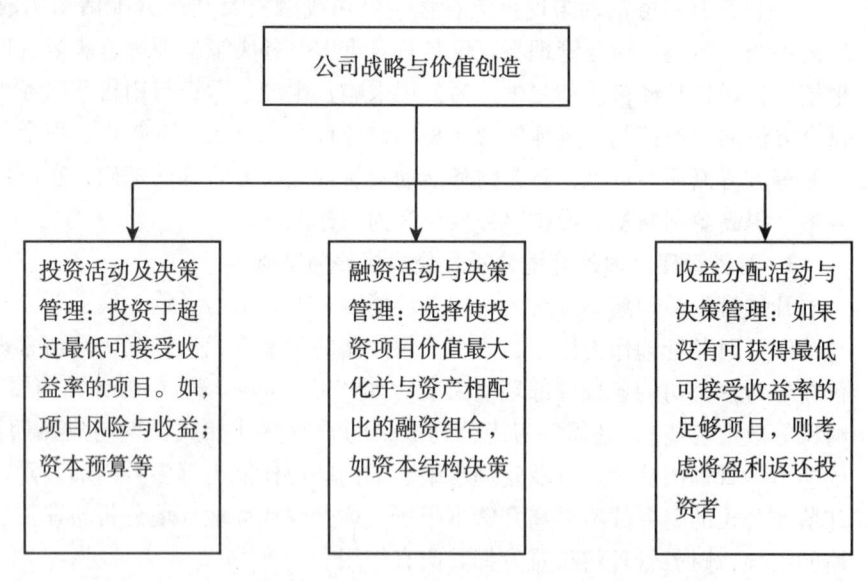

```
                 ┌─────────────────┐
                 │ 公司战略与价值创造 │
                 └─────────────────┘
          ┌───────────────┼───────────────┐
┌──────────────┐ ┌──────────────┐ ┌──────────────┐
│投资活动及决策│ │融资活动与决策│ │收益分配活动与│
│管理：投资于超│ │管理：选择使投│ │决策管理：如果│
│过最低可接受收│ │资项目价值最大│ │没有可获得最低│
│益率的项目。如│ │化并与资产相配│ │可接受收益率的│
│，项目风险与收│ │比的融资组合，│ │足够项目，则考│
│益；资本预算等│ │如资本结构决策│ │虑将盈利返还投│
│              │ │              │ │资者          │
└──────────────┘ └──────────────┘ └──────────────┘
```

图 1-1 "投资—融资—收益分配"活动与公司价值创造

第二节　财务目标及公司治理机制

公司财务目标是公司在特定理财环境中，通过组织财务活动、处理财务关系所要达到的根本目的。任何行为都必须有一定的目标导向性，财务管理也不例外。

一、公司财务目标及其内涵

(一) 财务目标的理论概括

公司财务目标作为价值理念,它意味着财务决策的价值取向。不同的价值取向会产生不同的决策后果。理论上,财务管理目标至少存在两种不同的表达。

1. 利润最大化

什么是利润?经济学对利润的定义大体上分为两大类。一类是从事基础理论研究的经济学家们,他们对利润的看法基于"经济利润"这一角度。这些经济学家们在分析利润概念时一般遵循着两种思路,一方面从其属性来研究利润,如利润来源、利润性质等;另一方面是从机会成本角度来定义利润,并认为经济利润等于会计收益减去资产占用的机会成本(即经济增加值,Economic Value Added,EVA)。另一类则是微观经济学及会计学对利润的定义,认为利润等于收入减去成本费用(会计学对这一等式的描述更为精致,它要求按一定的规则来分别界定收入、成本或费用),利润与会计收益等值。利润额的高低反映资产利用程度的高低和经济效益的大小,同时利润最大化在一定程度上代表股东资本保值增值最大化意愿,反映经营者最终的努力程度与管理业绩。

如果以会计收益来定义利润,且认为财务管理的目标就是利润最大化,则有其积极的一面,如利于量化,通俗易懂。但作为一种价值观念与决策取向,它并不足取,其理由是:(1)利润最大化没有考虑利润实现的时间因素,没有考虑货币时间价值;(2)利润作为一个绝对意义指标,没有反映"业绩产出—资本投入"间关系;(3)利润最大化没有考虑风险因素,因此盲目追求高利润在财务上等于盲目追求高风险,从长远看是不利于可持续发展的;(4)利润最大化导向易诱使公司经营者、财务决策者只顾短期而不顾长期、只顾局部而不顾整体等短视行为,从而不利于公司可持续发展与价值增值。

2. 股东财富最大化

股东财富最大化(Maximization of Shareholders' Wealth,MSW)是从股东角度来定位公司财务管理的终极目标的:(1)其立论基础是"公司是股东的公司",股东天然享有公司权益并规制着公司内部的控制权安排;(2)其隐含逻辑是,只要股东财富最大化目标能实现,则公司价值最大化目标也就自然实现(因为股东是公司剩余收益的求偿者、公司价值的拥有者)。赞同股东财富最大化的理由大体基于以上两点。作为概念化的目标,股东财富最大化突出了股东在公司控制权安排中的地位,并使其作为公司经营者决策、经营的核心价值取向和终极目标。

对于上市公司而言,股东财富最大化有时与股票价格最大化能画等号。假定股东总是愿意使自身财富越多越好(股东作为经济人),并同时假定股东总财富(W)是其拥有各种非股票价值(W_{ns})和股票价值(W_s)的总和,即:$W = W_{ns} + W_s$,且股票价值是股票数量(N_i)与股票价格(P_i)的乘积,即:$W_s = N_i \times P_i$,则:$W = W_{ns} + N_i P_i$。假定某股东的非股票价值(W_{ns})不变,且其持股数量(N_i)因初始财富或投资能力限制而假定不变,则股东财富最大化完全取决于每股市价(P_i),市价越高则其个人财富越大。但是，股票价格最大化只是股东财富最大化目标的"代替性"表达方式，这两者间并不能直接等价，原因就在于：尽管股票价格是所有衡量公司价值指标中最具观察性的指标，尽管在理性市场中，股票价格也能趋向于反映各项公司决策所带来的长期影响，但是股票价格作为市场"晴雨表"，其外在表现有时并不完全理性，股票价格并不能真正反映公司股票的内在价值。

本书将以股东财富最大化作为财务管理的逻辑起点。但这样做并不意味着该目标表达是十全十美的，或者说过于强调股东财富最大化或股票价格最大化，都有可能产生各种不利影响。原因就在于：过于强调股东利益，忽略公司债权人、优先股东和其他利益相关者等对公司的积极作用及利益诉求，将不利于公司可持续发展。如，过于强调股东财富最大化，将有可能诱导公司经营者过度举债，而在损害债权人权益的同时加重公司自身的财务风险，从而不利于公司价值增值。

（二）股东财富最大化目标的基本假定

将股东财富最大化作为公司财务目标，潜在假定是：（1）在公司制及两权分离情形下，公司经营者个人利益目标与股东目标完全一致；（2）债权人权益能得到完全保护；（3）股东作为一个整体，股东之间并不存在利益冲突；（4）公司在追求股东财富最大化目标时，其所耗费的各种社会成本能够被准确定价并最终由公司承担。

但是，上述"假定"（或理想状态）只是一种学理托词，现实中所表现出的问题远比这些假定要复杂得多，如经营者背离股东目标而追求其个人收益、债权人权益得不到应有保护、大股东因其控股权地位而可能损害其他中小股东的权益、公司因追求股东财富最大化而置生态环境、员工利益而不顾。所有这些都可视为股东与不同利益主体间因利益取向不同产生的目标分歧和社会问题，最终都可能表现为各种主体间的利益冲突。

很显然，公司治理的作用就在于通过各种机制设计与应用，协调平衡各利益相关方的利益诉求，在保护投资者权益的同时实现股东价值增值。

国际视野

西方学者在讨论公司社会责任时，大多认为需要正确处理公司与各利益相关者的财务关系。在财务关系处理过程中，需要确定关系处理的底线或标准，具体包括：（1）对股东：为股东创造价值从而保证股票价格上升；定期发放股息或红利以满足股东回报。（2）对员工或工会：为员工提供合理的报酬计划、稳定的工作状态、良好的工作环境、合理的晋升条件或机会、满足员工在职培训需要等。（3）对债权人：遵守融资契约、与债权人之间保持相互信任。（4）对供应商：按合同规定付款。（5）对顾客或销售商（代理商）：保证商品的价值（产品价格与质量、性能和服务的关系）、向顾客提供更合理有效的服务。（6）对政府：支持政府相关政策、及时足额纳税、遵守法律法规。（7）对社区：注重环境保护、服务并促进社会发展（如支持公益事业及捐赠）。（8）对竞争对手：公平竞争、支持产品技术和服务的创新。（9）对特殊利益相关者：提供平等就业机会、支持城市建设、服务并贡献特殊群体或组织（如残疾人、儿童和妇女等）。

当公司面临如此众多的利益相关者处理财务关系、满足其不同利益诉求时，公司管理层也可能存在"轻重取舍"的偏好选择问题。据美国管理协会（AMA）对多家公司职业经理的调查统计发现，以满分7分为标准，公司管理者对顾客、员工、股东、政府的偏重分值依次为6.40、6.01、5.30、3.79。从这一调查中也可看出管理层对利益相关者的"基本态度"。

二、目标分歧与公司治理机制

在公司制度背景中，股东与经营者、股东与债权人、大股东与中小股东之间因目标不一致及其间信息不对称性等，有可能产生不同主体之间的代理矛盾与利益冲突。

（一）"股东—经营者"间目标差异与治理机制

1. "股东—经营者"间代理关系及目标差异

公司是股东利益的联合体，因公司股东数量庞大，从而无法保证每位股东都有权力、有能力直接参与公司决策运营，因此，公司股东需借助股东大会机制以选举产生完全代表其利益的公司董事会（the board of directors），由董事会行使股东大会授权范围内的重大决策权，并由董事会选聘公司经营者（大多数为职业经理人）并加强对经营者的监督与激励，由此公司制就形成了特有的"股东（会）—董事会—经营者"三者间的多层委托代理关系。假定董事会完全代表股东利益，那么公司内部的委托代理关系主要表现为作为委托方（principal）的股东（及董事会）与作为代理方（agent）的经营者之间的代理关系，"股东—经营者"之间的目标不一致及信息不对称而引发的代理矛盾与利益冲突，被认为是公司治理首先需要解决的核心问题，尤其是在股权高度分散的情况下。

股东与经营者作为公司制中两个完全不同的利益主体，有其各自的利益取向。如经营者希望借公司而最大化其个人利益，谋取最极致的个人享受和休闲等，但经营者的这些个人利益与目标取向，往往是以牺牲股东财富为代价的。在信息不对称、经营者努力程度不可观测等情形下，股东与经营者之间的利益冲突会表现得十分明显。

2. 治理机制

在公司内部治理规则中，解决股东—经营者代理关系及利益冲突的核心是设计约束、激励相容的治理机制，即"大棒加胡萝卜"机制。（1）从"大棒"机制看，股东大会及董事会有权提名、选聘、任免公司经营者，有权对经营者行为进行监督并对其业绩进行考核、评价，从而实时校正经营者因信息不对称性而可能产生、滋生的"败德行为"，努力纠正其目标偏差。反过来，公司对经营者的解聘威胁、有效监督等，都有可能迫使经营者更加努力，以实现股东财富最大化目标。（2）从"胡萝卜"机制看，要保证经营者行为、价值取向与股东价值增值目标一致，给予其有效"激励"是不可或缺的。典型的做法是，将经营者薪酬计划同公司绩效、公司价值直接挂钩，以诱使经营者更加自愿地采取有助于股东目标实现的决策与管理举措，并借此吸引、留住卓有成效的经营者和管理团队。因此，选择和使用合理的激励机制、方法是解决股东—经营者之间利益冲突的另一重要机制。

当然，除公司内部治理机制外，外部市场机制对约束经营者不当行为也将产生重要影响，如公司控制权转移市场、经营者人力资本市场。如，在并购市场中，业绩不良公司总是面临着被其他公司强行或恶意并购的风险，而一旦被并购，在职经营者将失去一切（包括社会地位、金钱等），并购市场的潜在威胁在很大程度上会迫使公司在职经营者不得不努力工作，以保住位子、获得高额薪酬回报、稳定其已有的社会地位与声誉等。可以说，美国公司间的并购市场机制是约束经营者努力工作的核心治理机制。

> **万科A（股票代码：000002）的事业合伙人机制与集合计划**
>
> 据万科2014年发布的半年报指出，该公司在报告期内，为进一步激发经营管理团队的主人翁意识、工作热情和创造力，强化经营管理团队与股东之间共同进退的关系，公司开始推行事业合伙人机制。在项目层面，公司建立了跟投机制，对于今后所有新项目，除旧改及部分特殊项目外，原则上要求项目所在一线公司管理层和该项目管理人员必须跟随公司一起投资，除公司董事、监事、高级管理人员以外的其他员工可自愿参与跟投。在公司层面，成立了事业合伙人持股计划。首批事业合伙人已将其在经济利润奖金集体奖金账户中的全部权益，委托给深圳盈安财务顾问企业（有限合伙，以下简称"盈安合伙"）的普通合伙人进行投资管理。自5月28日以来，盈安合伙通过券商集合计划多次增持万科A股股票。截至2014年6月30日，盈安合伙购买的券商集合计划持有的公司A股股票占公司总股份数的2.06%。另外，该公司又分别于2014年8月28日、9月16日、9月24日发布盈安合伙"告知函"，继续通过深圳证券交易所证券交易系统购入公司A股股票，截至2014年9月23日，集合计划共持有公司A股股份359 036 339股，占公司总股本的3.26%。集合计划增持股票所用资金，部分来自事业合伙人集体委托管理的集体奖金，剩余部分则来自于通过融资杠杆所融得的资金。
>
> 盈安合伙表示，集合计划将继续增持公司A股股票，增持行为发生后，将根据承诺告知公司，公司在需要时也可随时向其了解集合计划买入公司A股股票的最新情况。
>
> 思考：设立盈安合伙的目的是什么？它与万科A是何种关系？盈安合伙增持万科A时为什么要告知万科并对外披露？通过盈安合伙是否能达到管理激励的目的？

（二）有限责任、"股东—债权人"间目标差异与治理机制

大多数公司都需要通过借款或发行债券等债务融资方式来支撑其发展，由此形成股东—债权人之间的代理关系。因股东和债权人对现金流量要求权不同而引发的代理矛盾和利益冲突，是公司制经常面临的代理问题。债权人通常对公司现金流量具有第一求偿权，但在公司能获得足够收入以履行其偿债义务时，债权人只能收到固定的现金；而股东则拥有对公司剩余现金流量的要求权，如果公司没有足够的现金流量用以偿还债务，则股东有权选择宣告破产（有限责任制度使然）。因此，债权人要以比股东更消极的眼光来看待项目选择和其他决策中存在的风险。项目成功，债权人除了收回本金和利息外不能参与项目所带来的收益；项目失败时，债权人将承担巨大的成本损失。这就是股东与债权人间的利益矛盾和目标冲突。

债权人与股东间的矛盾与冲突表现在很多方面。首先，股东或经营者可能通过提高财务杠杆而有损于债权人。如，股东或经营者在未征得现有债权人同意时，要求发行新债，从而使原债券持有者的债券价值下降（因为相应的偿债风险增加），增加了旧债的违约风险。其次，股东通过股东大会决定增加股利支付，也会消极影响到债权

人权益保护，反之削减股利则有利于债权人权益保护。实证研究表明，债权人对股利政策的反应比股东对其的反应要更加灵敏而被动。

由于不同的利益目标取向，同时一些决策能够将财富从一方（通常是债权人）转移到另一方（通常是股东），因此，股东与债权人间的矛盾在现实中表现得较为突出。因此，为保护债权人权益，须通过契约及法律来解决这些矛盾。其目标校正机制主要有：债务合约和取得股权。

（1）债务合约。它是指债权人在借出款项时与企业达成的限制股东机会主义行为的一系列契约和协议，这些合约的直接用意就在于，以协议的方式禁止或者限制可能导致股东剥夺债权人权益的行为。债务合约的主要功能表现为以下方面：一是限制公司的投资政策（如限制债务资本的用途）；二是限制股利政策（如限制公司股利发放，将股利发放与公司业绩挂钩）；三是限制额外杠杆风险的政策（如不允许公司在未经原债权人同意的条件下增加额外债务等）；四是严格债务担保条款。

（2）取得股权。它是指债权人在作为债权所有人的同时，持有公司股权；或者通过各种方式将已有债权转换为有投票权的股权。取得股权是避免股东与债权人利益冲突的最后解决方式，即进行角色置换。但这种方式并非在所有情形都合适，有些国家规定债权人不能成为股东（如银行不得持有公司股份），有些则与债券市场的发育程度有关（如可转换债券还没有被市场所完全接受等）。

（三）"大股东—中小股东"间的目标差异及治理机制

在公司中，股东总是被假定为一个"利益共同体或利益联盟"，有着共同的目标和价值取向。但在现实中，股东依其持股比例高低而分为"大股东"、"中小股东"等，在平等的"一股一票"、"同股同权、同权同利"等股东大会投票规则下，看似公平的治理规则其实显示出股东间的"权力不平等性"，大股东可能借其控股权地位、信息优势等，以牺牲中小股东利益为代价而谋取其个人私利（private benefits），如不公正的关联交易、大股东占有上市公司资金、资产转移或非法使用等，尤其在股权高度集中的公司中，这种情况是相当普遍的。理论上将"大股东—中小股东"间关系视为另一种类型的代理关系。

解决大股东—中小股东代理矛盾与利益冲突的机制有很多，通常主要包括：(1) 信息披露制度；(2) 董事会候选人形成机制与累积投票制；(3) 独立董事制度；(4) 征集投票权制度；(5) 分类投票制。所有上述制度都旨在保护中小股东权益。

什么是累积投票制？

绝大多数上市公司在选举产生董事会时会采用累积投票制。在累积投票制下，股东拥有的表决权票数等于股东持有的股数乘以所选举的董事人数，其时股东可以将所有投票权集中投票于某候选人，也可以分散投票于多个候选人。例如，A公司发行在外普通股票股数为10 000股，并假定所有股东都将参与投票，公司董事会拟由5名董事构成；B作为股东持有A公司1 000股普通股票。在累积投票制下，B股东所拥有表决权的累积票数为5 000票，如果他（她）只想推荐1名候选人入选公司董事会，则可以将 5 000 张票都投给该候选人，以确保该候选人当选。理论上，累积投票制下某股东推荐候选人当选为公司董事所需的股数可计算为：

$$\frac{某股东推荐人数 \times 公司发行在外股数}{被选的董事人数 + 1} + 1$$

在本例中，B 股东在理论上只要拥有 A 公司 1 668 股普通股，且将其累积投票权全部投给他中意的某候选人身上，即可保证该候选人成功当选。可见作为一种选举规则，累积投票制能在一定程度上限制大股东在董事选举中的不当操纵。

（四）简要小结

有关财务管理目标定位、实现及公司治理机制，可以通过图 1-2 表示：

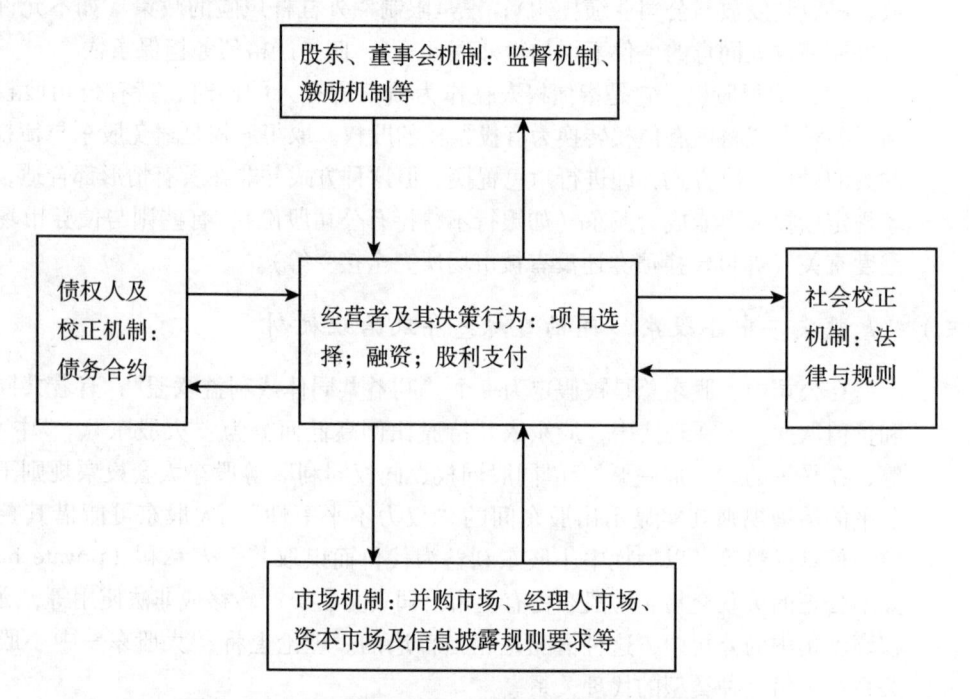

图 1-2 股东财富最大化目标整合机制总览

资料来源：本图基于阿斯瓦斯·达摩达兰著，郑振龙等翻译的《应用公司理财》（机械工业出版社 2000 年版）第 2 章"财务管理的目标"内容进行了总结。

三、股东财富最大化目标与公司社会责任

如前所述，股东财富最大化目标的假定之一是：由这一目标定位而带来的社会成本可以被准确定价，并最终由公司承担。在这里，社会成本是指由于公司追求股东财富最大化而给社会带来的各种负面效应和不良影响，如环境保护、劳动就业与员工权益保护、供应商利益保护等。财务理论认为，财务目标定位及实现不能离开这些社会环境，不能不强调公司作为"社会公民"的社会责任（social responsibility）。

(一) 公司财务目标与公司社会责任的内在一致性

公司财务目标在实现过程中,市场选择、价格机制将发挥主导作用。按照古典经济学理论解释,价格作为资源优化配置的核心机制,能够在资源稀缺条件下将其配置到最能充分发挥其功能、从而整体增进社会福利、财富的产业或公司中去,这种状态的实现过程就是公司追求价值最大化的进程。在这点上,财务管理目标和社会责任履行具有同源性。主要表现在:第一,为实现股东财富最大化,公司必须生产或提供符合社会需要的产品、服务,从而在满足消费者不同需求的同时,实现公司产品的价值;第二,为使股东财富最大化,公司必须不断引进与开发新技术,拓展公司经营规模和经营领域,从而引致新的就业需要、增加就业机会,并不断给员工提供各种职能培训和发展机会;第三,为使股东财富最大化,公司必须尽可能实现利润目标,从而直接为社会提供更多税收、服务于社会。可见,实现股东财富最大化的过程在很大程度上已内在实现了公司应承担的社会责任目标。

(二) 履行社会责任是公司财务管理的基本义务

应该看到,社会责任与财务目标间有时还是存在矛盾之处的,这些矛盾大多因公司生产运营中的"外部性"而产生。所谓外部性(externality)是某个经济主体对另一个经济主体产生一种外部影响,且这种外部影响又不能通过市场价格进行买卖,A公司的不环保生产方式会对当地社区居民的正常生活产生负面影响(此为负的外部性),且这种负面影响并不能通过成本补偿而消除。而在市场竞争情况下,如果A公司承担环保义务并为此付出高额成本但处于同行业的B公司却没有这样做,这将使得A公司(相较于B公司)的产品失去成本优势和市场竞争力。可见,在价格机制难以发挥作用的公共领域,公司"过于理性的"财务行为极有可能产生很高的外部社会成本。在理论上,消除外部性影响的方法就是强化政府行政干预、发挥税收的调节作用(如增收环保税)。近年来,随着企业社会责任意识的大大强化,大量公司(尤其是上市公司)自愿披露其社会责任履行信息,发布社会责任报告,将履行社会责任"好的企业"与未履行社会责任企业或履行社会责任"不好的企业"区分开来,以提高公司社会声誉或美誉度。

四、公司治理框架下与内部财务管理组织

(一) 公司治理框架下的财务管理主体安排

在公司制下,公司财务决策、管理并非是由公司财务部门或机构独立从事的管理事项,它是围绕公司治理框架及法人治理结构所形成的财务决策权力配置及管理控制的综合体系。在该体系中,股东(会)、董事会作为出资者行使其对各项重大财务决策事项的决策权、监督权;经营者(及含首席财务官的高管团队)则被赋予对财务决策事项的提议权、执行权等;财务部门及其财务经理则被赋予对财务决策事项的日常管理权,并由此形成公司治理框架下的"出资者财务—经营者财务—财务经理财

务"管理体系，区分事关财务战略或各种管理事项的提议权、决策权、执行权与监督权等之间的权力边界，达到不同决策或管理主体间的权力制衡。

1. 出资者财务

以股东及股东大会决议名义直接行使的对公司财务事项的管理，主要包括两方面：一是履行出资者的基本义务，包括履行和监督其他出资者履行出资人的基本义务，按期足额地缴入资本；二是行使其分享收益的权利。出资人作为出资主体和最终风险的承担主体，本质上要求对经营者的财务行为进行约束和激励，如规定经营者需按融入资本的预投方向进行投资（如招股说明书中必须列明股款的未来用途及效益预测）。出资者财务以确保资本保值增值为目标，以出资者投出资本（个人投资活动）和规范经营者财务行为为基本内容，主要包括：（1）确定资产经营者的财务责任（如资产安全并保值增值）和短期财务目标（如年度预算目标）；（2）建立有效的财务激励和监督机制以确保经营者财务责任的真正落实；（3）以出资者身份行使其所有权监督职能（审计）；（4）对重大财务决策事项的决策权（如重大资产重组、企业并购、再融资行为）；（5）对经营者进行适度授权，并对重大投融资决策事项的执行过程、结果保持监督，等等。

2. 经营者财务

以总经理为代表的管理层行使对公司重大财务事项的提议权和具体执行权。从管理职责看，经营者财务的重点主要包括：（1）提议并确定公司财务战略和中长期财务规划；（2）在出资者授权范围内对公司重大财务决策事项，如资本结构变动与再融资、公司并购与重要资产处置、收益分配方案等，行使提议权及部分决策权，执行决策事项以落实其管理责任；（3）规范公司内部财务体制设计，加强对财务组织的指导与监督，等等。

3. 财务经理财务

作为公司内部财务管理主体，财务经理的管理职责将定位于公司财务决策项目的日常执行与落实上，且重点放在运营资本与现金流管理方面，具体包括以下职责：（1）根据财务战略与中长期规划，制订公司现金流计划和其他财务计划；（2）执行并落实相关财务计划；（3）保持对公司经营活动的持续监控、规范其财务行为；（4）强化内部控制体系的建设与落实，建立健全各项财务制度规则；（5）强化公司基于业务的财务分析和内部财务报告制度，等等。

基于公司治理框架的财务管理，不仅是涉及决策权与监督权的分离，强化单一公司的财务权力、行为的内在制衡性，而且对大型企业集团（因资本纽带关系而形成的母公司—各子公司—孙公司等所构成的大型企业组织）构建其集团财务管理体制及相关制度安排，具有重要指导意义。

表1-2是对公司治理框架下财务分层管理的简单描述。

公司治理框架下的财务分层管理，其核心在于强调财务管理的责权利关系，明确不同管理主体的权力边界与责任范围，从而形成有效、完整的财务管理体系和制度规范，显然，它不能被误解为是对公司财务管理活动、管理工作的"肢解"。

表1-2　　　　　　　　　　公司财务分层管理框架

层次\项目	管理对象	管理目标	治理与权限划分
出资者财务	股东及债权人资本	资本保值增值	审批权、监督权
经营者财务	法人财产	法人资产有效配置与运营	提议权、执行权
财务经理财务	公司营运与现金流	降低财务风险、提高收益质量	常规或日常财务事项的执行权

(二) 财务管理组织及其职能定位：与会计职能比较

任何一家公司在落实财务管理责任时，都应设立相关财务机构或组织。但并不存在统一的财务组织设计模式或法定模式，不同商业组织形式、不同公司规模、不同经营业务及经营模式等，公司的财务组织设置也不尽相同。

1. 财务与会计的职能差异

财务管理的主要职能体现在：(1) 融资。预测好资金的需要量并保证企业生产经营对资金的需求。(2) 投资管理。即负责企业投资并协调好与投资者之间的关系。(3) 股利分配。即协助董事会处理好股利分配问题，尽力满足股东对其财富的利益要求。(4) 银行和保管。即对企业现金收入和支出、有价证券的买卖及其财务交易事项进行管理。(5) 信用和收款。即制定信用政策，催收企业的应收账款等。

会计职能则主要体现在信息生成及报告上，主要包括：(1) 提供对外会计报告。即按公认会计准则、会计程序和会计方法准确地记录经济事项，及时向有关利益集团提供有关财务信息。(2) 对内报告。即收集和整理与企业有关的各种经济信息，并编制成管理报告，提供给企业内部管理当局，便于当局做出正确的决策。(3) 经济评价。即评价企业生产经营、财务收支和经济效益状况。(4) 保护企业财产。即通过内部控制、内部审计等方式来保护企业资产的完整性。(5) 税务管理。即企业要制定必要的税务政策，负责申报纳税数额，并对所纳税款有重大影响的经济事项进行控制，在法律的范围内，进行合理避税。(6) 会计信息加工技术及网络管理、网络安全等。

2. 财务管理组织的设计模式

管理职责的履行需要通过管理组织的合理设计、高效运行作保证。通常，对财务管理组织的设置有以下模式：

(1) 非独立模式。在这种模式下，财务管理职能将并入企业的会计部门之中，或者由经营者直接控制与管理（如小微企业）。

(2) 独立模式。在该模式下，公司将设置与会计部门并列的财务部门，有些公司甚至将公司原来单设的"计划部门"并入财务部，统称"计划财务部"（简称计财部），受主管财务的副总经理（或首席财务官）的直接领导。这类公司一般规模较大。在财务部门之下，因管理职责范围、管理要求等不同而进一步下设相关科室，典型的科室设计如：①规划预算部（或科、室），主要负责公司财务预测与预算。预测着眼于金融市场预测（如利率预期、汇率预期以及证券市场价格预测等）和企业现金流转预测，主要为融资和投资行为提供决策依据；预算则以预测为基础编制年（或季、月）公司预算及短期现金收支预算，负责对预算执行情况的监控、分析、考核与评价等。②资金部（或科、室）。它负责组织公司具体融资方案及落实以及投资项目的财务监控，等等。③信用管理部（科、室）。它具体负责客户合同管理及其商业信用调查、分析、评价，以确定信用政策；加强客户应收应付管理，等等。

随着互联网技术的引入和大量应用，公司业务财务一体化及价值链管理已在很大程度上改变着公司战略及相应的组织架构。在这种情形下，一些大型公司也在不断尝试新的财务组织系统的构建，如一些大型生产企业基于"研发—采购供应—生产制造—营销及客户服务"等公司业务链条，在"财务管理总部"之下，分别设立了除资金管理、预算管理、信用管理等职责管理之外的其他财务组织，如研发财务部（科、室）、采购供应财务部（科、室）、生产制造财务部（科、室）、营销及客户服务财务部（科、室）等，以实现"业务财务的整合与统一"。

（3）多部门模式。随着大型企业组织（尤其是大型企业集团）的兴起，出于集团总部（母公司）强化对附属各级公司（子公司、孙公司等）财务监管与资源集中配置等的需要，集团总部财务管理职能日益拓展，集中体现在集团预算管理、资金集中管理、产权及收益管理、投资与规划管理、内部控制与风险管理、业绩考核与薪酬管理等，从而将集团财务应有的各项管理职能不再集中统一于"集团财务部"之名下，而是分设于集团总部的多个管理部门之中，并受主管财务的集团副总经理或总会计的统一领导。

（4）财务公司。大型企业集团的财务管理大多采用相对集权的管理体制，尤其表现在资金集中管理上。企业集团财务公司正是满足资金集中管理、优化集团内部财务资源配置而设立的。作为集团内部独立的法人实体，财务公司的主要职责是负责集团公司内各成员企业间的财务协调和资金调度，包括：①负责企业集团内部结算服务，强化企业集团内部资金的统一收支管理，维护集团资金安全；②强化集团内部各主体间的资金集中调配与统一使用，调剂余缺，降低集团总体对外融资总额、提高内部资本市场的运营效率、降低财务成本；③在集团财务战略安排下，统一展开对外融资，并负责集团内部各企业的投融资和证券市场运作，为集团成员提供财务顾问；④其他被赋予的职能。企业集团财务公司的兴起和发展，标志着财务管理向专门化、专家化和社会化迈出了坚实的一步。

随着大型企业集团管控能力的不断加强，如何发挥企业集团财务的协同效应日益成为管理者关注的重点问题。在此背景下，大型企业集团的财务共享服务中心也正逐步兴起。

相关链接

财务公司及其功能

按我国相关规定，企业集团设立财务公司应当具备下列条件：（1）符合国家的产业政策；（2）申请前一年，母公司的注册资本金不低于8亿元人民币；（3）申请前一年，按规定并表核算的成员单位资产总额不低于50亿元人民币，净资产率不低于30%；（4）申请前连续两年,按规定并表核算的成员单位营业收入总额每年不低于 40 亿元人民币,税前利润总额每年不低于 2 亿元人民币;(5) 现金流量稳定并具有较大规模;(6) 母公司成立 2 年以上并且具有企业集团内部财务管理和资金管理经验;(7) 母公司具有健全的公司法人治理结构,未发生违法违规行为,近 3 年无不良诚信记录;(8) 母公司拥有核心主业;(9) 母公司无不当关联交易。设立财务公司的注册资本金最低为 1 亿元人民币,财务公司注册资本金主要从成员单位中募集,并可以吸收成员单位以外的合格的机构投资者入股。

集团成立财务公司的目的在于为集团资金管理、内部资本市场运作提供有效平台,因此,财务公司服务对象被严格限定为企业集团内部成员企业(不能向社会提供金融服务)。财务公司的业务主要包括:(1) 结算服务。即以财务公司为中心,覆盖集团成员单位的资金结算服务网络,实现集团成员单位资金在财务公司金融服务网络上快捷、安全、高效的自由流动。(2) 融资服务。作为财务公司开展成员单位信贷业务、核电融资顾问服务、办理成员单位买方信贷、办理成员单位汇票的承兑及贴现、对成员单位提供担保、发行企业债券或短期融资券等业务。(3) 资本运作服务。即协助集团下属企业、成员单位开展 IPO 服务,开展企业并购与重组咨询服务。(4) 咨询及理财服务。即为集团成员单位提供财务咨询顾问服务,包括有关汇率、利率、资本市场的信息咨询服务等。

尽管财务与会计之间存在明显的职能差异,但在公司管理实践中,会计与财务从来都是不分家的,它们统一受公司主管财务的副总经理(或总会计师)领导,并被俗称为"大财务"或"大会计"。

第三节 金融市场及市场有效性假定

公司投融资活动都是在特定外部环境下进行的,如金融、法律、税务、政治及社会文化等。在众多外部环境因素中,金融市场是影响公司财务管理活动最直接、最深远的环境因素。健康有序的金融市场不仅给公司融资活动提供了便利,降低了融资交易成本,而且还有利于公司投资行为的理性评价,优化配置社会资源。

一、金融市场与公司融资

金融市场是指资金供应者和资金需求者双方通过某种形式融通资金的场所,是实现借贷行为与资本融通、办理各种票据和有价证券交易活动的总称。公司融资在很大程度上是指公司从外部金融市场取得所需资本,它涉及融资交易结构与融资工具等核心问题。

公司从金融市场融资时有两种基本的交易结构,即直接融资和间接融资。

1. 直接融资

在直接融资方式下，公司借助于金融中间人（如投资银行、券商等）的力量，通过发行股票、债券等融资工具从金融市场上直接融入资本（见图1-3）。

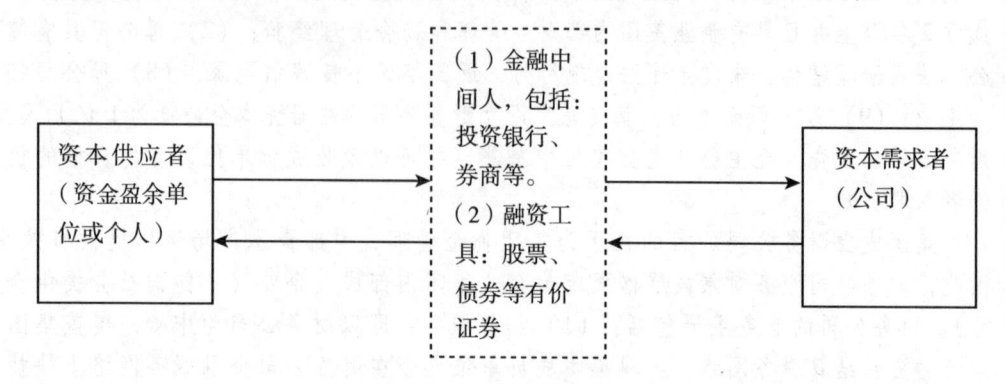

```
┌──────────┐      ┌──────────┐      ┌──────────┐
│资本供应者│ ───→ │(1)金融中 │ ───→ │          │
│(资金盈余 │      │间人，包括│      │资本需求者│
│单位或个人│ ←─── │投资银行、│ ←─── │  (公司)  │
│    )     │      │券商等。  │      │          │
└──────────┘      │(2)融资工 │      └──────────┘
                  │具：股票、│
                  │债券等有价│
                  │证券      │
                  └──────────┘
```

图1-3　直接融资模式

2. 间接融资

在间接融资方式下，资本融通是通过金融中介机构的"这一桥梁"来实现，作为资本需求方的公司，并不与资本供应者进行直接金融交易，金融交易主体是金融中介机构——商业银行或非银行金融机构等（见图1-4）。

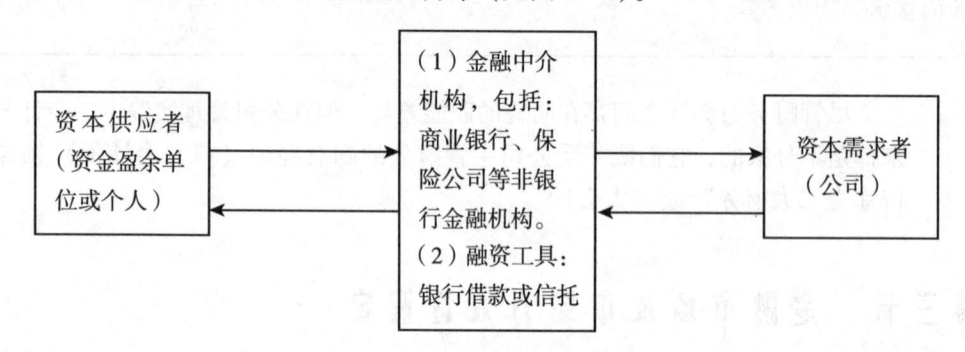

```
┌──────────┐      ┌──────────┐      ┌──────────┐
│资本供应者│ ───→ │(1)金融中介│ ───→ │          │
│(资金盈余 │      │机构，包括：│      │资本需求者│
│单位或个人│      │商业银行、保│      │  (公司)  │
│    )     │ ←─── │险公司等非银│ ←─── │          │
└──────────┘      │行金融机构。│      └──────────┘
                  │(2)融资工具：│
                  │银行借款或信│
                  │托          │
                  └──────────┘
```

图1-4　间接融资模式

不论是直接融资还是间接融资，其目的都是实现资本在社会上的合理流动和配置。不同国家因金融管制、法律法规等不同，公司在形成融资交易结构时存在某些差异，有些以银行为主导（如日本、德国），而有些则以资本市场为核心（如美国）。但具体到公司层面，多数国家的公司在融资时都可能采用上述两种交易模式。目前，中国公司融资主要以商业银行贷款为主，一些发展前景较好、商业模式创新及经营业绩好的公司，会受资本市场的青睐，从而会充分利用资本市场，借助于股票、公司债券、短期融资券等多种融资工具进行直接融资。

理论上，金融市场对国民经济发展的促进作用非常大。一国经济系统的健康有效在很大程度上取决于货币转换为资本的速度和效率；相对于间接融资，直接融资在增加公司透明度、降低融资交易成本、提高市场配置效率等方面的作用更为明显。

二、金融市场构成要素

从上述交易结构可以看出,金融市场的构成要素主要有三个,即市场参与主体、融资工具和金融交易组织,它们构成一个完整的交易体系。

(一) 市场主体

市场主体是指金融市场活动的参与主体,包括政府、企业、个人及各种金融中介机构,具体包括政府机构、商业银行、中央银行、证券公司、保险公司、各种基金组织以及社会个人等,这些参与者根据其参与的不同金融活动可细分为资本供应者、资本需求者、中介人和管理者四种类型,它们从各自的利益和功能出发,积极承担各自角色,发挥各自的作用。各不同参与主体对利润的追求,以及由此而形成的相互竞争,促进了金融交易效率的提高、交易成本的降低及金融服务的深化。

(二) 融资工具

融资工具是金融市场交易的对象,主要包括信贷、各种有价证券及票据。随着金融市场的不断发展与完善,除了传统的基础性金融工具(如股票、债券等)以外,还衍生出了很多其他更具风险性的交易工具,如货币与利率互换、股票期权等。金融工具的创新是现代金融市场发展的基本特征。

(三) 金融交易组织及规则

金融市场的交易行为必须依赖于交易组织,如交易所交易组织、柜台交易组织,其中交易所是最主要的交易组织。金融市场的交易活动必须有一套良好的运作规则,同时体现市场机构—价格机制的作用。在金融市场交易中,价格机制主要指能根据资本市场供求关系变动而灵活调整的利率机制。利率变动反映市场供求,引导资本合理流动,扩大或抑制投资需求,从而成为金融市场的作用机制。

(四) 金融市场种类

金融市场由许多各具功能的具体市场构成。以期限为标准可划分为:短期资金市场和长期资本市场;以交易功能为标准可划分为:发行市场和流通市场;以交易对象为标准可划分为:资本市场、外汇市场和黄金市场;以区域为标准可划分为:地方性金融市场、全国性金融市场和国际市场等。

其中,对公司财务融资活动产生重大影响的是长期资本市场,它以融资期限长(1年以上)、融资数额大、风险与收益相对较高为主要特征,如股票市场和长期债券市场。在长期资本市场中,存在发行市场和流通市场两种划分。其中,发行市场围绕有价证券的发行而展开,认购人认购发行人的有价证券,中介人(券商)参与承销或其他受托活动,又称一级市场;流通市场又称二级市场,它围绕有价证券的转让流通而展开,除了买卖双方外,交易所充当交易中介,通过制定规范而介入市场运作,并收取佣金。

(五) 金融市场对公司投融资活动的影响

金融市场对公司财务的影响重大，突出表现在以下方面：

(1) 金融市场为企业投资与融资行为提供了极大的便利。如同没有货币，人们将回到以物易物的原始交易形式一样，没有金融市场作支撑，公司财务及资本运作将回到自给自足的原始积累阶段，小作坊将永远无法被现代大企业所替代。金融市场为公司所提供的财务便利，一方面表现为融资，另一方面则表现为投资。从融资角度，当企业的投资需要量大大超过自身资本实力和可能时，通过金融市场融入资本，可以很容易地解决公司资本供应不足问题，并为公司和社会创造财富；从投资角度看，当公司资本供应量大于其自身需求时，金融市场又为资本出路找到了一条很好的通道，从而企业在服务于整个市场的同时，也满足了自身求利的需要。

(2) 金融市场为公司财务灵活管理提供了基础条件。财务管理总是面对各种不同市场的，环境变动要求财务管理保持其必要的弹性和灵活性。这种弹性和灵活性主要表现在资本间的相互转换（如债权转股权）、时间弹性（长期资金与短期资金间的相互转换）、货币和利率互换以及资本在不同区域间流动等方面。金融创新和金融服务，为公司财务灵活管理提供了重要的前提。

(3) 金融市场为公司财务决策和市场评价提供了依据。公司财务管理水平的高低以及最终对财富增加或毁损的程度，都离不开金融市场的评价。金融市场作为资金的集散地、作为信息中心，无时不在台前幕后扮演着财务判断与评价的角色。正是金融市场的这种无偏的公正性，促使所有企业都在以市场作为财务评价的基点，来评判其财务决策的好坏，无风险利率、风险报酬及资本的平均报酬率等，均成为企业投融资决策的主要依据。不仅如此，金融市场还从企业最终价值评估角度，通过股市变动等，来反映各种财务决策的市场后果，从而为企业的投资者进行投资决策提供依据。

金融市场为公司财务提供了一个极其重要的发展平台，构成公司财务管理最主要的环境因素。当然，要考察金融市场环境的优劣，主要看金融市场的效率。作为财务管理的基础共识，人们一般假定市场是有效率的。

三、市场利率及其作用

在金融市场的运作过程中，资本流动的重要内在机制就是利率。作为公司财务管理的重要参数，利率及其变动也日益受到财务管理人员的高度重视。

(一) 关于利率的相关概念

1. 年利率与月利率

年利率是指按年计息的利率，一般按本金的百分之几表示，通常称年息几厘几毫。如年息 5 厘 4 毫即表明本金为 100 元的年利息额为 5.4 元。同样，月利率是按月计息的，一般为本金的千分之几，如月息 6 厘即为本息为 1 000 元的每月利息为 6 元。

2. 名义利率与实际利率

它有两种含义，一是由于年内多次计息而使得年实际利率大于市场报价的名义利率，年实际利率（Effective Annual Rate，EAR）与名义年利率间的关系为：$EAR = (1 + i/m)^m - 1$，在复利且计息期为无限的情况下，它等于$(e^i - 1)$，（i为名义年利率，e为自然对数，等于2.71828）。另一含义的名义利率是指包含对物价上涨补偿的利率，而实际利率是扣除物价因素的补偿、在货币购买力不变下的利率，其间的关系为：$(1 + R) = (1 + r) \times (1 + IP)$，$R = r + IP + r \times IP$，其中，$R$表示名义利率，$r$表示实际利率，$IP$表示通货膨胀率，上述关系可简化为$R = r + IP$。

3. 基准利率与套算利率

基准利率是指在多种利率并存条件下起决定作用的利率，它一般是指中央银行的再贴现率，或者中央银行对其他商业银行的再贷款利率。套算利率是指在基准利率的基础上，由各商业银行根据具体贷款特点而换算出的利率，主要依据企业的资信等级，如AAA级和AA级，各级之间的利率差介于0.25%～1%之间。

4. 固定利率与浮动利率

前者是指在整个贷款期内固定不变的利率，后者指在贷款期内随市场借贷资金供求关系而在一定范围内调整的利率。

（二）金融市场的利率构成

利率是资本的价格，它主要取决于资本供求关系。作为资本价格，对资本供应方来说属于收益，而对资本需求方而言则属于成本。在金融市场中，影响利率形成的因素主要有以下几个方面：

1. 纯利率

它是指在不考虑通货膨胀、无风险状态下的社会平均利润率，在现实中人们通常以国库券利率替代纯利率。理论上，财务纯利率是在产业平均利润率、资金供求关系和国家调节下形成的利率水平。其中产业平均利润率是决定利率的主要因素，这是因为，整体上社会资金使用效益表现为包含利息的社会利润，作为信贷资本出让使用权而产生的对产业资本利润的分割，平均利息不可能高于产业平均利润，它只能介于零与平均利润之间；分割的比例依据于产业资本与信贷资本双方在供求的均衡。另外，政府经济政策也在一定程度上调节纯利率水平，其经济手段主要有控制货币发行总量、提高或降低存款准备金率和再贴现率、参与或退出公开市场买卖业务等。

2. 通货膨胀贴补率

通货膨胀使货币贬值，从而使投资者（或资金供应者）的真实报酬下降，因此，为弥补通胀造成的购买力损失，利率确定要视通胀状况而给予一定的贴补，从而形成通货膨胀贴补率。

3. 违约风险贴补率

借款人未能按时支付利息和偿还本金称之为违约，违约风险是资金供应者提供资金后所承担的风险。显然，违约风险越大，则投资人或资金供应者要求的利率也越高，反之则相反。

4. 变现力风险贴补率

变现力是指资产在短期内出售并转换为现金的能力。变现力强弱的标志有两个：一是时间因素；二是变现价格。对于金融市场而言，金融资产的变现力视金融证券发行主体的财务实力而定。比如，小公司的债券变现力相对于大公司要差，从而作为小公司债券的购买者（即投资者），就要求该公司提高利率（即变现力附加率）作为补偿。

5. 到期风险贴补率

到期风险贴补率是因到期时间长短不同而形成的利率差别。按照一般的解释，持有不同时间的金融资产其利率有别的原因就在于，长期金融资产的风险高于短期资产风险，从而相应体现收益率差异。西方利率理论在解释利率的期限结构这一现象时，一般涉及期望理论、流动偏好理论和市场分割理论三种基本解释模型。

因此，利率构成可用以下模式概括，即：

$$\text{利率} = \text{基础利率} + \text{风险补偿率}$$

$$= \left(\text{纯利率} + \begin{matrix}\text{通货膨胀}\\ \text{贴补率}\end{matrix}\right) + \left(\begin{matrix}\text{违约风险}\\ \text{贴补率}\end{matrix} + \begin{matrix}\text{变现力}\\ \text{贴补率}\end{matrix} + \begin{matrix}\text{到期风险}\\ \text{贴补率}\end{matrix}\right)$$

其中，前两项构成基础利率，后三项都是在考虑风险情况下的风险补偿率。

（三）利率与公司财务管理

1. 利率是影响公司财务投资决策的重要杠杆

在公司投资决策中，市场利率的水平首先会对公司投资战略选择产生重大影响。在市场利率低下时，公司可能会更多地选择扩张型投资；反之，在利率持续攀升时，公司则因金融抑制而收缩其投资。不仅如此，公司在进行投资项目选择时，尤其是长期资本支出决策时，往往使用净现值、内含报酬率等指标来衡量其可行性，在进行投资决策时，必然涉及内含于贴现率之中的市场利率。

2. 利率是影响融资决策的重要因素

公司融资决策首先要考虑的问题是利率水平高低，不管是采用借款还是股权方式，利率都是判断融资合理性的主要因素，利率水平决定公司融资成本高低，从而对公司融资方式、融资期限安排、资本结构决策等产生重大影响。

3. 利率影响公司股利分配政策

公司盈余时一般会将部分利润分配给投资者，而公司做出分与不分、分多分少时经常会考虑利率水平，利率水平高低成为公司股利分配决策的重要参数之一。平均而言，公司给予投资者的回报不应低于市场平均的无风险报酬率，为获得投资者的持续投资、提高公司再融资水平，公司应给予投资者高于市场系统风险收益水平之上的报酬率，市场利率正是市场平均收益率的最佳参考依据。

四、市场有效性与公司财务

金融市场（尤其是资本市场）是一个信息驱动的市场，其运行效率及定价合理性有赖于参与主体的行为理性（经济人假定）、有赖于市场交易规则的规范性，更有赖于信息生成与披露质量等。市场有效使所有想借助于市场进行套利的人的行为都变为徒劳，意味着市场均衡的存在和瞬息调整供求能力的存在，意味着价格对所有市场主体的公平与公正（不存在市场垄断），等等。

（一）市场有效性的含义及分类

有效市场假设（Efficient Markets Hypothesis，EMH）是基于证券投资提出的。在证券投资中，每个投资者都力图获得最大收益，或追求超出平均水平的收益。从理论上说，若证券市场上的有关信息对每个投资者都是均等的，而且每个投资者都能根据自己掌握的信息及时地进行理性的投资决策，那么任何投资者都不可能获得超额收益。这种市场被称作"有效市场"或"效率市场"。在一定意义上讲，证券市场有效意味着资源配置有效和市场运行有效。资源配置有效是指证券价格是一个可以信赖的正确的投资信号，投资者可以根据这些价格信号的指导选择投资方向并获取最大收益；市场运行有效是指证券交易的中介人能够以最低的成本提供服务，并只收取与所提供服务相适应的费用。

市场有效假设主要由美国芝加哥大学教授法玛（Fama）提出，他于1965年在《商业周刊》发表《股票市场价格的行为》一文，首次提出有效市场概念，有效市场是这样一个市场，在这个市场中，存在着大量理性的、追求利益最大化的投资者，他们积极参与竞争，每一个人都试图预测单个股票未来的市场价格，每一个人都能轻易获得当前的重要信息。在这种状态下，任何单个股票的市场价格都反映了已经发生的和尚未发生、但市场预期会发生的信息。或者说，如果在一个证券市场中价格能够完全反映所有可以获得的信息，则这样的市场即为有效市场，可见成为有效市场的条件是：（1）存在着大量的理性投资者且他们都能利用可得信息力图获得更高收益；（2）市场对新市场信息的反应迅速而准确，证券价格能完全反映全部信息；（3）市场竞争使证券价格从旧的均衡过渡到新的均衡，而与新信息相应的价格变动是相互独立的或随机的，市场不存在记忆功能，股票价格随机波动而不可预测。

所有影响股票行情变动的信息，依据其公开程度可分为三类：第一类是有关股票行情变动的历史性信息，例如过去数年内股价变动的资料。第二类是有关股票行情变动的公开信息。这些公开信息既有股票变动的历史资料，还包括公众从其他公开渠道如报纸、杂志和其他传媒所获得的信息。第三类是有关股票行情的所有信息。它既包括前两种信息，又包括投资者私下得到的内部信息及各种传闻。由此，可根据证券价格对不同信息反映程度不同而将市场效率分为三类，即弱式有效（weak-form）、次强式有效（semi-strong form）和强式有效（strong form）。

1. 弱式有效

在弱式有效市场中，所有包含在过去证券价格变动的资料和信息（价格、交易量等历史资料）都已完全反映在证券的现行市价中；证券价格的过去变化和未来变化是不相关的，即所有证券价格的变化都是相互独立的。由于有关证券的历史信息已经充分揭露、均匀分布和完全使用，因此，任何投资者均不能通过任何方法来分析这些历史信息以获取超额收益。反之，如果有关证券的历史资料对证券的价格变动仍有影响，说明证券市场尚未达到弱式效率。在实证研究中，弱式有效市场现象确实存在，过去的证券价格变动往往不能为将来证券价格变动提供可靠线索。

2. 次强式有效

次强式有效的市场效率程度要高于弱式有效市场，在次强有效市场中，证券价格不但完全反映了所有历史信息，而且完全反映了所有公开发表的信息。在次强式有效市场上，各种信息一经公布，证券价格将迅速调整到其应有的水平上，使得任何利用这些公开信息对证券价格的未来走势所做的预测对投资者失去指导意义，从而使投资者无法利用对所有公开发表的信息的分析（主要是指对证券价格变化的基础分析）来始终如一地获取超额利润。次强式有效市场得以成立的关键是证券价格对所有公开发表的信息的反映速度，反映速度越快，反映得越全面，市场越有效率。与弱有效率市场一样，多数实证研究也支持次强有效率市场假说。

3. 强式有效

强式有效市场是指证券价格完全反映了所有与价格变化有关的信息，包括内部信息。强式有效市场是对市场效率的最严格假设，它要求投资者不仅不能利用所有公开发表的信息（历史的或现实的），而且不能利用内幕信息来始终如一地在证券市场上牟取超额利润。

有效市场假说至少在以下几个方面给投资者以有益启示：（1）在弱式有效市场上，证券价格的未来走向与其历史变化没有任何必然联系，证券价格过去是跌是降并不影响它以后的升降。因此，与证券价格的历史记录相比较，并不能有效地帮助投资者判断目前证券价格是否合理。比如，即使某一证券的价格比历史记录低很多，也不能说明目前该证券价格一定低于其合理价位，同样存在着目前该证券价格过高的可能。（2）证券的市场价格是市场上绝大多数投资者对各种信息进行综合分析判断的均衡值，反映了绝大多数投资者的总体预期，从统计平均上讲，它很可能是关于证券价格的最好判断。在有效率市场上，个别投资者完全可能在某几次投资活动中取得超乎常情的丰厚利润，但却无法长期稳定地保持这种成绩，其总的投资结果，将只能获得平均利润，而不是超额利润。平均来讲，市场是正确的（除非有人操纵市场，而这应是违法的），除非投资者有其独有的知识和技能，否则他只能获得平均利润。（3）在有效市场上，证券价格取决于其实际价值的高低，靠制造假象（如对会计报表、会计方式等进行调整和变换）是无法真正影响证券价格的。（4）证券市场效率是以其对信息的迅速而完全的反映为基础的，而这种迅速完全的反映又取决于投资者的辛勤劳动和努力。投资者越是努力发现每一条信息中对证券价格的影响因素，并试图加以利用，证券价格对信息的反应就越迅速、越完全，市场就越有效率，反之，市场的效率就可能降低。因此，投资者对赚钱机会的孜孜以求和辛勤劳作，大大提高了证券市场的效率，也使投资者在证券市场上赚钱更加艰难。

（二）市场有效性、信息披露与公司融资

市场有效性的根本是解决信息问题，即解决证券价格形成过程中在信息披露、信息传输、信息解读以及信息反馈各个环节所出现的问题。其中，提高公司信息透明度和信息披露质量是建立有效资本市场的核心基础。

大量研究表明，提高公司透明度及信息披露质量，不仅有助于市场的有效性，而且在很大程度上能降低公司融资成本（尤其是权益成本）、提高公司融资规模，从而直接服务于公司投资及价值增值。相关研究还表明，市场有效意味着在资本市场面前，会计政策不当变更等财务操纵手段不仅徒劳无益，甚至会适得其反。

五、本书逻辑主线

从上述不同主线可以看出，不同角度其主线和管理侧重点也不尽相同。本书的逻辑是：（1）以公司制为背景，以公司治理的财务体制及分层管理思想为依据，构建财务决策、财务执行与日常财务运作管理体系。（2）以财务目标为逻辑起点，确定股东财富最大化为财务目标。（3）以如何实现财务目标为主线，重点围绕投资、融资与股利三大领域展开财务决策、控制与管理。在这一管理体系中，一方面突出财务管理的价值管理和决策属性，另一方面以制度建设为特征，强调人的财务行为管理。

本章小结

本章主要从以下几个方面来展开论述，旨在让读者对财务管理的基本知识及相关领域有一些基本了解，并为以后各章提供逻辑依据：（1）企业财务管理是围绕企业财务活动而展开的，它置于整个社会资金的流动体系之中。（2）财务管理必须考虑不同组织形态，并就不同的组织形式，尤其是公司制，提出其相应的管理决策与控制体系。（3）财务管理的目标是股东财富最大化。为了保障这一目标的实现，必须从制度方面来研究这一目标与其他利益相关主体的目标差异，相应建立各种财务与非财务机制保障目标的实现。（4）作为公司财务外部环境的金融市场及其利率等会对公司投融资决策产生影响。（5）市场有效性假设体现了金融经济学的内涵。

■关键词汇

业主制（sole proprietorship）
合伙制（partnership）
公司制（corporation）
财务管理（financial management，corporate finance）
融资（financing）
投资（lnvestment）
收益分配（distribution of profits）
财务目标（financial goal）
股东财富最大化（maximization of shareholders' wealth）
市场有效假设（efficient market hypothesis，EMH）
信息不对称性（information asymmetry）
代理成本（agency costs）
上市公司（public-listed companies、public-traded companies）

小组讨论

下面是万科 A 公司章程的部分摘要：

第五十条　公司股东享有下列权利：

（一）依照其所持有的股份份额获得股利和其他形式的利益分配；

（二）依法请求、召集、主持、参加或者委派股东代理人参加股东大会，并行使相应的表决权；

（三）依法请求人民法院撤销董事会、股东大会的决议内容；

（四）维护公司或股东的合法权益，依法向人民法院提起诉讼；

（五）对公司的经营进行监督，提出建议或者质询；

（六）依照法律、行政法规及公司章程的规定转让、赠与或质押其所持有的股份；

（七）依照法律、行政法规及公司章程的规定获得有关信息，包括：1. 在缴付成本费用后得到公司章程；2. 在缴付了合理费用后有权查阅和复印：（1）所有各部分股东的名册；（2）公司董事、监事、经理和其他高级管理人员的个人资料，包括：（a）现在及以前的姓名、别名；（b）主要地址（住所）；（c）国籍；（d）专职及其他全部兼职的职业、职务；（e）身份证明文件及其号码。（3）公司股本状况；（4）自上一会计年度以来公司购回自己每一类别股份的票面总值、数量、最高价和最低价，以及公司为此支付的全部费用的报告；（5）公司债券存根、股东大会会议记录、董事会会议决议、监事会会议决议、财务会计报告。

（八）公司终止或者清算时，按其所持有的股份份额参加公司剩余财产的分配；

（九）对股东大会作出的公司合并、分立决议持异议的股东，有权要求公司收购其股份；

（十）除《公司法》、《证券法》以及本章程另有规定外，单独或者合计持有公司 3% 以上股份的股东，有向股东大会行使提案权的权利；

（十一）法律、行政法规及公司章程所赋予的其他权利。

第五十六条　公司控股股东及实际控制人对公司和其他股东负有诚信义务。控股股东应严格依法行使出资人的权利，控股股东不得利用关联交易、利润分配、资产重组、对外投资、资金占用、借款担保等方式损害公司和其他股东的合法权益，不得利用其控制地位损害公司和其他股东的利益。

第五十八条　股东大会是公司的权力机构，依法行使下列职权：

（一）决定公司经营方针和投资计划；

（二）选举和更换董事，决定有关董事的报酬事项；

（三）选举和更换由股东代表出任的监事，决定有关监事的报酬事项；

（四）审议批准董事会的报告；

（五）审议批准监事会报告；

（六）审议批准公司的年度财务预算方案、决算方案；

（七）审议批准公司的利润分配方案和弥补亏损方案；

（八）对公司增加或者减少注册资本作出决议；

（九）对公司发行债券作出决议；

（十）对公司合并、分立、变更公司形式、解散和清算等事项作出决议；

（十一）修改公司章程；

（十二）对公司聘用、解聘会计师事务所作出决议；

（十三）审议批准变更募集资金用途事项；

（十四）对公司在一年内购买、出售、处置重大资产或者担保金额超过公司资产总额30%的事项作出决议；

（十五）审议公司及控股子公司的对外担保总额超过最近一期经审计净资产50%以后提供的任何担保，其中公司为购房客户提供按揭担保不包含在本章程所述的对外担保范畴之内；

（十六）审议公司对外担保中，为资产负债率超过70%的担保对象提供的担保；

（十七）审议单笔对外担保额超过公司最近一期经审计净资产10%的担保；

（十八）对公司股东、实际控制人及其关联方提供的担保；

（十九）审议批准公司股权激励计划；

（二十）审议法律、法规和公司章程规定应当由股东大会决定的其他事项。

第一百二十三条 董事应当遵守法律、法规和公司章程的规定，对公司负有忠实义务和勤勉义务。当其自身的利益与公司和股东的利益相冲突时，应当以公司和股东的最大利益为行为准则。

第一百三十七条 董事会行使下列职权：

（一）负责召集股东大会，并向大会报告工作；

（二）执行股东大会的决议；

（三）决定公司的经营计划和投资方案；

（四）制订公司的年度财务预算方案、决算方案；

（五）制订公司的利润分配方案和弥补亏损方案；

（六）制订公司增加或者减少注册资本、发行债券或其他证券及上市方案；

（七）拟订公司重大收购、收购本公司股票或者合并、分立、解散和变更公司形式方案；

（八）在本章程规定的范围内，决定公司对外投资、收购出售资产、资产抵押、委托理财等事项；

（九）在本章程规定的范围内，决定公司对外担保事项；

（十）决定公司内部管理机构的设置；

（十一）聘任或者解聘公司总裁、董事会秘书；根据总裁的提名，聘任或者解聘公司执行副总裁、财务负责人等高级管理人员，并决定其报酬事项和奖惩事项；

（十二）制订公司的基本管理制度；

（十三）制订公司章程的修改方案；

（十四）管理公司信息披露事项；

（十五）向股东大会提请聘请或更换为公司审计的会计师事务所；

（十六）听取公司总裁的工作汇报并检查总裁的工作；

（十七）制定绩效评估奖励计划，其中涉及股权的奖励计划由董事会提交股东大会审议，不涉及股权的由董事会决定；

（十八）法律、法规或公司章程规定，以及股东大会授予的其他职权。

上述第（六）、（七）、（九）、（十三）项必须由董事会三分之二以上的董事表决同意。

第一百六十五条 总裁对董事会负责，行使下列职权：

（一）主持公司的生产经营管理工作，并向董事会报告工作；

（二）组织实施董事会决议、公司年度计划和投资方案；

（三）拟订公司内部管理机构设置方案；

（四）拟订公司的基本管理制度；

（五）制订公司的具体规章；

（六）提请董事会聘任或者解聘公司执行副总裁、财务负责人；

（七）聘任或者解聘除应由董事会聘任或者解聘以外的管理人员；

（八）拟定公司职工的工资、福利、奖惩，决定公司职工的聘用和解聘；

（九）公司章程或董事会授予的其他职权；

（十）提议召开临时董事会会议。

要求根据万科公司章程及其他相关资料，讨论并解释：

1. 股东、控股股东、实际控制人的概念及其相互之间的关系。

2. 通过公司年报查询该公司的股权结构及公司与第一大股东之间的产权及控制关系；并确认该公司是否存在控股股东及实际控制人。

3. 在该公司年报中的"重要提示"中列示了这样两段话：

"本公司董事会、监事会及其董事、监事、高级管理人员保证本报告所载资料不存在任何虚假记载、误导性陈述或者重大遗漏，并对其内容的真实性、准确性和完整性负个别及连带责任。"

"董事会主席王石，董事、总裁郁亮，执行副总裁、财务负责人王文金声明：保证年度报告中财务报告的真实、完整。"为什么？

4. 董事的忠实义务和勤勉义务的具体含义。

5. 股东大会—董事会—总裁三者之间的决策权力边界及相关财务决策管理权限。

思考题

1. 什么是公司财务管理？

2. 为什么说股东财富最大化是公司财务目标的最好表达？

3. 如何在公司治理框架下明确股东—董事会—经营者三者的财务决策规则及各自的财务责任？

4. 什么是金融市场，它由哪些基本要素构成？

5. 什么是市场有效假设？

本章推荐阅读资料

1. [美] 阿斯瓦斯·达摩达兰著，郑振龙等译：《应用公司理财》第1、2、3章，机械工业出版社2000年版。

2. [美] 斯蒂芬·A·罗斯等著，吴世农、沈艺峰等译：《公司理财》第1章，机械工业出版社2000年版。

3. 谢志华：《出资者财务论》，载《会计研究》1997年第5期。

4. 汤谷良：《经营者财务论》，载《会计研究》1997年第5期。

5. 王斌：《现金流转说：财务经理的财务观点》，载《会计研究》1997年第5期。

第2章

必要收益率与财务估值原理

学习提要与目标

　　财务管理是价值管理,或者说价值理念、价值计量与价值判断使财务管理具有"用数据说话"的核心特质。本章通过引入必要收益率概念,并通过风险——收益对等关系的讨论和资本资产定价模式导入,来帮助人们认识、理解和计量"价值",从而为财务管理提供价值判断基础。

　　通过本章的学习,应能够:
- 理解收益形式及风险计量;
- 理解风险与报酬的对等关系及资本资产定价模型的含义;
- 掌握财务估价的程序与基本模式,并应用模型对股票、债券进行估价。

第一节 风险与收益的衡量

一、单一投资的收益与风险

从公司财务理论上说,所谓收益就是投资者投资于某资产在一定时期内所获得的总利得或损失。投资者在预期的未来所获得的投资收益主要来源于两个部分:一是投资者从被投资方(如公司)获得的现金收益,如投资于股票可获得股利,投资于债券可获得利息;二是资本利得或损失,即从资产价格上升中得到的利得或价格下降产生的损失。例如,某投资者拥有甲公司股票1 000股,一定时期后全部卖出,该投资者的收益就包括:(1)作为公司财产的部分拥有者,如果公司盈利,一般会予以分红,投资者将得到红利收益;(2)卖出股票时由于股票价值变动而产生的资本利得或损失。

收益的表现形式多种多样,既有绝对数形式,也有相对数形式。财务上的收益主要采用相对数表现形式,即在一年内每一元投资能得到多少收益。这种表示方法排除了投资金额的大小的影响,且比用绝对数表示的信息更具可比性和简明扼要。

(一)有关收益率的概念

1. 简单收益率

简单收益率(return)是持有证券期间所获得的收益与购买证券的价格之比,常称之为普通收益率,即:

$$R_t = \frac{P_t - P_{t-1} + D_t}{P_{t-1}} \times 100\%$$

其中,P_t 是在第 t 时期证券的卖出价;

P_{t-1} 是在第 $t-1$ 时期证券的买入价;

D_t 是在第 $t-1$ 期至第 t 期间持有证券所获得的分红或利息。

在证券买入的期间内没有分红或利息,则 $D_t = 0$。根据不同的管理目的或研究要求,每一期的时间可以是一天、一周、一月、一季、一年,但是除非特指,财务上的收益率一般是指年度收益率。

例如,A以2 000元的价格买入甲公司股票80股,期间甲公司每股宣布分红0.5元,一年后A将股票以2 190元的价格出售,则:

$$A\text{的投资年收益率} = \frac{2\,190 - 2\,000 + 80 \times 0.5}{2\,000} \times 100\% = 11.5\%$$

2. 持有期间收益率(holding period return)

当投资者持有的证券未至到期日便中途转卖,我们可以用下面的公式来计算其持有期间的收益率:

$$持有期间收益率 = \frac{期末价格 - 期初买入价格 + 持有期间所得}{期初买入价格} \times 100\%$$

例如,某投资者于一年前以每股 31 元的价格买入 B 公司股票,在该股票持有期间每股所分股利为 0.8 元,现在该投资者以每股 35 元的价格卖出,则该投资者持有该股票的持有期间收益率可计算为:

$$持有期间收益率 = \frac{35 - 31 + 0.8}{31} \times 100\% = 15.48\%$$

3. 到期收益率

到期收益率(yield to maturity,YTM)是使得证券持有期间的未来现金流入的现值等于证券的现行购买价格的内含报酬率 R。以债券为例,其计算公式是:

$$\sum_{i=1}^{n} \frac{各年利息}{(1+R)^i} + \frac{债券票面值}{(1+R)^n} = 购买价格$$

例如,某种 2 年期的政府债券的票面值是 2 000 元,票面年利率 6%,每年付息两次。若债券的现行购买价是 1 858.2 元,则该项债券投资的到期收益率是 10%,即:

$$\sum_{i=1}^{4} \frac{60}{(1+R/2)^i} + \frac{2\,000}{(1+R/2)^4} = 1\,858.2(元)$$

$$R = 10\%$$

4. 无风险收益率与风险收益率

投资者的期望收益率由两部分组成:一是无风险报酬率(risk-free rate of return),即最低的社会平均报酬率;另一部分是风险报酬率。由于政府债券风险极低,所以在理财实践中,通常把短期政府债券的市场收益率作为无风险收益率。无风险收益率也可用加上通货膨胀溢价的货币时间价值来确定。投资者由于承担风险而期望获得的超过无风险报酬率的那部分收益率,它与风险大小有关,风险越大则要求的收益率越高,是风险的函数。风险收益率的确定可通过对历史资料的分析、统计回归或专家调查来决定,市场均衡时的风险收益率可用资本资产定价模型来决定。

5. 简单算术平均收益率

多期平均收益率是 n 个单期收益的简单算术平均数,即:

$$MR_t = \frac{\sum_{t=1}^{n} R_t}{n}$$

其中,R_t 是第 t 期的单期收益率;

n 是期数(如若干天、月、季、年)。

例如,T 公司在 2011 年初决定投资 100 万元,以每股 10 元的价格购买乙公司的股票 10 万股。2012 年初乙公司的股票升至 12.5 元每股。2013 年初跌至每股 10 元。此间没有分红。这两年的平均收益率是第一年、第二年的单期收益率的简单算术平均数,即:

其中，第一年：$R_t = (12.5 - 10)/10 = 25\%$

第二年：$R_t = (10 - 12.5)/12.5 = -20\%$

这两年的简单算术平均收益率 = $(25\% - 20\%)/2 = 2.5\%$

（二）单一投资的风险衡量

简单来说，风险就是收益的不确定性。公司财务决策几乎都是在有风险和不确定性的情况下做出的，因为风险是客观存在、无处不在的。按确定性的程度，我们可以把企业财务决策分为三种类型：（1）确定性决策。决策者对未来的情况是完全确定的或已知的决策称为确定性决策。（2）风险性决策，决策者对未来的情况不能完全确定，但它们出现的可能性——概率的具体分布是已知的或可以估计的，这种情况的决策称为风险性决策。（3）不确定性决策。决策者对未来的情况不仅不能完全确定，而且对其可能出现的概率也不清楚，这种情况下的决策为不确定性决策。从理论上讲，不确定性是无法计量的，但在财务管理中，通常为不确定性规定一些主观概率，以便进行定量分析。不确定性规定了主观概率以后，与风险就十分近似了。因此，在企业财务管理中，对风险与不确定性并不做严格区分，当谈到风险时，可能是风险，也可能是不确定性。

风险是与各种可能的结果和结果的概率分布相联系的。对风险的衡量与计算，也必须从概率分析入手。

1. 概率分布

概率是指随机事件发生的可能性。经济活动可能产生的种种收益可以看作一个个随机事件，其出现或发生的可能性，可以用相应的概率描述。概率分布则是指一项活动可能出现的所有结果的概率的集合。比如，掷硬币这一活动会有两种可能出现，一是硬币的铸有国徽图案的一面朝上，一是铸有面值的一面朝上，这两者出现的可能性各占50%，它们分别代表了国徽朝上和面值朝上这两个随机事件出现的概率，而这两个概率作为一个整体，则反映了掷硬币这一活动可能出现的结果的概率分布。假定用 X 表示随机事件，X_i 表示随机事件的第 i 种结果，P_i 为出现该种结果的相应概率。若 X_i 出现，则 $P_i = 1$。若不出现，则 $P_i = 0$，同时，所有可能结果出现的概率之和必定为1。因此，概率必须符合下列两个要求：

（1）$0 \leqslant P_i \leqslant 1$；

（2）$\sum_{i=1}^{n} P_i = 1$。

例：某企业甲产品投产后预计收益情况和市场销量有关，可用表2-1描述各种可能的收益概率分布。

表2-1　　　　　　　市场预测和预期收益概率分布表

市场情况	年收益 X_i	概率 P_i
销售很好	50	0.1
销售较好	40	0.2

续表

市场情况	年收益 X_i	概率 P_i
销售一般	30	0.4
销售较差	20	0.2
销售很差	10	0.1

概率分布可以用可能结果为横轴,以概率为纵轴的坐标点划线表示(见图 2-1)。概率分布为两种类型,一种是如图 2-1 反映的不连续的概率分布,其特点是概率分布在各个特定的点(指 X 值)上。另一种是连续的概率分布,其特点是概率分布在连续图像的两点之间的区间上,如图 2-2 所示。

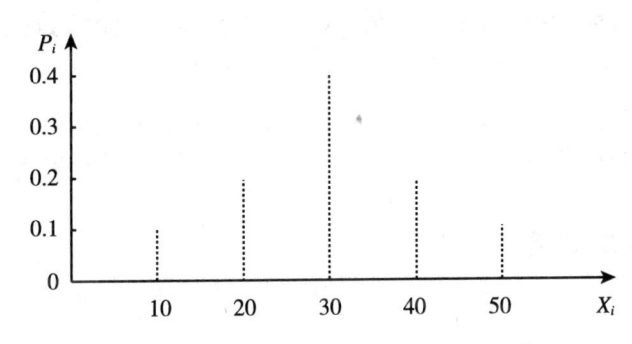

图 2-1 市场预测与预期收益率分布

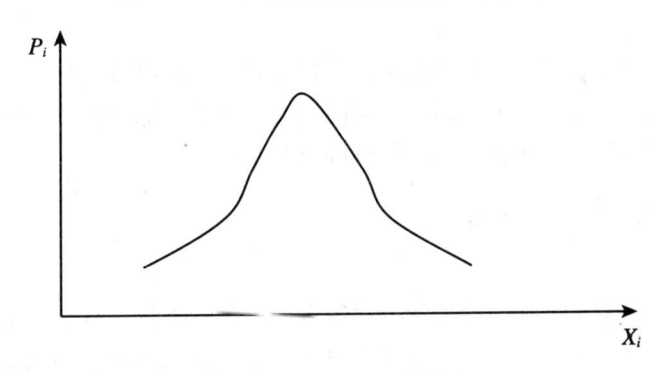

图 2-2 连续概率分布

2. 期望值

期望值(expected return)是一个概率分布中的所有可能结果,以各自相应的概率为权数计算的加权平均值。通常用符号 $\bar{E}$ 表示,其计算公式如下:

$$\bar{E} = \sum_{i=1}^{n} X_i P_i$$

以表 2-1 中有关数据为依据计算甲产品投产后预计收益的期望值,即:

$$\bar{E} = 50 \times 0.1 + 40 \times 0.2 + 30 \times 0.4 + 20 \times 0.2 + 10 \times 0.1 = 30$$

期望收益值体现的是预计收益的平均化,在各种不确定性因素影响下,它代表着投资者的合理预期。

3. 标准差

标准离差(standard deviation)是反映概率分布中各种可能结果对期望的偏离程度,也即离散程度的一个数值,通常以符号 δ 表示,其计算公式为:

$$\delta = \sqrt{\sum_{i=1}^{n}(X_i - \bar{E})^2 \cdot P_i}$$

标准离差以绝对数衡量决策方案的风险,在期望值相同的情况下,标准离差越大,风险越大;反之,标准离差越小,则风险越小。

上例中甲产品预计年收益与期望年收益的标准离差为:

$$\delta = \sqrt{\begin{matrix}(50-30)^2 \times 0.1 + (40-30)^2 \times 0.2 + (30-30)^2 \times 0.4 \\ + (20-30)^2 \times 0.2 + (10-30)^2 \times 0.1\end{matrix}} = 10.95$$

需要注意的是,由于标准离差是衡量风险的绝对数指标,对于期望值不同的决策方案,该指标数值没有直接可比性,对此,必须进一步借助于标准离差率的计算来说明问题。

4. 标准离差率

标准离差率是标准离差同期望值之比,通常用符号 q 表示,其计算公式为:

$$q = \frac{\delta}{\bar{E}}$$

标准离差率是一个相对指标,它以相对数反映决策方案的风险程度。在期望值不同的情况下,标准离差率越大,风险越大;反之,标准离差率越小,风险越小。

上例中甲产品预计年收益的标准离差率:

$$q = \frac{\delta}{\bar{E}} = \frac{10.95}{30} = 0.365$$

通过决策方案的风险量化,决策者便可作出决策。对于单个方案,决策者可根据其标准离差(率)的大小,并将其同设定的可接受的此项指标最高限值对比,看前者是否低于后者,然后作出取舍。对于多方案择优,决策者的行动准则应是选择低风险高收益的方案,即选择标准离差最低、期望收益最高的方案。然而高收益往往伴有高风险,低收益方案其风险程度往往也较低,究竟选择何种方案,就要权衡期望收益与风险,而且还要视决策者对风险的态度而定。对风险比较反感的人可能会选择期望收益较低同时风险也较低的方案,喜欢冒风险的人则可能选择风险虽高但同时收益也高的方案。

5. 协方差与相关系数

前面介绍了如何衡量单个股票收益的变动性。现在介绍度量一种股票的收益与另一种股票收益的相互关系的统计指标:协方差(covariance)与相关系数(correlation)。

协方差的数学公式可以写作：

$$\sigma_{AB} = \text{Cov}(R_A, R_B) = \sum \left[(R_A - \overline{R_A})(R_B - \overline{R_B}) \right] \times 两个离差同时发生的概率$$

式中，$\overline{R_A}$——一种股票 A 的期望收益；
$\overline{R_B}$——另一种股票 B 的期望收益。

值得指出的是，两个变量的先后并不重要。也就是说，A 和 B 的协方差等于 B 和 A 的协方差，即：

$$\sigma_{AB} = \sigma_{BA} = \text{Cov}(R_A, R_B) = \text{Cov}(R_B, R_A)$$

协方差的符号反映了两个公司股票收益的相互关系。如果两个公司的股票收益呈同步变动态势，即在任何一种经济状况下同时上升或下降，协方差为正值；如果两个公司的股票收益呈非同步变动态势，即在任何一种经济状况下一升一降或一降一升，协方差为负值。

相关系数的计算：相关系数等于两个公司股票收益的协方差除以两个公司股票收益的标准差的乘积，即：

$$\rho_{AB} = \text{Corr}(R_A, R_B) = \frac{\text{Cov}(R_A, R_B)}{\sigma_A \times \sigma_B}$$

计算相关系数时，两个变量的先后并不重要。也就是说，A 和 B 的相关系数等于 B 和 A 的相关系数，即：

$$\rho_{AB} = \rho_{BA} = \text{Corr}(R_A, R_B) = \text{Corr}(R_B, R_A)$$

因为标准差总是正值，所以相关系数的符号取决于两个变量的协方差的符号。如果相关系数为正，我们说两个变量之间正相关；如果相关系数为负，我们说两个变量之间负相关；如果相关系数为零，我们说两个变量不相关。我们还可以证明相关系数是介于 +1 和 -1 之间，这是因为将协方差除以两个标准差乘积后使得计算结果标准化。

二、投资组合的风险与收益

（一）投资组合的期望收益

投资组合（portfolio）是由两个或两个以上资产项目所构成的。计算投资组合期望收益的公式十分简单：组合的期望收益是构成组合的各个证券的期望收益的简单加权平均数。即：

$$组合的期望收益\ R_p = X_A \times \overline{R_A} + X_B \times \overline{R_B}$$

式中，X_A——一种股票在投资组合中的比例；
X_B——另一种股票在投资组合中的比例；

$\overline{R_A}$—— 一种股票的期望收益；

$\overline{R_B}$——另一种股票的期望收益。

从这一计算过程我们可以看出投资者不会因为投资于某种股票数量的多少而减少或损害组合的期望收益。

（二）组合的方差和标准差

由 A 和 B 两种证券构成的投资组合的方差是：

$$\text{Var}(\text{组合}) = X_A^2 \sigma_A^2 + 2X_A X_B \sigma_{AB} + X_B^2 \sigma_B^2$$

由此可以看出投资组合方差的计算公式由三项构成：第一，证券 A 的方差 σ_A^2；第二，证券 A 和证券 B 的协方差 σ_{AB}；第三，证券 B 的方差 σ_B^2。

上述公式表明：投资组合的方差取决于组合中各种证券的方差和每两种证券之间的协方差。每种证券的方差度量每种证券收益的变动程度；协方差度量两种证券收益之间的相互关系。在证券方差给定的情况下，如果两种证券收益之间相互关系或协方差为正，组合的方差就上升；如果两种证券收益之间的相互关系或协方差为负，组合的方差就会下降。

根据以上投资组合的方差，我们可以计算投资组合的标准差，即：

$$\sigma_P = SD(\text{组合}) = \sqrt{\text{Var}(\text{组合})}$$

投资组合的标准差的含义与单个证券标准差的含义相同。

（三）投资组合的风险分散效应

比较投资组合的标准差和各个证券的标准差具有一定的指导意义。

首先，考察各个证券标准差的加权平均数，我们可以看出组合的标准差小于组合中各证券标准差的加权平均数。一般认为，这是由于组合多元化效应的缘故。由两种证券构成的投资组合，只要两种证券的相关系数小于1，组合的标准差就小于这两种证券各自的标准差的加权平均数，组合的多元化效应就会发生。

其次，如果两种证券的收益之间是负相关，组合多元化产生的利益就比较大，如果两种证券的收益之间是正相关，则组合多元化产生的收益就比较小。

研究表明，当将资产组合放大到整个资本市场，即投资组合中的资产推广到 N ($N = \infty$) 种，则市场上所有风险资产都将被包含其中，则可发现：随着组合中资产数量的增加，组合风险（portfolio risk）将越来越易被分散，组合中各个证券的风险已不再重要，重要的是组合的整体风险、市场风险（系统风险）。用数理表达即，随着组合中资产品种数的增加，各资产的标准差将被分散，整个组合方差将逼近各资产协方差的平均数。如图 2-3 所示。

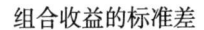

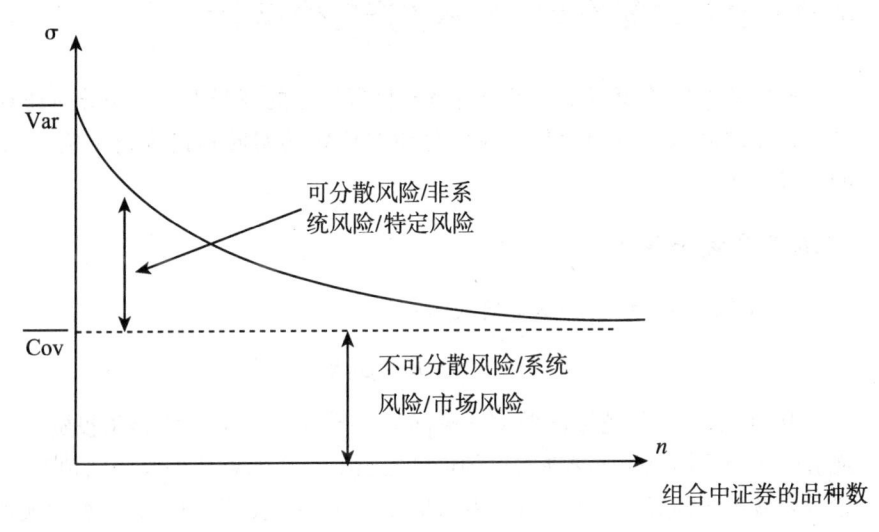

图 2-3 组合收益与组合中证券品种数之间的关系

第二节 资本资产定价模型

资产定价问题是金融理论的核心。1952 年，亨利·马柯维茨提出了资产组合理论，它把投资者投资选择的问题系统阐述为不确定性条件下投资者效用最大化的问题。威廉·夏普将这一模型进行了简化并提出了资本资产定价模型（Capital Asset Pricing Model，CAPM）。

一、资本资产定价模式成立的基本假定

资本资产定价模型是建立在一系列严格的理论假设基础上。正是由于这些假设，才获得以上结论。系统地了解这些理论假设，对资本市场的理论研究和实证分析包括对 CAPM 的理解都十分重要。这些假设包括：（1）存在一种无风险资产，投资者可以不接受限制地以无风险利率进行借入或借出。（2）投资者根据证券投资收益率分布的两个重要参数：数学期望值和方差为投资决策的唯一依据，或者说投资者的效用是由投资收益率的数学期望值和方差所决定。（3）对于相同风险等级的证券，投资者将选择高收益率的证券；对于相同收益率的证券，投资者将选择低风险的证券。（4）所有投资者对证券收益率的平均值、方差和协方差具有相同的预期，也即每个投资者对每种证券前景的展望是一样的。（5）不存在税收和交易费等其他市场不完善性，使得证券价格是一种均衡价格。资本市场处于均衡状态。（6）投资者可以准确预测通货膨胀或利率变动。

二、风险—收益对等关系：资本资产定价模型

资本资产定价模型是在投资者持有投资组合的情况下，用来分析证券的风险与必要收益率之间的关系的模型，也就是说 CAPM 的实质是讨论资本资产风险与收益间的对等关系。

（一）资本资产定价模型

资本资产定价模型的基本公式为：

$$K = R_f + \beta(K_m - R_f)$$

其中，K 为股票必要收益率（required rate of return），它是指投资者投资某种股票或资产时因承担风险而必须取得的最低收益要求。如果某种股票的预期收益率小于 K，投资者就不会购买这种股票，或者如果投资者手头上有这种股票，就会卖掉它。

R_f 为无风险收益率。一般根据政府发行的短期债券的收益率确定。

β 为该股票的风险系数。

K_m 为市场上所有股票的平均收益率。

$K_m - R_f$ 为市场风险溢酬率（risk premium），即如果股票持有者持有的是市场上的平均股票，它的风险补偿率是多少。在美国资本市场中，其取值大体介于 7.6% ~ 8.6% 之间。

$\beta(K_m - R_f)$ 为该股票的风险补偿率。它是否大于、等于或小于平均股票的风险补偿率，取决于 β 的值是大于 1、等于 1 还是小于 1。

（二）贝塔系数的概念及估计

贝塔系数（β）反映个别证券随着市场投资组合变动的趋势，用以计量个别证券相对于市场投资组合的变动程度，其估计公式为：

$$\beta_i = \frac{第\ i\ 种证券与市场投资组合间的协方差}{市场投资组合的方差}$$

一般而言，β 系数小于 1 的股票，称为低风险股票，表明该证券的风险性小于市场的风险性；而 β 系数大于 1 的股票，则称为高风险股票，表明证券的风险性大于整个市场的风险水平。如果某证券的 β 系数为 1，则表明该证券的风险性与整个股票市场的风险性相同。

在金融实务中，单一股票的 β 值可以通过该股票在以往期间（如过去 180 个交易日）的日收益率与同期整个资本市场的日收益率（可以用市场指数）的统计回归来求得。

（1）根据实务中 β 值的估算方法（一般采用统计回归方法），你认为 β 值是否有可能为负？为什么？（2）如果某公司属于非上市公司，其股票并不能在市场上进行交易，则能用 CAPM 模型测算股东的必要收益率吗？

如果能得到某种股票的有关数据如下：$R_f = 4\%$，$\beta = 0.5$，$K_m = 12\%$，那么就可以根据资本资产定价模型来确定其必要收益率，即：

$$k = 4\% + 0.5 \times (12\% - 4\%) = 8\%$$

另外，某投资组合的贝塔系数等于组合中个别证券的贝塔系数的加权平均数之和，其计算公式为：

$$\beta_p = \sum W_i \beta_i$$

式中：β_p——投资组合的 β 值，它反映出个别投资组合报酬率相对市场投资组合报酬率的变动程度；

W_i——第 i 种证券的权重；

β_i——第 i 种证券的 β 值。

（三）证券特征线与证券市场线

贝塔系数（β）是特征线的斜率。证券特征线（Security Characteristic Line，SCL）表示个别证券的超额报酬与市场投资组合的超额报酬之间的对比关系。所谓超额报酬是指超过无风险报酬率以上的那部分报酬率（见图 2-4）。

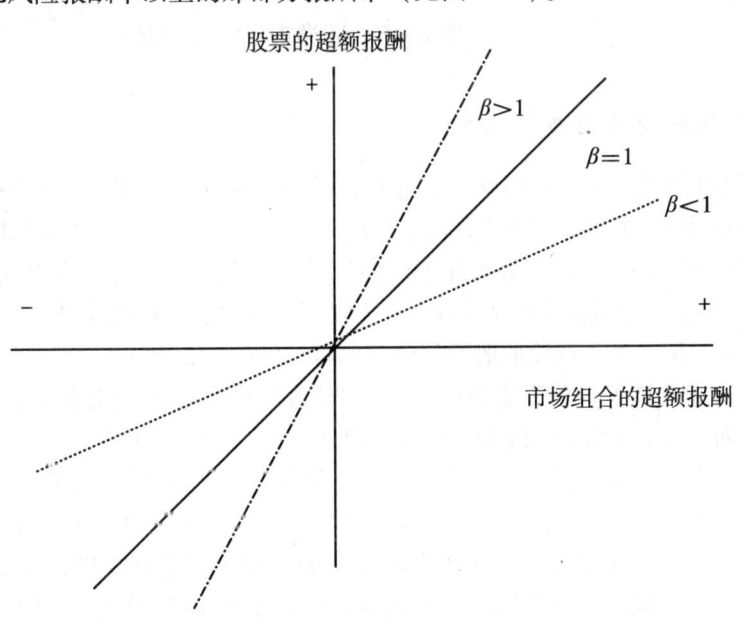

图 2-4 股票与市场组合间的关系

从图 2-4 可以看出，特征线的斜率为 1，表示个别证券的超额报酬与市场组合的超额报酬成正比例变动，即个别证券的系统性风险与市场整体的系统性风险相同。所以 β 是衡量个别证券的系统性风险的标准，个别证券特征线的斜率越大，其系统性风险也就越大。

证券市场线（SML）是对必要收益率的描述（见图 2-5），它的斜率反映投资者对风险的厌恶程度。SML 线越陡，说明投资者越厌恶风险。如果投资者一点也不厌恶风险，SML 线将是一条水平线。即使风险很大的股票，其预期收益只要达到无风险收益率，也就可以卖得出去。

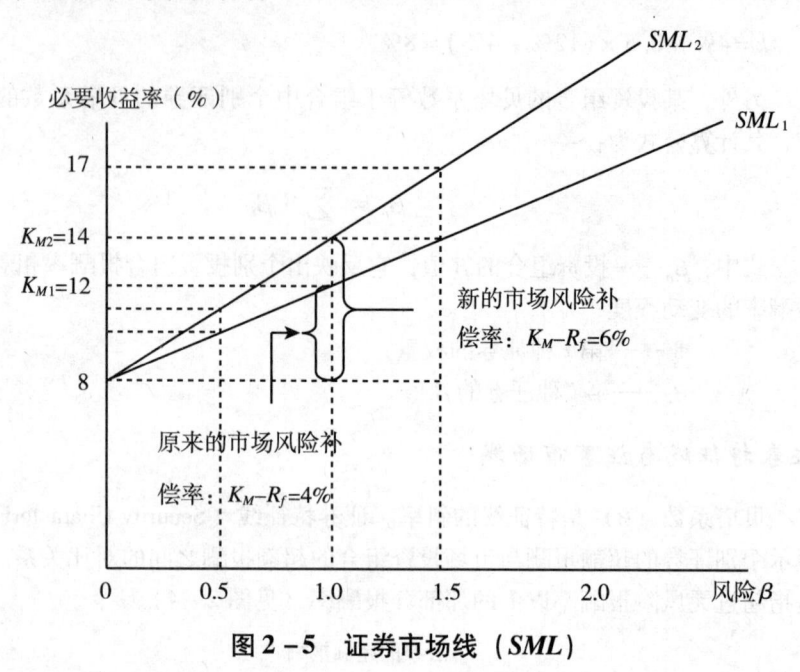

图 2-5 证券市场线（SML）

（四）通货膨胀对收益率的影响

在资本资产定价模型中，无风险收益率是一种名义收益率，它包括两部分：（1）实际收益率 K，也称无通货膨胀收益率；（2）通货膨胀补偿率 I，即预期的通货膨胀率。所以，$R_f = K + I$。如果在上面的例子中，在无风险收益率 R_f 中，实际收益率为 3%，预期的通货膨胀率 I 为 5%。今假定预期的通货膨胀率从 5% 提高到 7%，即提高 2%，那么各种风险的股票的收益率将会发生什么变化？

如果预期的通货膨胀率增加 2%，证券市场线 SML 就会向上平行移动 2%，结果是各种风险的股票的必要收益率都会增加 2%（见图 2-6）。

另外，投资者对风险的态度发生变化也会对收益率产生影响。随着投资者厌恶风险程度增加，SML 线的斜率也就随着增加，由此使市场风险补偿率从 4% 提高到 6%。注意，SML 斜率的变化对风险大的股票的必要收益率的影响，要比对风险小的影响大。例如，图 2-5 中，$\beta = 1.5$ 的股票收益率从 14% 增加到 17%，增加了 3%，但 $\beta = 0.5$ 的股票的必要收益率则从 10% 增加到 11%，只增加 1%。

通过对 β 的分析，可以得出结论：在风险资产的定价中，那些只影响该证券的方差而不影响该股票与股票市场组合的协方差的因素在定价中不起作用，对定价唯一起作用的是该股票的 β 系数。由于收益的方差是风险大小的量度，可以说：与市场风险不相关的单个风险，在股票的定价中不起作用，起作用的是有规律的市场风险，这是 CAPM 的核心思想。

图2-6 通货膨胀与必要收益率

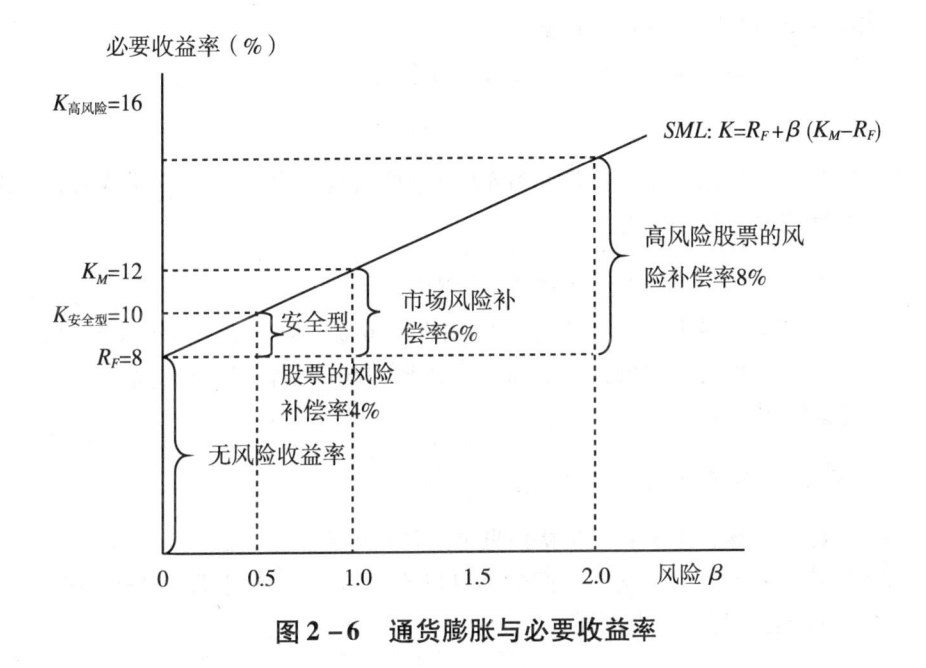

三、资本资产定价模型的应用价值

资本资产定价模型的最大特点是简单明了，它把任何一种风险资产的价格都归纳为三个因素：无风险因素、风险的价格因素和风险的计算单位。所以，用CAPM模型解决风险资产价格确定问题，就不再是困难的了。原因是：CAPM模型使我们能够用贝塔系数来确定单项资产所包含的绝对风险量；它通过整个市场资产组合的概念求出了风险的市场价格；它将某种单项资产的系统风险和非系统风险的市场价格联系在一起，从而得出了在整个市场资产组合存在条件下怎样计算单项资产价格的标准化计算公式。

CAPM模型在理财活动中有着广泛的应用，比如在资本预算、资本成本估计、杠杆效应及投资组合分析方面具有独特的应用价值。

（一）投资者的投资决策

投资者只要有了要选择风险资产的基本信息，就可以计算出该种资产的预期收益率、方差、均方差和β系数，据此，投资者便可根据市场情况计算要选择资产的市场价格，并从中选择最佳的一种进行投资。也就是说，CAPM模型为投资者提供了这样一种机制，使投资者可以根据非系统风险而不是总风险来对几种竞争报价的金融资产做出评价和选择。投资者可以利用具有权威性的综合指数确定整个市场资产组合的预期收益率，并计算出可供选择投资的单项资产的β系数。比如，可以用国库券或其他合适的政府债券确定无风险资产的收益率，然后在此基础上再确定风险资产的预期收益率。

在市场均衡情况下，投资者的预期报酬率与要求报酬率总是相等的，换言之，股票的市场价值总是维持在均衡状态。

按照证券市场线（SML）等式，股票的要求报酬率 K_x 为：

$$K_x = R_f + \beta_x \times (K_m - R_f)$$

例如，如果无风险报酬率为 8%，市场风险补偿为 4%，β 系数为 2，则投资者对 X 股票的要求报酬率为：

$$K_x = 8\% + 2.0 \times (12\% - 8\%) = 16\%$$

在证券市场上，如果预期报酬率高于 16%，投资者就会买进 X 股票，如果低于 16%，就会卖出。如果预期报酬率与要求报酬率相等，则既无卖出，也无买入，市场处于均衡状态。

（二）权益资本成本的估算

如前所述，由于股票价格信息可以随时得到，因而每一个具体公司的 β 系数的估计与获得并不困难，这样我们就不难以 β 系数为基础测算公司权益融资的资本成本（后续的各章将会重点阐述）。

四、资本资产定价模型的修正与发展：套利定价模型（APT）与期权定价模型

资本资产定价模型的提出对资产定价理论而言是划时代的，作为一种主流模式，现在仍被广泛应用于定价与财务估值理论之中。但是，该模型的提出并非没有争议，理论上对其的质疑主要有两点：一是某项资产的 β 值（风险）是否是解释其收益的唯一变量，或者说是否还存在其他解释因素。二是"过去"是否代表未来问题。也就是说，人们在应用标准 CAPM 模型时，需要事先估算出 β 值，在估计 β 值时又大多基于过去的历史数据（主要借助统计上的最小二乘法等回归模型），并在理论上假定任何资产已实现的平均收益率等于其预期收益率（此为风险中性假设）。但是，基于过去数据估计出来的只能是过去的 β 值，它要反映现在或将来的风险则必须假定"未来是过去的继续"为前提，然而这一前提几乎并不存在。因此在应用 CAPM 模型时，对 β 值的合理估计可能是最难的。

（一）套利定价模型

资本资产定价模型是把包括股票、债券、不动产等的市场有价证券作为单一因素的，风险资产的预期收益率是由其对市场有价证券组合的感应度（β 的大小）来决定，但这一模型因过于简约而广受质疑。20 世纪 70 年代后，罗斯（Ross）等金融学家提出了套利定价理论（Arbitrage Pricing Theory，简称 APT 模型）。罗斯认为，CAPM 的缺陷是其十分复杂的前提条件，同时，市场有价证券组合以外的诸多因素也会对风险资产价格产生重大影响。套利定价模型抛弃了 CAPM 的大部分前提条件，并且不是把市场有价证券组合作为前提，而是包括了影响风险资产价格的所有指标，尤其是宏观经济指标，因此是更为一般的模型，也称多因素分析模型。

APT 的理论基础是价格规律，即两个相同的东西不能卖不同的价钱。APT 保留了关于预期同质性假定，但舍弃了证券组合分析的框架，取而代之的是一个关于证券收益生成过程的假设。APT 模型对假定条件的要求很少，它作为多因素分析方法，并不像 CAPM 模型那样要求竞争性市场和市场的均衡。该模型认为，证券价值的变动主要是由于在投资期间某些重要因素的变动，其中最为普遍的影响证券收益率的五种因素是：（1）市场利率；（2）经济增长；（3）通货膨胀；（4）劳动生产率；（5）投资者信心。所以 APT 的建立取决于各因素的水平及对证券收益率的灵敏度。

APT 模型假定影响资产价格的因素有 K 个，假定这多个因素与资产收益的关系是线性的，则收益率由下式给出：

$$E_j = r + r_{j1}E_{1-r} + \cdots + r_{jk}E_{k-r} + \varepsilon_j$$

其中，$r_{jk}(k=1,2,\cdots,K)$ 是每个影响资产价格因素的风险收益率，也是资产 j 的反应度 $(j=1,2,\cdots)$；E_j 为该风险资产组合的预期收益率；r 为无风险资产利息率；ε_j 为第 j 项资产固有的风险。该模型表明，资产 j 的预期收益率等于无风险资产利息率加上每个影响资产价格因素的风险收益率或灵敏度乘以该资产总收益率与无风险资产利率之差。

可见在 APT 模型看来，CAPM 实际上是其特例，APT 是比 CAPM 更一般化的资本资产定价模型。根据 APT 的假定条件，两个风险相同的证券或证券组合不可能提供不同的预期收益。因为一旦出现与上述相反的情况，套利者就有机可乘，他可以买入预期收益率高的证券同时卖空预期收益率低的证券，从而不花一分钱，不承担任何风险而获取利润。而这种情况在均衡条件下是不可能的。

套利定价理论的最大优点是将影响资产价格的各种主要因素考虑在模型之中，它不仅可用于对收益率的事前预测，也可以像 CAPM 模型那样根据事后实现的收益项目进行检证。但该模型所考虑的因素过于宽泛，且人们对哪些是核心影响因素的确定尚存大量争议，因此该模型的实际应用远不及资本资产定价模型。

（二）期权定价模型

随着经济金融化的进程，金融创新工具不断出现，为投资评估提出了不少新的问题。一些新的估价方法应运而生，其中最为著名的当属布莱克—斯科尔斯的期权定价模型（Black-Scholes model，B—S 模型）。

所谓期权（option）是指只在特定状态下可获得报酬的一种特殊资产，比如在买入期权情况下当其基础证券的价格超过其预设价值时，或者在售出期权情况下当其基础证券的价格低于其预设价值时。该模型的基本思路是利用期权与有关证券组合，进行无风险投资保值，然后求出结果方程式的期权价格。

布莱克—斯科尔斯模型为：

$$买入期权价值 = S \times [N(d_1)] - K \times e^{-rt}[N(d_2)]$$
$$卖出期权价值 = K \times e^{-rt}[N(-d_2)] - S \times [N(-d_1)]$$

式中，$N(d_1)$ 为正态分布、均方差等于 1 时在 d 范围内的概率，它表示：（1）期权将以有价结束的近似概率;(2)买权价格对标的物价格的敏感程度;(3)保值比率。$N(d_2)$ 表示买权到期时处于有价状态并被执行的概率。其计算公式分别是:

$$d_1 = \frac{\ln\left(\frac{S}{K \times e^{-rt}}\right)}{\delta\sqrt{t}} + \frac{\delta\sqrt{t}}{2}$$

$$d_2 = d_1 - \delta\sqrt{t}$$

布莱克—斯科尔斯期权定价模型是应用很广的期权定价方法。按照这一模型,一项买入期权的价值取决于如下变量:

S——基础资产的现行价值;

K——期权的行使价格,即买权的施权价;

t——期权寿期(即距离到期的天数)占一年的比例;

r——与期权寿期相对应的无风险利率;

δ——基础资产年报酬率均方差。

从财务观点看,该模型反映的是一种现值的观念,即以连续复利率对未来的现金流进行贴现,在该模型中表现为买权价值等于标的物价格的期望现值减去履约价格现值。

按照布莱克—斯科尔斯模型,评估一项买入期权的价值需经过如下步骤:(1)运用有关变量计算标准化的正态变量,即 d_1 和 d_2。(2)计算与标准变量相符合的累计正态分布函数,即 $N(d_1)$ 和 $N(d_2)$。(3)运用现值公式的持续时间等式计算行使价格的现值,行使价格现值为 $K \times e^{-rt}$。(4)根据布莱克—斯科尔斯模型计算期权价格。

例如,某企业价值为 5 000 万美元,低于其现有负债的面值 8 000 万美元。将股权资本视为一笔购入期权,则负债面值 8 000 万美元即为该购入期权的行使价格。零息票负债的年限为 10 年,企业价值方差(δ^2)为 0.16,无风险利率为 10%。根据以上数据,运用布莱克—斯科尔斯模型可计算该企业股权资本的价值为 3 044 万美元:

依据前面的公式可以计算出:$d_1 = 1.0515$,$d_2 = -0.2135$。

根据标准正态分布的累计概率分布函数表,查表得出 $N(d_1)$,$N(d_2)$。由于表示某一服从正态分布的变量小于 d 的概率,而且表中给出的是正态分布对称轴一侧的面积,因此查表所得的概率应加上 0.5,即:

$N(d_1) = N(1.0515) = 0.3534 + 0.5 = 0.8534$

$N(d_2) = N(0.2135) = 0.5 + 0.0845 = 0.5845$

购入期权价值 $= 50 \times 0.8534 - 80 \times e^{-0.1 \times 10} \times 0.5845 = 4 266.85$(万美元)

则:负债价值 $= 5 000 - 4 266.85 = 733.15$(万美元)

评估卖出期权的价值可比照买入期权程序进行。

上述期权估价技术不仅仅适用于对期权进行定价,其应用范围完全可以拓宽。例如,有负债企业的股权价值的估算、产品专利权价值的估算均可运用期权估价技术、长期投资项目估值与决策等。期权估价技术的应用很好地配合了被估价资产自身所具有的类似于期权的特征,适用于在较为复杂的情况下进行财务估价的需求。

第三节 财务估值的一般原理

一、现金流量与风险收益

（一）现金流量

财务理论上大量使用现金流量概念，而不大使用会计上以权责发生制为基础的利润概念，这是因为：企业的价值从本质上说，是给投资者带来未来的现金流；现金流不受会计政策的影响。

现金流量可分为诸多层次，一般我们把现金流量分为投资现金流量、经营现金流量、筹资现金流量、自由现金流量等几个层次。但是在财务估价中主要涉及的是投资的现金流量和自由现金流量。

1. 投资项目的现金流量

投资项目的现金流量是指投资项目从筹划、设计、施工、投产直至报废（或转让）为止的整个期间各年现金流入量与现金流出量的总称。这里的"现金"是广义的现金，它不仅包括各种货币资金，还包括投资项目所涉及的非货币资源的变现价值。

2. 经营活动、资本支出与自由现金流量

自由现金流量（free cash flow，FCF）是企业所得税后资本支出之前的营业现金流量，即在企业正常的资产维护满足之后的"剩余"现金流量。企业可用来偿还借款本金，发放现金股利，或者增加资本支出等。实际上，在持续经营的基础上，企业除了维持正常的资产维护外还可以产生更多的现金流量，那么该企业就有正的自由现金流量。

尽管自由现金流量难以准确计算得出，只能大致地预测，但是其功能却非常重要：

（1）自由现金流量的创造力显示了企业的实力。拥有稳定和大量自由现金流量的公司更能增强自己的实力，因为他们可以利用这些现金流量持续降低负债、回购股票，提高所有者权益的价值，或根据经济环境抢占有利的投资机会，从而在以后的生产经营中产生越来越多的净现金流量，使得企业的价值不断提高，实力不断增强。

（2）评价企业的经营业绩。经营现金流量也具有评价企业经营业绩的功能，但是，由于许多企业为了保持足够的竞争力，不得不进行生产设备的更新和改造、分销网络的维护，以及管理工具的更新，这些为了保持生存能力所消耗的现金流量都是必要的。这样一来就使得经营现金流量的评价功能大打折扣。而自由现金流量是"剩余"现金流量，它克服了经营现金流量功能上的缺陷，能够更加合理地评价企业的经营业绩。

（3）评估企业的价值。用经营现金流量只能粗略地评价企业的市场价值，而基于自由现金流量的企业市场价值评估模型对于评估企业价值更加具有优越性。许多估价模型中都以未来股利作为未来现金流量的代表,但是实际上,由于一些公司并不支付股利,还有一些公司借款来支付股利,而那些支付股利的公司也倾向于将股利在效益好的年份和效益不好的年份之间进行调剂。因此,股利并不是未来现金流量的很好的代表。基于自由现金流量的估价模型以自由现金流量来代替股利,假设公司的市场价格等于它未来所有自由现金流量的折现。这一模型的优越性是显而易见的:公司不必派发自由现金流量,只要产生自由现金流量即可。另外,这一模型也是严密的:它假设自由现金流量维持在最近的水平,公司不需要在未来增加借款以维持当前的增长率。

(4) 预计企业财务结构的调整方式。具有稳定的经营现金流量和自由现金流量的公司与其他同类公司相比,更倾向于提高外部资本的比重,预期以高财务杠杆为特征。因为经营现金流量和自由现金流量越稳定,发生财务困难的概率就越小,发生破产和重组的概率也越小,外部筹资的成本就越小,所以企业更倾向于提高财务杠杆,增加外部筹资。反之,自由现金流量为负数和现金流量不稳定的公司则会降低外部筹资,提高权益筹资。

公司自由现金流的形成如图 2-7 所示。

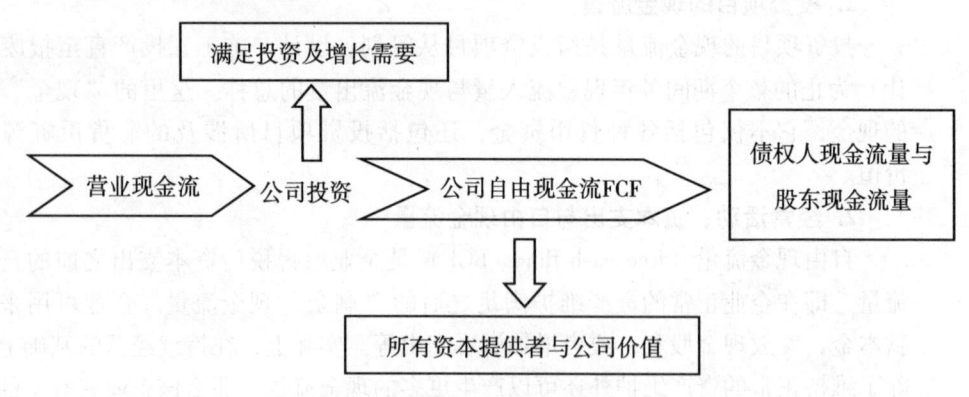

图 2-7 公司自由现金流的形成

(二) 风险收益

企业的各项经济活动都或多或少地包含有风险的成分。一般来说,人们都有一种风险反感的心理,但又在经常从事着各种有风险的活动,其中的原因,一方面是由于绝大多数的活动都有风险,人们在决策中缺乏选择的余地,否则就会无所适从,另一方面则是有风险收益的存在以及人们的收益偏好倾向。

所谓风险收益,是指投资者冒风险投资而获取的超过时间价值的额外收益。人们从事风险活动的实际结果与预期结果(期望值)会发生偏离,这种偏离可能是负向的(即低于期望值),也可能是正向的(即高于期望值),因此,风险意味着危险和机遇。一方面冒风险可能蒙受损失,产生不利影响,另一方面可能会取得成功,获取风险收益。并且风险越大,失败后的损失也越大,成功后的风险收益也越大,正因为巨大风险的背后隐藏着巨大成功、高额回报的可能,这就成了人们冒风险从事各项经济活动的一种动力。但对不同的投资人来说,由于他们对待风险与收益关系的态度不同,各自对风险与收益的选择侧重点各不相同,敢于冒风险者,他们更看重高风险背后的高收益,而风险极度反感者,他们更注重降低风险,而轻看风险收益。

风险和收益的基本关系是风险越大,要求的收益率越高。各投资项目的风险大小是不同的,在投资收益率相同的情况下,人们都会选择风险小的投资,结果竞争使其风险增加,收益率下降。最终,高风险的项目必须有高收益,否则就没有人投资;低收益的项目必须风险很低,否则也没有人投资。风险与收益的这种联系,是市场竞争的结果。企业拿投资人的钱去做生意,最终投资人要承担风险,因此他们要求期望的收益率与其风险相适应。如果不考虑通货膨胀,投资者进行风险投资所要求得到的投资收益率(即期望投资收益率)应是时间价值(即无风险收益率)与风险收益率之和。即:

$$期望投资收益率 = 时间价值 + 风险收益率$$
$$风险收益率 = 风险收益斜率 \times 风险程度$$

其中的风险程度用标准差或变异系数等计量。风险收益斜率取决于全体投资者的风险回避态度,可以通过统计方法来测定。如果大家都愿意冒险,风险收益斜率就小,风险溢价不大;如果大家都不愿意冒险,风险收益斜率就大,风险附加率就比较大。

二、财务估值原理

(一) 企业价值及其形式

简单地说,企业价值就是企业能够值多少钱或者能卖多少钱。从财务管理角度来看,企业价值具有多种不同的表现形式,如账面价值、市场价值、内含价值等。客观地讲,每一种价值形式都有其合理性与适用性。

账面价值是指以会计的历史成本原则为计量依据确认企业价值。其中资产负债表最能集中反映公司在某一特定时点的价值状况,揭示企业所掌握的资源、所负担的负债及所有者在企业中的权益,因此资产负债表上各项目的净值,即为公司的账面价值。账面价值可以直接根据企业的报表资料取得,具有客观性强、计算简单、资料易得等特点。但由于各企业间、同一个企业不同会计期间所采用的会计政策的不同,账面价值较易被企业管理当局所操纵,从而使不同企业之间、同一企业不同时期的账面价值缺乏可比性。账面价值法的另一局限是:来自财务报表的净值数据代表的是一种历史成本,它与企业创造未来收益的能力之间的相关性很小或者根本不相关,而且企业存续的时间越长,市场技术进步越快,这种不相关性就越突出。

内涵价值是指企业预期未来现金流收益以适当的贴现率折现的现值。其价值大小取决于未来经济景气程度的预期、企业生命周期阶段、现阶段的市场销售情况、企业正在酝酿的扩张计划或缩减计划以及市场利率变动趋势等因素。一般投资者在对企业债券、股票等进行投资时,使用内涵价值作为决策依据。

市场价值是指企业出售所能够取得的价格。当企业在市场上出售时,其买卖价格即为该企业的市场价值。市场价值通常不等于账面价值,其价值大小取决于市场的供需状况，但从本质上看，市场价值也是由内涵价值所决定。

（二）财务估值的程序

财务估价是以持续经营、未来盈利为前提。由于企业是一个复杂体，未来的企业是人才、现金、资源、制度、文化、目标、战略、组织安排、竞争对手、合作伙伴、债权人、政府、管理理念、社会责任、社会体制、治理结构、时间效应等多元因素的集结体，对企业的价值评价也取决于多方利益相关者，不同的评价主体从不同的角度看企业价值都存在差异。但是就财务管理而言，未来增值能力、企业风险以及存续期是企业价值决定的三个基本因素，通过对这三个因素进行良好的预测与控制，即可达到企业价值最大化的目标。

财务估价的具体程序是：

1. 进行估价分析的基础工作

对企业进行评估首先必须先了解该企业所处的宏观经济环境和市场、监管和竞争环境以及其在行业中所处的地位，据此判断企业的生存能力和发展前景，这为其以后采取的评价方法打下了基础。这种基础工作包括以下方面：（1）了解目标公司所处的宏观经济环境和市场、监管及竞争环境。在繁荣的经济和金融环境中，企业价值往往会随市场看涨的影响而有所提高，这时并不是企业自身努力的结果，同样，当经济不景气、金融困难重重时，投资者往往会削减其在股票上的投资，企业价值随之下跌。（2）了解目标公司的特征及行业特征。（3）了解企业在行业中的竞争能力。决定被估价企业在行业中竞争能力的因素包括：企业的市场份额、企业的竞争优势、企业的增长策略、分支机构的地理布局、营销渠道和方法、潜在的机会、目前在行业中的排名和对未来排名的预测。（4）了解目标公司的技术革新能力。

在估值时，人们需要根据上述所涉及的方面来收集整理相关数据资料，并在必要时对公司运营情况及其他难以估测的因素进行必要的假设。

2. 把握公司的市场定位，研究公司治理结构与控制权

这对于预计公司未来的发展前景，从而进行绩效预测是必要和有益的。企业领导人事的变动，对企业的价值会带来明显的冲击，投资者会因为不了解新领导的能力、政策、信用情况，而谨慎选择该企业股票或对该企业进行投资或发放贷款导致企业价值的波动。

3. 绩效预测

企业价值是对企业持续发展潜力的认识和评价，所以对企业进行绩效预测，是明确企业关键的价值驱动因素——增长率与投资资本回报率——必不可少的步骤。应该对未来现金流量构成要素值和现金流量值分布概率进行估计，或结合预测期限和通货膨胀影响，预测企业的资产负债表和损益表的具体项目，并将这些项目综合起来，用以预测现金流量、投资资本回报率及其他关键的企业价值驱动因素以及估价所用的贴现率。

4. 选择财务估价模型

对企业价值的评估模型因其评估目的的不同、被评估企业的特点不同而不同，对于同一企业，不同的评估模型可以得出相差很远的评估结果。

5. 结果检验与解释

企业价值评估的最后阶段包括检验企业的价值和根据有关决策对评估结果做出解释。

企业价值评估的目的是对企业管理或投资决策做出指导，所以得出的结果应从决策角度进行分析。因为大多决策都包含着不确定性风险，应从能够反映这一不确定性的价值范围考虑企业价值，而不是在做出任何决策时都泛泛地使用同一企业价值评估结果。比如，企业价值在不同的情景下可能不同，价值评估结果通常为企业价值确定一个区间，这就需要投资者或企业经营者考虑决策的性质和适用条件，选取适合的企业价值或对企业价值评估结果进行修正，作为决策取舍的依据。

企业估值分析的基本框架如图 2-8 所示。

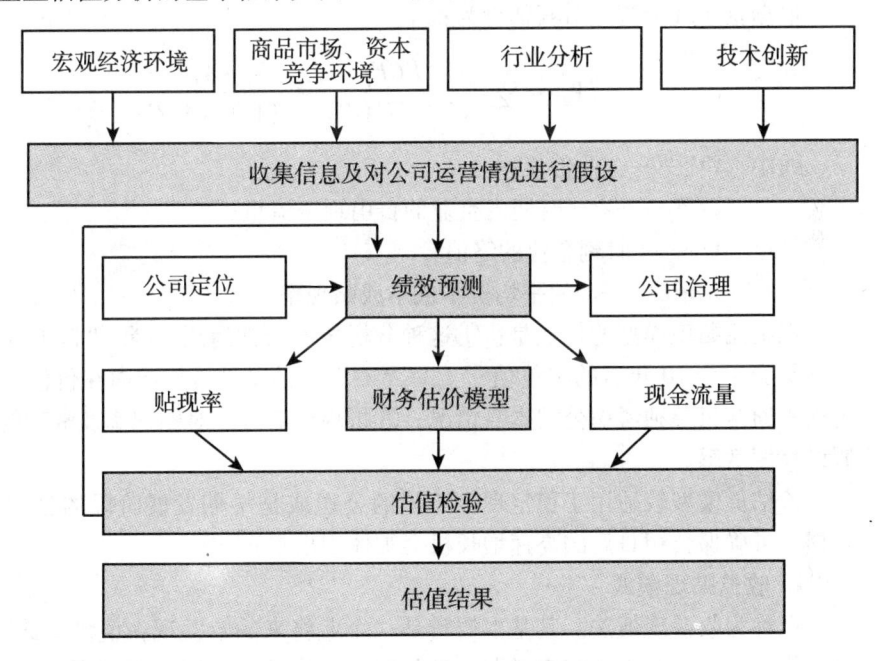

图 2-8 估值分析的基本架构

（三）财务估值模型

财务估值模式有很多，但体现价值核心的估值模型主要有：

1. 现金流贴现模型

现金流贴现模型是用自由现金流量的资本化方法来确定公司的内含价值的。现金流量折现模型的基本思想是企业未来产生的自由现金流量就是企业最真实的收益。运用现金流量模型的步骤是：

（1）预测自由现金流量。一般是逐期预测现金流量，直到其不确定程度使管理部门难以做更进一步的预测。虽然这种做法随着行业背景、管理部门政策和收购具体环境不同而不同，但在很多情况下将预测期定为 5~10 年，预测期越长，预测的准确性越差。根据企业的发展计划、战略投资、管理水平等预测企业自由现金流量时，应先检查企业的历史现金流量表，并设定企业投资新的项目后的运营将如何变化。通常假定永久现金流量与预测期最后一年运营水平一样,在此基础上预测期末企业终值。

$$FCF_t = S_{t-1}(1+g_t) \times P_t(1-T_t) - (S_t - S_{t-1}) \times (F_{t-1} + W_t)$$

其中,FCF 为自由现金流量;S 为年销售额;g 为销售额年增长率;P 为销售利润率;T 为所得税率;F 为销售额每增加 1 元所需追加的固定资本投资(全部固定资本投资扣除折旧);W 为销售额每增加 1 元所需追加的资本投资;t 为预测期内某一年度。

(2)估计贴现率或加权平均资本成本。这需要对各种各样的长期成本要素进行估计,包括股票、优先股和债务等。考虑到股票、市盈率、股票获利率不能全面反映对股东的股本机会成本。计算自由现金流量现值,估计企业价值。

根据企业现金流量对其估价为:

$$TV_a = \sum \frac{FCF_t}{(1+WACC)^t} + \frac{V_t}{(1+WACC)^t}$$

式中,TV_a——企业价值;

FCF_t——在 t 时期内企业的自由现金流量;

V_t——t 时刻企业的终值;

$WACC$——加权平均资本成本或贴现率。

现金流贴现模型的特点是:①这种分析技术通常运用 10 年"自由现金流量"模型(结合一个 10 年后的"终值"),以考察资产的基础价值或内在价值;②现金流量折现法通常只单独考虑公司本身情况;③折现价值可能对贴现率及资产的期末价值的假设高度敏感。

该估值模型较适用于稳定现金流量的公司或是早期发展阶段的公司(尽管早期亏损,可确保公司日后的高速增长机会被体现出来)。

2. 收益贴现模式

也称为收益现值法。其基本逻辑是"企业将来的收益现在值多少钱",即未来收益现值法,以企业未来特定时期内的预期利润为基础,按一定折现比率转换为现值,并据以评估企业价值。折现是现值规则的体现,它实际上是把企业未来利润扣除时间价值,还原为当前价值的过程。

企业利润代表了企业新增加的价值,如果企业将全部利润分配给企业股东,则企业的净利即为每股股票的收入,价值的增长反映为股利的多少;如果企业只将净利中的一部分分配给股东,另一部分作为积累留在企业内部,则积累的部分最终也体现为递延的股利发放,也就是说,用未来收益折现评价企业价值,在理论上完全可以采用未来股利折现模型替代,由此企业价值可以表示为:

$$企业价值 = \sum_{n=1}^{N} \frac{D_n}{(1+R)^n} + \frac{V_N}{(1+R)^N}$$

其中,N 为股东持有股票的年限,D_n 为股东第 n 年收到的红利,V_N 为股票 N 年后在股票市场上出售的价值,R 为贴现率。

这样,企业的价值就取决于未来的盈利能力(预期股利水平)和贴现率的选择。

公式中的预期股利 D_n，可以分为每年相同股利、固定比例增长股利等几种情况，从而引出多种企业价值评估基本公式。

第四节 财务估值原理的应用

财务估值原理被大量应用于证券、资产或企业整体价值评估之中。

一、债券估值

（一）债券特性与现金流

企业债券投资按不同标准可进行不同的分类，这里按债券投资的时间将债券投资分为长期债券投资和短期债券投资两类。企业投资长期债券的目的主要是为了获得稳定的收益。企业投资短期债券的目的主要是为了配合企业对资金的需求，调节现金余额，使现金余额达到合理水平。当企业现金余额太多时，便投资于债券，使现金余额降低；反之，当现金余额太少时，则出售原来投资的债券，收回现金，使现金余额提高。

企业进行债券投资，其购买价格是投资的现金流出，债券投资未来的利息收入和收回的本金是投资的现金流入。债券未来现金流入的折现值称为债券的内含价值。债券估价就是要对债券的内含价值进行估计，以为债券投资决策提供基本依据。因为债券投资决策标准是债券的内含价值大于购买价格。

（二）债券到期收益率的计算

债券的到期收益率，又称债券内含收益率，是指购买债券以后，一直持有该债券至到期日的收益率，也即债券现金流入量与现金流出量相等时的贴现率。可以利用内涵报酬率法中逐步测试法原理进行计算求得。

对于每年年末付息、到期一次还本的债券到期收益率的计算公式是：

$$购买价格 = \sum_{t=1}^{n} \frac{I}{(1+K)^t} + \frac{F}{(1+K)^n}$$

式中：F——债券面值；
I——每年利息；
n——付息总期数；
K——债券到期收益率。

例如，XYZ 公司当年 4 月 1 日按 1 060 元的价格购买面值为 1 000 元的企业债券，其票面利率 6%，每年 4 月 1 日计算并支付一次利息，5 年后到期一次性还本。该公司持有这批债券至到期日，计算其到期收益率。

解：1 060 = 60 × 年金现值系数 + 1 000 × 复利现值系数

式中这两个现值系数的 n 都是 5，据此：

用 $i=5\%$，试算：

$60 \times 4.329 + 1\,000 \times 0.7835 = 1\,043.24$（元）

用 $i=4\%$，试算：

$60 \times 4.452 + 1\,000 \times 0.8219 = 1\,089.02$（元）

用插值法，求得 $K=4.63\%$，这个到期收益率就是债券投资现金流入量与投资购买价格相等时的贴现率。

对利息率固定、每年年末付息、到期一次还本的债券来说，有下列三种基本结论：第一，对于按票面价格购买的债券，其到期收益率等于票面利率；第二，对于按溢价购买的债券，其到期收益率小于票面利率；第三，对于折价购买的债券，其到期收益率大于票面利率。

债券到期收益率是按复利计算的债券投资的真实收益率。债券投资的决策标准是投资者要求的报酬率必须大于其到期收益率。

（三）债券估值方法

债券估价就是估算债券的内含价值。以下介绍几种最常见的估价模型。

1. 债券估价模型

债券估价通用模型是指按复利方式，通过折现计算债券投资的现金流入的现值的估价模型。其计算公式为：

$$P = \sum_{t=1}^{n} \frac{i \times F}{(1+K)^t} + \frac{F}{(1+K)^n}$$

$$P = \sum_{t=1}^{n} \frac{I}{(1+K)^t} + \frac{F}{(1+K)^n}$$

式中，P——债券内含价值；

i——债券票面利息率；

F——债券面值；

I——每年利息；

K——贴现率，一般采用市场利率或投资人要求的必要报酬率；

n——付息总期数。

本模型的运用只适用于债券利息每年年末支付，到期一次还本的债券。

例如，某债券面值为 1 000 万元，票面利率为 10%，期限为 5 年。每年计算并支付利息一次，到期一次还本。现在的市场利率 12%。债券的发行价格为 950 万元。问应否购买这只债券？

根据上述公式得：

内含价值 $= 1\,000 \times 10\% \times$ 年金现值系数 $+ 1\,000 \times$ 复利现值系数

$= 100 \times 3.605 + 1\,000 \times 0.567$

$= 927.5$（万元）

即这批债券的价格 950 万元高于内含价值 927.5 万元，如不考虑其他因素，单纯从收益角度不能购买。

> 上例中，如果该债券半年付息一次、到期一次还本，则对该债券进行估值时，其时间序列下的现金流将发生何种变化？其内含价值又将如何变化？

2. 一次还本付息且不计复利的债券估价模型

我国有很多债券属于这种模型，其计算公式为：

$$P = \frac{F + F \times i \times n}{(1+K)^n}$$

公式中符号含义同前式。

例如，某企业拟购买另一家企业发行的利随本清的企业债券，该债券面值为 1 000 元，期限 5 年，票面利率为 8%，不计复利，当前市场利率为 6%，该债券发行价格为多少时，企业才能购买？

由上述公式可知：

$$P = \frac{1\,000 + 1\,000 \times 8\% \times 5}{(1+6\%)^5} = 1\,046.22(元)$$

即债券价格必须低于 1 046.22 元时才应购买。

在上述公式里，假定在所有时期内，贴现率都是一样的。由该公式我们可以引出净现值这个概念。净现值等于内在价值与购买成本之差，即式中：P 为在 $t=0$ 时购买债券的成本。

如果 NPV > 0，意味着所有预期的现金流入的净现值之和大于投资成本，即这种债券被低估价格，因此投资购买这种债券可行；如果 NPV < 0，意味着所有预期的现金流入的净现值之和小于投资成本，即这种债券被高估价格，因此不可投资购买该债券。

二、股票估值：贴现现金流模型

企业进行股票投资的目的主要有两种：一是作为一般的证券投资，获取股利收入及股票买卖差价；二是利用购买某一企业的大量股票达到控制该企业的目的。在第一种情况下，企业仅将某种股票作为它证券组合的一个组成部分，不应冒险将大量资金投资于某一企业的股票上。而在第二种情况下，企业应集中资金投资于被控企业的股票上，这时考虑更多的不应是目前利益——股票投资收益的高低，而应是长远利益——占有多少股权才能达到控制的目的。

任何资产的内在价值是由拥有这种资产的投资者在未来时期所接受的现金流决定的。对于股票来说，这种预期的现金流即在未来时期预期支付的股利，因此，贴现现金流模型的公式为：

$$P = \sum_{t=1}^{n} \frac{D_t}{(1+K)^t} + \frac{F}{(1+K)^n}$$

其中，D_t 为在时间 T 内以现金形式表示的每股股票的股利；K 为在一定风险程度下现金流的合适的贴现率；F 是待 N 期股票出售时的预期价格；P 为股票的内在价值。

上述模型特别适用于短期持有股票、未来准备出售的股票估价。在这种情况下，投资者投资于股票，不仅希望得到股利收入，还希望在未来出售股票时从股票价格的上涨中获得资本利得。

当 $n\to\infty$，F 的现值接近于零。则上式变为：

$$P = \sum_{t=1}^{n} \frac{D_t}{(1+K)^t}$$

上述现金流量折现模式可以分为下列几种具体情况。

（一）零增长股利估值模型

如果公司每年均发放固定的股利给股东，即假定预期股利增长率等于零，这种股票称为零增长股票。

$$P = \sum_{t=1}^{n} \frac{D_t}{(1+K)^t}$$

针对模型来说，每年股利 D_t 均为一个固定常数，其股票价值可按永续年金现值公式计算：

$$P = \frac{D}{K}$$

假定某公司在未来无限时期支付的每股股利为 8 元，其公司的必要收益率为 10%。

则股票的价值为：$\frac{8}{0.10} = 80$（元）

零增长股票模型的应用似乎受到相当的限制，毕竟假定对某一种股票永远支付固定的股利是不合理的。但在特定的情况下，在决定普通股票的价值时，这种模型也是相当有用的，尤其是在决定优先股的内在价值时。因为大多数优先股支付的股利不会因每股收益的变化而发生改变，而且由于优先股股东只要不出售其优先股股份，预期股利支付显然是能永远进行下去的。

（二）固定增长率股利估值模型

如果某种股票的股利增长永续，那么未来第 t 期的预期股利是以一个固定的增长率 g 增长。在此情况下，其估值模型即为固定增长率股利估值模型（也称为 Gordon's model），用公式表示为：

$$P = \frac{D_1}{K-g}$$

其中，D_1 为企业第一年发放的股利，g 为股利的年固定增长率。该模型有一个重要的假设，即投资者要求的收益率 $K > g$。

模型推导过程如下：

设上年股利为 D_0，每年股利比上年增长率为 g，则：

$$P = \frac{D_0(1+g)}{(1+K)} + \frac{D_0(1+g)^2}{(1+K)^2} + \cdots + \frac{D_0(1+g)^n}{(1+K)^n} \quad (2.1)$$

假设 $K > g$，将式（2.1）两边同乘以 $(1+K)/(1+g)$ 减（2.1）式得：

$$\frac{P(1+K)}{(1+g)} - P = D_0 - \frac{D_0(1+g)^n}{(1+K)^n}$$

由于 $K > g$，当 $n \to \infty$ 时，
则 $D_0(1+g)^n/(1+K)^n \to 0$

$$\frac{P(1+K)}{(1+g)} - P = D_0$$

$$\frac{P(K-g)}{(1+g)} = D_0$$

$$P = \frac{D_0(1+g)}{(K-g)}$$

$$= \frac{D_1}{(K-g)}$$

例如，XYZ 公司第一年每股发放的股利为 2 元，假设该企业的股利年增长率为 2%，市场利率为 10%，则该企业价值为：

$$P = \frac{2}{10\% - 2\%} = \frac{2}{8\%} = 25 \text{（元）}$$

（三）非固定增长率股利估值模型

在现实生活中，有些企业的盈利能力取决于各种复杂因素，其规律不稳定，是非固定增长的，有时可能连续几年保持固定不变，有时又连续几年保持固定比率增长，甚至有时没有规律，对于这种企业的股票价值估算主要通过非固定增长模型。这一模型仍然属于股票内在价值的贴现现金流模型。只是假设股利的变动在一段时间内并没有特定的模式可以预测，当在此段时间以后，股利按固定增长模型进行变动。因此，股利流可以分为两个部分：第一部分包括在股利无规则变化时期的所有预期股利的现值。第二部分包括从时点 T 来看的股利不变增长率变动时期的所有预期股利的现值。因此，该种股票在时间点的价值可通过不变增长模型的方程求出。

公式表达如下：

$$P_t = \frac{D_{t+1}}{(1+i)} + \frac{D_{t+2}}{(1+i)^2} + \cdots + \frac{D_{t+n+1}}{(1+i)^{n+1}} \cdots$$

式中，P 为 t 时企业价值，D_{t+1} 为 $t+1$ 期所得股利，D_{t+2} 为 $t+2$ 期所得股利，以此类推，i 为选择的贴现率。

在实际运用中，往往可以通过分段计算，对评估公式加以简化。假设公司在 k 年

内超常增长,股利增长水平为 g_1,其后的正常增长水平为 g_2,则其价值评估公式为:

$$P_0 = \sum_{t=1}^{k} \frac{D_0(1+g_1)^t}{(1+i)^t} + \frac{D_{k+1}}{i-g_2} \times \frac{1}{(1+i)^k}$$

例如,W 公司预期未来 3 年股利将高速增长,每年成长率为 5%,之后转为正常增长,每年的股利支付成长率为 2%,假设企业第一年每股支付的股利 D_1 为 2 元,市场要求的必要收益率为 10%,则该公司股票内在价值为:

$$\left(\frac{D_1}{(1+10\%)} + \frac{D_2}{(1+10\%)^2} + \frac{D_3}{(1+10\%)^3}\right) + \frac{D_4}{(10\%-2\%)} \times PV(10\%,3)$$

$$= \frac{2}{1.1} + \frac{2\times(1+5\%)}{1.21} + \frac{2\times(1+5\%)^2}{1.331} + \frac{2\times(1+5\%)^3}{8\%} \times 0.7513$$

$$= 26.95 \text{(元)}$$

财务估值是一个非常复杂的过程,涉及大量的参数估计甚至于假设的设定。因此,在估值过程中通常还要用到其他各种技术,使不同估值结果能相互验证,以使其价值更趋公允合理。

本章小结

本章主要围绕财务估值展开,具体涉及收益和风险的计量、资本资产定价模型、财务估值的一般原理及其应用。首先讨论了收益和风险之间的关系,并阐述了现代投资组合理论的若干基础。要点如下:(1)收益和风险的概念以及如何衡量收益和风险;(2)投资组合多元化能够降低投资风险;(3)贝塔系数可以度量在一个大型、有效多元化的投资组合中一种证券收益的变动对于市场投资组合收益变动的反应程度,从而度量了该证券的系统性风险;(4)资本资产定价模型表明,一种证券的期望收益与该种证券的贝塔系数线性正相关;(5)套利定价理论是对资本资产定价模型的扩展。接着,本章探讨了财务估值的一般原理,以及如何将其具体应用于债券和股票的估值中。通过学习,必须理解估值需要充分考虑资产的未来收益能力和风险水平。估值的基本原理就是对可以合理预期到的未来现金流量以适当的折现率进行折现。

■关键词汇

必要收益率(required rate of return)

无风险收益率(risk-free rate of return)

到期收益率(yield to maturity,YTM)

期望值(expected value)

标准差(standard deviation)

变异系数(coefficient of variation)

相关系数(correlation)

市场风险溢酬率（risk premium）
组合风险（portfolio risk）
资本市场线（capital market line）
资本资产定价模型（capital asset pricing model，CAPM）
套利定价模型（arbitrage pricing theory，APT）
期权定价模型（black-scholes model）
现金流（cash flows）
自由现金流量（free cash flows，FCF）
财务估值（valuation）
债券估值（bond valuation）
零息债券（zero coupon bond）
面值（par value）
债券票面利率（coupon rate）
股利估值模型（dividend valuation model）
零增长股利估值模型（zero growth dividend valuation model）
固定增长率股利估值模型（constant growth dividend valuation model）
非固定增长率股利估值模型（non-constant growth dividend valuation model）

小组讨论

背景资料：根据中国证券监督管理委员会（以下简称"中国证监会"）发布的《优先股试点管理办法》（2013年12月），优先股是指在一般规定的普通种类股份之外，另行规定的其他种类股份，其股份持有人优先于普通股股东分配公司利润和剩余财产，但参与公司决策管理等权利受到限制。经中国证监会《关于核准中国农业银行股份有限公司非公开发行优先股的批复》核准，中国农业银行股份有限公司（以下简称"公司"）非公开发行不超过8亿股优先股，优先股采用分次发行方式。首次发行4亿股，发行对象为26名特定投资者，发行价格为100元/股（按面额发行），共融资 40 000 000 000 元，扣除发行费用 55 900 000 元后，净募集资金总额 39 944 100 000 元。

根据融资协议安排，该优先股股息率采用分期调整方式确定，以5年为一个股息率调整期。协议规定，第一个调整期（即第一个5年）内各年的票面股息率固定为6%（不高于其最近两个会计年度的年均加权平均净资产收益率）。

要求根据上述情况，讨论：

1. 什么是优先股？它与普通股有何差异？
2. 优先股标票面固定股息率是什么意思？
3. 假定投资者考虑优先股风险后的市场平均必要收益率为5%，请分别根据下述情况对该优先股进行估值：

（1）假定该公司优先股票面股息率在未来各调整期内均固定为6%，则该优先股的内含价值是多少？

（2）假定该公司优先股第一个调整期内的固定股息率为6%，而第一个调整期后未来各期的固定股息率将固定为6.6%（在第一期基础上增长10%）且保持不变，则该优先股的内含价格又是多少？

思考题

1. 什么是风险？它与不确定性有何区别？
2. 测定资产的风险有哪些基本的方法与指标？
3. 什么是无风险收益率？在财务估值中如何确定无风险收益率？
4. 为什么构建资产组合能有效降低组合风险？
5. 什么是资本资产定价模型（CAPM）？在用该模型测算股东必要收益率时主要涉及哪些基本变量？
6. 财务估值所涉及的核心变量有哪些？以债券估值为例，如何测定这些变量？

练习题

1. 某投资者用 10 000 元投资于 A 公司股票，其来年收益（含股利及资本利得）可能性及概率分布状况如下表：

经济状况	概率	预期收益（元）
衰退	0.20	-1 000
正常	0.60	1 500
繁荣	0.20	2 500

根据资料计算确定：
（1）期望值；
（2）收益的标准差；
（3）变异系数。

2. 已知 A、B 两家公司普通股未来年度的收益期望值、标准差如下表：

普通股	收益期望值（%）	收益标准差（%）
A 公司	12	6
B 公司	20	15

另：假定 A、B 两家公司收益的相关系统为 +0.5，且作为投资者，在你构建 A、B 公司股票投资组合时将 75% 权重投资于 A 公司，而将剩余的 25% 投资于 B 公司。

根据上述资料计算确定：
（1）投资组合收益的期望值；
（2）投资组合收益的标准差。

3. 已知两种股票（X、Y）的预期收益分布概率及收益情况如下表：

股票 X		股票 Y	
概率分布	预期收益（%）	概率分布	预期收益（%）
0.1	−10	0.2	2
0.2	10	0.2	7
0.4	15	0.3	12
0.2	20	0.2	15
0.1	40	0.1	16

根据上表资料确定：

（1）股票 X、Y 各自的收益期望值；
（2）股票 X、Y 收益的标准差；
（3）你认为哪一只股票的风险较高？为什么？

4. 下表是有关投资组合中的两家公司（M、N）股票的基本情况：

公司股票	期望收益	标准差	贝塔值	投资权重
M	15%	4.5%	1.20	35%
N	12%	3.8%	0.98	65%

根据资料计算确定：

（1）如果进行单项资产投资，哪家公司股票的风险更大？如果是进行组合投资，则哪家公司股票投资的风险更大？
（2）计算组合投资的收益期望值；
（3）如果两种股票间的相关系数为 +0.6，则该组合收益的标准差是多少？
（4）计算该组合的贝塔值。

5. 假定市场组合收益的标准差为 8%，请根据下表资料分别计算三种股票的贝塔值？

股票	收益期望值（%）	标准差（%）	个股与市场组合间的收益相关系数
X	12	10	0.80
Y	18	20	0.60
Z	15	15	0.40

如果无风险收益率为 7%，且市场平均风险溢酬率（即市场收益率−无风险收益率）为 8.8%，计算确定 X、Y、Z 三者中哪一只股票最值得投资？

6. F 公司于 2014 年 3 月 15 日以面额 1 000 的价格发行了每年计息、期末还本的公司债，已知该债券票面年利率为 8%，并将于 2014 年 3 月 15 日到期。假定你将购买该债券且持有至到期日，根据风险判断后所确定的必要收益率分别为 7%、9%、11%。

请根据上述条件计算：

（1）分别以不同的必要收益率计算该债券的价值？

（2）如果该债券为半年计息、到期还本，则在你所确定的必要收益率为10%的情况下，该债券的投资价值是多少？

7. 假定E公司普通股股东将在每年收益1.5元的每股股利，且该政策在可预见的未来保持不变。根据资本资产定价模型测算出该股票投资的必要收益率为12%，则E公司的股票价值应该是多少？如果你现在按15元/股购进，判断你对E公司股票的投资是否有价值？

8. P公司是一家高科技公司。公司董事会发布公告称该公司下一年度的每股股利大约为1.76元/股，且根据市场分析师的判断，该公司的业绩及股利将保持6.5%的年均增长率。

要求：

（1）根据上述资料并假定市场对该公司股票投资的必要收益率为12%，计算测定P公司的股票价值应该是多少？

（2）假定市场分析师对P公司股票的增长潜质给出下述数据及相关判断：第一，P公司现在的每股股利为2元/股；第二，在未来5年内，P公司股利将有可能保持12%的超常增长率；第三，5年超常增长期后，P公司股利将可能维持6%的合理增长；第四，由于P公司属于高科技公司，因此市场投资者针对其潜在风险而给出的必要收益率将上调至15%。根据这些资料测算P公司股票价值是多少？

（3）从所有上述资料中，你是如何看待股票估值所依据的参数估计或假定的？

本章推荐阅读资料

1. [美] 詹姆斯·范霍恩等著，郭浩、徐琳译：《现代企业财务管理》，第3、4、5章，经济科学出版社1998年版。

2. [美] 斯蒂芬·A·罗斯等著，吴世农等译：《公司理财》，机械工业出版社2000年版。

3. [美] 阿斯瓦斯·达摩达兰著，郑振龙等译：《应用公司理财》，第5、12章，机械工业出版社2000年版。

第3章

项目投资决策与资本预算

学习提要与目标

投资战略就是为了企业的长远发展，在充分估计影响企业长期发展的内外环境各种因素的基础上，对企业长期投资所做出的总体筹划和部署。良好的投资战略能够增加企业价值。本章介绍了投资战略的内容，投资决策的基本原理，公司治理与投资决策制度安排，投资决策预算管理方法及投资决策涉及的参数。

通过本章的学习，应能够：
- 理解投资战略的含义；
- 理解股东财富与正净现值间的内在关系；
- 了解公司治理与投资决策制度安排；
- 掌握投资决策方法及资本预算管理体系；
- 掌握投资决策涉及的参数。

第一节 投资战略与投资决策原理

一、投资战略

(一) 投资战略的含义

就企业而言，所谓投资战略就是为了企业的长远发展，在充分估计影响企业长期发展的内外环境中各种因素的基础上，对企业长期投资所做出的总体筹划和部署。企业投资战略的主要目的在于有效地利用人力、物力、财力，合理、科学地组织配置企业各种资源，保证企业未来在急剧变化的环境中保持旺盛的生机与活力，实现价值最大化。

企业投资战略包括战略思想、战略目标和战略计划三个基本要素。战略思想是制订企业投资战略的指导原则，也是长期投资者运筹帷幄的灵魂。战略目标是企业投资战略思想的具体体现，是企业在较长时期内投资规模、水平、能力、效益等综合发展的具体定量目标。战略计划是将战略目标系统化、整体化，用来指导企业在一定期间的各种投资活动，以达到预定战略目标的一种纲领性文件，包括目标、手段、资金、日程、实施的组织、预期效果等。

企业投资战略具有四大特点，即从属性、导向性、长期性、风险性。从属性是指企业投资战略是对企业可以支配的资源进行长远的、系统的、全局的谋划，必须服从和反映企业总体发展目标。企业投资战略目标，必须根据企业的总体战略制定。导向性是指企业投资战略一经制定，就成为企业进行投资活动的指导原则，是企业发展的纲领，在一定时期内相对稳定，具有多重功能、多重影响。长期性是指投资战略为谋求企业的长远发展，在科学预测的基础上，开拓未来的前景，它确定企业发展方向和趋势，也规定各项短期投资计划的基调。立足当前、放眼未来、照顾当前和未来的关系是投资战略考虑的紧要之点。风险性是指投资战略并不能消除风险，也难于把风险降为最小。换言之，投资战略一旦实现，就会给整个企业带来生机和活力，使企业得以迅速发展；但是投资战略一旦落空，将会给企业带来较大损失，甚至陷入破产、倒闭的局面。

企业投资战略可以按不同标准进行分类。

1. 按性质划分

按投资战略的性质，可划分为稳定型投资战略、扩张型投资战略、紧缩型投资战略和混合型投资战略。

(1) 稳定型投资战略是一种维持现状的战略，即外部环境在近期无重大变化，将现有战略继续进行下去，最有效率利用现有的资金和条件，继续保持现有市场，投资维持现有水平，降低成本和改善企业现金流量，以尽可能多地获取现有产品的利润，积聚资金为将来发展做准备。这种战略实际上是产品转向的一个过渡阶段。其过渡时间的长短，取决于现有产品的寿命周期和转入新产品的难易程度。

(2) 扩张型投资战略指企业扩大生产规模,增加新的产品生产和经营项目,其核心是发展和壮大。具体包括市场开发战略、产品开发战略和多样化成长战略(即经营新的产品或服务项目)。

(3) 紧缩型投资战略是从进取竞争中退下来,从现有经营领域抽出投资,缩小经营范围,休养生息。这种战略可分为两种:完全紧缩型投资战略,即企业受到全面威胁时,将全部资产清算以收回资金、偿还债务;部分紧缩型投资战略,是将企业部分非关键产品或技术出卖,紧缩经营规模。企业在经营决策严重失误,经营优势丧失,或者在取得竞争胜利后,放慢竞争节奏时,宜采用紧缩型投资战略。

(4) 混合型投资战略是指企业在一个战略时期内同时采取稳定、扩张、紧缩等几种战略,多管齐下,全面出击。其战略核心是在不同阶段或不同经营领域,采用不同的投资战略。

2. 按经营对象划分

根据投资经营对象的差异,投资战略可分为密集型投资战略、一体化投资策略、多样化投资策略。

(1) 密集型投资战略是指企业在以单一产品为投资对象的条件下,采取积极措施,开辟新的业务领域,增加新的花色品种,扩大市场面,从而全面扩大生产和销售。

(2) 一体化投资战略是指企业在供、产、销三方面投资与经营实现一体化,使得原料供应、加工制造、市场销售实行联合,从而扩大生产和销售的能力。

(3) 多样化投资战略是指企业的新产品与新市场相结合,从事多样化投资和经营的战略。

(二) 投资战略与企业价值创造

如第 2 章所述,按照现金流量贴现模型,一个公司的内含价值模型为:

$$TV = \sum \frac{FCF_t}{(1+WACC)^t} + \frac{V_t}{(1+WACC)^t}$$

也就是说,一个企业的价值有赖于:(1) 未来长期的自由现金流量规模;(2) 未来投资的市场必要收益率或机会成本;(3) 公司现在和未来的投资风险;(4) 收益持续的时期长短。而未来现金流入取决于公司管理的质量、产品的竞争地位以及对产品市场环境变化的快速适应能力。

这样就提出了一系列问题:企业为什么需要投资战略?什么样的投资战略应该接受?什么样的投资战略应该抛弃?

所以,把投资战略与公司价值联系起来,有下列基本观点:

第一,应该更系统、更全面、多因素地审视企业投资战略,这些因素至少包括投资远景、投资成本、预期收益(现金流量)以及资本成本等,并综合分析由于实施投资战略,这些变化如何共同影响管理层为股东创造的价值。

第二,投资战略分析的重要任务是,探究什么样的投资战略决定的投资项目的净现值大于零,即产生正净现值。正如财务学者认为:正净现值的来源分析过程实质上被视为公司的战略分析。公司内含价值分析模型隐含着这样的前提：投资项目的预期报酬率必须高于资本市场的报酬率（或资本成本），只有在这种前提下，项目的净现值才是正值。理论上已经证明净现值大于零即意味着项目投资增加了股东财富，提升了公司价值，净现值最大化也即表示股东财富最大化。

第三，为了能够接受"净现值大于零"的投资项目，放弃"净现值小于或等于零"的项目，首先必须准确把握投资项目能产生正净现值的具体来源。不难理解创造净现值大于零的具体途径或要求：投资战略必须能够培植企业核心竞争能力，拓展与夯实比竞争对手更低的成本提供产品与服务，使企业获得超过平均报酬率的收益水平；不断实施产业调整与产品创新，培植新的盈利增长点；强调技术开发、质量水平、市场营销，率先推出新产品，不断扩大市场占有率，关注企业未来长期的盈利；变革管理体系与制度，加速现金取得，控制财务风险。

分析这些途径以后，可能有一个不得不面对的事实：真正能够带来正净现值的项目并不多。

第四，一个企业只有在股东收益超过股本成本的情况下，才有利可图，才能说明创造了股东财富。

我们先假设公司以留存收益来满足每年项目投资资金要求，测算股东财富的变化情况。用 R 代表每 1 元收益中的保留利润部分，公司将获得每年 R 元的永续年金。当用必要收益 K 贴现时，这种永续年金的价值为 R/K。但是为收到这笔年金，现在股东就不能获得 1 元的股息。股东每元留存收益的净值就等于$[(R/K)-1]$元。可以肯定，这种价值是正数的唯一条件是 $R>K$。那就是，只有当投资资金收益超过他们的必要收益时，股东才能从再投资收益中受益。

如果 $R=K$，对于股东来说，今天收到股息和再投资而产生的未来收益和股息，在价值量上没有区别。如果 $R<K$，投资者宁愿接受今天的股息，而不愿将他们的收益作再投资。只有当新投资获得真实利润的时候，以留存收益代替支付股息，公司才能增加股东财富。这个原理具有广泛的适用性，无论再投资的资金来源是否属于留存收益。经济利润是利润总额超过资本成本的部分。这里要说明的是会计利润和经济利润之间的主要差别。根据会计原则，只要一个公司账面收益是正数，就是有利可图的，那就是 $R>0$。但是根据经济利润观点，一个企业只有在股份收益超过股本成本的情况下，即在 $R>K$ 时，才是有利可图，才能说创造了股东财富。这种分析的重要结论之一是，如果企业投资的收益小于资本成本，即使经营增长也将损害企业价值。

第五，投资决策既要谋求目前的"一鸟在手"，更要规划未来的"两鸟在林"。

增加股东财富往往需要资源条件，这可能对短期盈利有不利影响，即使这些投资具有高度正数净现值。创造和保持一个能使公司从中赢得超额利润的组织环境，可能需要坚持一个特定的策略，如一种产品、一个市场或劳资关系的策略，它在短期内可能导致高费用。因为短期盈利目标变得更难于达到，或由于外部环境变化，管理部门可能试图削减这些费用。这种削减的直接影响是提高现期盈利，但是可能招致牺牲竞争地位和长期利润的风险。管理人员可以做出的某些短期或长期的选择，结果是降低企业价值：①推迟资本支出。大多数资本工程项目的收益需要一年以上才能实现，然而完成这一计划的成本和工程项目资产折旧，可以轻易地降低近期盈利。因此工程项目很容易遭到推迟。管理人员则可以通过推迟工程，来减少当前费用，从而取得更高的账面营业利润。②削减或推迟诸如广告、研究和开发、厂房和设备维修、销售调查和人员培训等费用。这些选择性费用的削减或推迟将提高当期利润，但可能产生长远的不利影响，抑制未来的竞争能力，从而损害公司的长期利益。

（三）投资战略制定应考虑的因素

研究表明，下列因素对投资战略的选择起着关键性的作用：

1. 企业的总体战略

企业的总体战略决定着企业投资战略选择，它是投资战略选择过程的起点。

2. 项目的赢利性

可利用资金的成本与规模只强调了固定资产投资决策的一个方面，而其根本方面应是投资项目本身的赢利性，资金成本的高低也是与项目的预期收益率相对而言的。投资的根本动机是追求收益的最大化，投资收益主要是指投入资金运用后所得的收入与发生的成本之差，投资决策中考虑投资收益要求投资方案的选择必须以投资收益的大小来取舍，即应选择投资收益最高的方案。

3. 决策者对风险的态度

投资风险意味着投资收益的不确定性，它主要来自于投资者对市场预期的不确定性。企业决策者对风险的态度会影响对投资战略的选择。高风险投资战略方案意味着高收益的可能性。有的企业决策者愿意承担投资风险，通常采取进攻性的发展战略，回避投资风险的企业决策者通常采取防御性战略。

4. 企业筹集和调配资源的能力

筹资无疑决定着投资，是投资的前提。企业确定的投资方案或项目所需的资金数额需要通过筹资解决，只有如数、及时筹集到投资所需要的资金，投资方案才能实施。如果筹资不顺利、筹集不到或筹不足所需要的资金，即使再好的投资方案也不能得以实施。另外，企业投资中需要原材料、优秀的人才、能源等一系列资源，企业本身是否有独特的优势是企业成功的关键。企业与金融界、政府部门及其他企业的关系，企业的声誉及还款能力，企业在产业中的组织和协调能力等，与企业筹集资源的能力有很大关系。

5. 投资弹性

投资弹性包括两个方面：一是规模弹性，投资企业必须根据自身资金的供给能力和投资效益或者市场供求状况，调整投资规模，或者收缩或者扩张；二是结构弹性，投资企业必须有能力根据市场风险或市场价格的变动，调整现存投资结构。在市场经济中，投资弹性具有重要意义。由于市场处于变动之中，企业的经营规模和投资规模、经营结构和投资结构都必须相机调整，调整的前提就是投资弹性。

> **国际视野**
>
> 绿色能源包含商机吗？通用电气给出了肯定的答案。通过公司的"绿色创想"项目，公司计划将绿色产品的研发支出增加1倍，从2004年的7亿美元增至2010年的15亿美元。而像混合型铁路机车（被称为200吨重、6 000马力的"铁路上的普锐斯"）这样的产品，已经使通用电气收回了其在绿色产品上的初始投资。2007年，公司在绿色产品上的收入达到了140亿美元，2010年的目标为250亿美元。2004～2007年，公司内部降低能源消耗的承诺也使其成本降低了1亿美元。公司的目标是到2012年将其水资源的消耗降低20%，这对成本的节约也是相当可观的。

二、投资决策原理

（一）筹资与投资的相互影响

一个完整的投资决策过程要经历以下四个步骤：（1）预测投资项目的税后现金流量；（2）估算该项投资的风险程度；（3）估算投资的机会成本，即投资者在资金市场上对相同风险状况投资所需求的期望收益率；（4）计算该项投资的净现值。在这一过程中，原则上无须考虑如何筹集投资所需的资金，因为在考虑投资的机会成本时，机会成本就反映了该项投资所需资金在资金市场上的合理价格，企业应该能够以此价格在资金市场上获得所需的资金。

这里要讨论的筹资与投资间的相互影响，是指筹资过程中引起的某些附加效应对投资结果的影响，这种附加效应包括筹资费用和税减效应。企业的筹资费用包括发行股票、债券或申请银行贷款所支付的各种手续费，股票、债券的印刷、邮寄费用，证券承销机构的费用等。税减效应是指企业在缴纳所得税前归还贷款利息或债券利息所获得的好处。假设企业的所得税税率为30%，每获得100元税前利润，企业要缴纳30元的所得税，净利润70元。若100元的利润中有20元需要归还债务利息，则税前利润只有80元，所得税税额为24元，企业净利润56元。与前一种情况相比，企业实际所得只减少了14元，而不是利息额的20元。也就是说，政府通过减少自己的税收（由30元减少为24元）替企业归还了6元的利息。

筹资费用和税减效应都会对企业投资的净现值产生影响，我们将考虑这种影响后的投资收益的净现值称为调整后的净现值，简记为FPV，投资决策最终要依据FPV做出。

设某企业的一个投资项目，初始投资额为2 400万元，可在10年内每年为企业带来400万元的现金净流量，投资的机会成本为10%，该项投资的净现值为：

NPV = 400 × 6.145（年金现值系数）− 2 400 = 58（万元）

净现值为58万元，相对于投资规模来说，是一个很小的金额。但是本方案净现值大于零，财务上可行。如果该公司需要发行2 400万元的债券来筹集资金，发行成本占筹资总额的3%，则该公司要发行总价值2 474.23万元（2 400÷97%）的债券才能净筹到2 400万元的资金，筹资成本为74.23元。考虑筹资费用后经调整的净现值为：

FPV = 58 – 74.23 = – 16.23（万元）

FPV < 0，应否定该项投资。

（二）净现值最大化原则

所谓净现值法就是对投资的未来收入进行贴现，求得其现值，然后与投资额相比较，若未来收入的现值大于投资额，净现值为正值，表示该项投资有利可图，应该进行；若未来收入的现值小于投资额，净现值为负值，表示该项投资将造成亏损，应该放弃。在投资决策方法中除净现值法外，还有其他多种方法，但是净现值法是投资分析最为科学的方法，不仅因为它可以准确地告诉人们某项投资是否应该采纳，不会引起误解和混乱，更重要的是净现值标准虽是一个绝对数，但在分析时已考虑到投资的机会成本，只要净现值为正数，就可以为企业多创造价值。因此，净现值最大化标准与企业价值最大化这一目标相一致。

（三）可加性原则

价值可加性原则是指一个公司的价值等于它的各个组成部分之和，从某种意义上说，企业价值等于其所有项目价值之和。这一原则可以引出下列一系列结论：第一，由于价值的可加性，项目决策者只需考虑每个项目自身的价值多少。每个项目选择的前提是它自身能为企业创造（更多）价值。第二，投资项目增加的价值等于项目的净现值之和。第三，按照股东财富最大化目标的要求，净现值指标最符合价值可加性原则要求。也即当面临相互排斥的投资方案决策时，应该采用净现值最大的投资方案，因为它将直接对股东财富产生最大的贡献。与 NPV 遵守价值可加性原则不同，内涵报酬率（IRR）标准是相对数，其值不能简单相加，而必须重新计算每一组合的 IRR，不但计算麻烦，而且也往往与 NPV 标准的决策结果不一致。

三、公司治理与投资决策制度安排

从控制的角度出发，与治理组织架构对接，设计合理的企业经营决策、投资决策、财务决策程序，使各种决策有序运行，是公司治理中很重要的一个命题。

（一）公司治理结构与投资决策权力分层实现

一般地讲，法人治理结构包括三大机构：股东大会、董事会、经理层。股东大会是公司的权力机构，董事会是公司的决策机构，经理层属于执行机构。现代法人治理结构的根本任务在于明确划分股东、董事会、经理人员各自的权力、责任和利益，形成相互之间的制衡关系，最终保证公司制度的有效运行。投资决策是为了达到特定的财务目标并提升公司价值，而从两个以上的可行方案中选择一个最优方案，并付诸实施的过程。财务治理在这个过程中要解决的是：由谁决策，可以对什么性质的投资做出实施决定？如何决策？由谁对决策过程负责？由谁对决策过程的每个阶段负责？公司要解决的首要问题是建立投资决策机制，即建立完善的投资决策机构，明确投资决策运作方式以及它们之间的关系，包括权力机构、决策权限、性质、层次以及决策程序和责任等。

投资决策特别是长期投资决策属于企业战略规划，应该按照《公司法》的要求在章程中严格规范，但是无论如何这种决策规划的权力在公司治理结构中仅仅属于股东大会或董事会，也就是说投资权限基本上归属出资者，而不属于只具有执行性的经营层次上。公司治理结构是以董事会为中心构建的，董事会对外代表公司进行各项主要活动，对内管理公司的财务和经营。因此，只有董事会才能全方位负责财务决策和控制，从本质上决定公司的财务状况。为此，我们可以将公司治理与投资决策权的分层安排描述如下：（1）财务投资决策权力应该在公司治理的基础上，根据投资决策内容、性质，由股东大会、董事会和经理层分享。可以说，股东大会拥有投资最终决策权，董事会应该具有实际投资决策权。经理层所具有的是投资决策执行权，或拥有在董事会授权范围内的投资决策权。这当中如何安排股东大会和董事会之间在最终投资决策权和实际投资决策权方面的制衡关系，是治理结构安排的关键。（2）可以在股东大会批准后，董事会下设投资决策委员会，或者在董事会成员中安排有一定比例的独立董事，以提高投资决策效率，平衡股东之间在投资决策上的分歧。

可见，投资决策权限的制度安排是在公司治理结构的框架下实现的，是公司治理的深化和细化。投资决策权力的分层或分享并没有根本改变公司治理结构中所体现的层级权力，而是根据投资决策的要求，提出了进一步强化投资层级权力，建立约束机制和均衡控制的治理目标。

（二）投资决策程序控制

由于项目投资具有相当大的风险，一旦决策失误，就会严重影响企业的财务状况和现金流量，甚至会使企业走向破产。因此投资决策必须从公司战略方向、项目风险、投资回报比、公司自身能力与资源分配等方面加以综合评估，筛选出成功可能性最大的项目并制订实施计划，同时制定投资决策程序与规则。

重大投资决策的基本程序包括几个步骤：

1. 投资项目的提出

要把公司总体战略作为出发点对公司的投资战略进行规划。依据公司的投资战略来对各投资机会加以初步分析，从所投资行业的行业成长性、竞争情况做出初步判断。投资方向初步确定以后，在投资方案设计前应进行广泛的信息分析与收集工作，从财务决策支持网络中调出并补充收集有关总市场规模、年度增长率、主要或潜在对手的产品质量、价格、市场规模等信息，分析自己的优劣势，选择合适的投资时间、投资规模、资金投放方式，制订出可行的投资方案。

企业的股东、董事、经营者都可提出新的投资项目。一般而言，企业的最高当局提出的投资，多数是大规模的战略性投资，其方案一般由生产、市场、财务等各方面专家组成的专门小组拟订。基层或中层人员提出的，主要是战术性投资项目，其方案由主管部门组织人员拟订。

新的投资项目首先要经过经理层审批通过，若经理层通过了该项目，则进入到投资项目的论证阶段。

2. 投资项目的论证

投资项目的论证主要涉及如下几项工作：一是把提出的投资项目进行分类，为分析评价做好准备；二是计算有关项目的预计收入和成本，预测投资项目的现金流量；三是运用各种投资评价指标，把各个投资项目按可行性顺序进行排队；四是编制项目可行性报告。

项目正式立项后，由项目小组负责对项目进行进一步可行性分析。通过对以下方面的评估确定项目的可行性：（1）相关政策法规是否对该业务已有或有潜在的限制；（2）行业投资回报率；（3）公司能否获取与行业成功要素相应的关键能力；（4）公司是否能筹集项目投资所需资源。如项目不可行，通报相关人员并解释原因，如可行则向董事会或项目管理委员会递交可行性分析报告。

如董事会通过了投资项目的可行性分析报告，则投资管理部应聘请顾问公司对投资项目的实施进行进一步的论证，并开始投资项目的洽商，以确定其实际可行性。项目小组确认项目的可行性以后，编制项目计划书提交总经理保留参考并指导项目实施。项目计划书的主要内容为：（1）项目的行业、市场规模、增长速度等背景介绍；（2）项目可行性分析；（3）项目业务目标；（4）业务战略和实施计划；（5）财务分析；（6）资源配置计划；（7）项目执行主体。

3. 项目的评估与决策

这一阶段主要是综合论证投资项目在技术上的先进性、可行性及经济上的合理性、赢利性，一般由企业的经营者来组织项目所涉及的各方面专家来完成。其论证所形成的可行性报告是整个投资项目的基础，应确定建设方案，包括建设规模、建设依据、建设布局和建设进度等内容。项目评估一般是委托建设单位或投资单位以外的中介机构，对可行性报告再进行评价，作为项目决策的最后依据。项目评估以后，将项目投资建议书报有关权力部门审议批准。从决策主体来看，投资额较小的项目，有时中层经理就有决策权；投资额较大的投资项目一般由董事会决策，总经理办公会议在提供的项目背景资料和项目建议书的基础上对项目实施最后决策（提交总经理办公会议的项目计划书应先由法律顾问审核，以免除法律风险）；投资额特别大的投资项目，要由董事会甚至股东大会投票表决。投资项目一经批准，也就正式做出了投资决策，进入到项目的实施阶段。

4. 项目实施与评价

在投资项目的实施过程中和实施后都要对项目的效果进行评价，以检查项目是否按照原先的计划进行，是否取得了预期的经济效益，是否符合公司总体战略和公司的投资战略规划。

上述分析如图 3-1 所示。

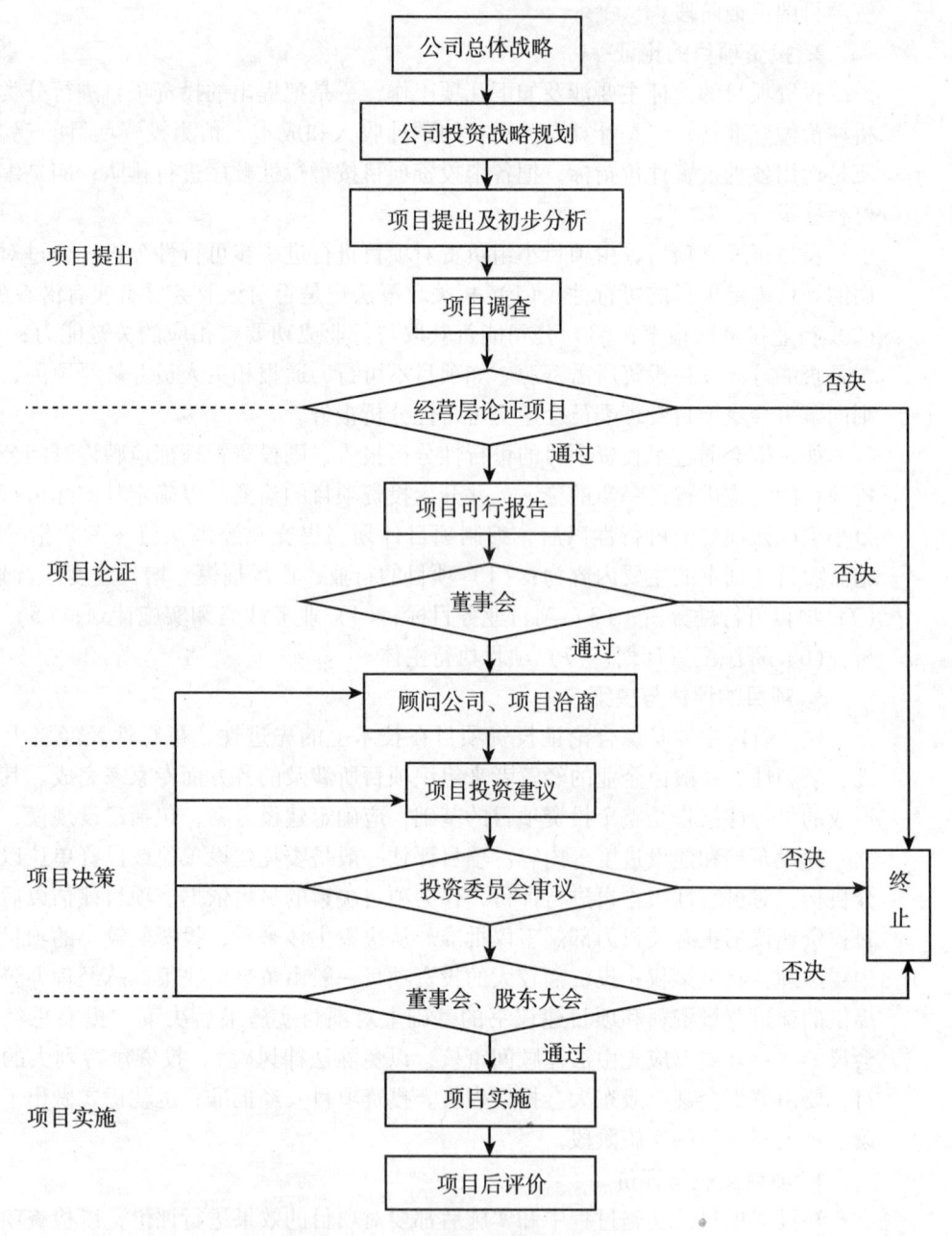

图 3-1　项目实施与评价步骤

第二节　资本预算管理

一、资本预算管理体系

　　编制投资预算的过程既是一个理财过程,也是一个对投资进行管理的过程。投资预算是将投资的预期收入和支出系统、集中、有效地反映出来,估算出投资方案的投资报酬的过程。

资本预算的基本内容与步骤包括:(1)形成投资意图,寻找投资机会,设定决策目标;(2)提出各种可能的投资方案;(3)估算各种投资方案预期的现金流量;(4)估计预期现金流量的风险程度;(5)根据选择资本项目决策方法对各种投资方案进行比较选优;(6)项目实施后,不断地进行评估和控制。

资本预算是企业全面预算体系中的重要组成部分。资本预算特点是资金量大、周期长、风险大、时效性强。通过投资预算,可以起到两个方面的作用:一是使投资方案更加科学和可行。由于投资方案可行与否,会对企业的生产经营和服务活动产生深远影响,一旦投资后是不可改变或不易改变的,否则,企业必须花费很大代价,包括财务和经营方面的代价。一个投资方案会在多大的程度上给企业带来收益,是受许多内部和外部因素影响的,这些因素间的关系也是错综复杂的,对此若考虑不周必然导致投资方案的失败。通过投资预算可以更仔细地把这些因素及它们之间的关系尽可能考虑周全,并转化为对投资的未来收支的影响。二是运用预算控制投资支出,检查投资方案实施后的收入和投资报酬的实现情况。

二、资本预算准则

(一) 评价标准的基本要求

资本预算包括了三个基本要求:

(1)必须考虑项目寿命周期内的全部现金流量;

(2)必须考虑资本的机会成本,以便将不同时点上的现金流量调整为同一时点进行比较;

(3)这种评价标准必须与企业的目标相一致,即进行互斥项目的选择时,能选出企业价值最大的项目。

(二) 资本预算的基本假设

在项目评估中,通常假设:

(1)期望的未来资本成本为K,所有投资项目都按K进行评估;

(2)资本市场较为完善,投资部门能够按照成本K筹到项目(现在或未来)所需要的一切资本;

(3)所有的潜在投资项目都与现有项目有相同的风险;

(4)来源于已投资项目的早期现金流量可用于支付给那些要求平均收益率为K的证券投资者和债权人,或潜在成本为K的外部资本,或可看作是一笔利率为K的存款。

根据上述假设,正确的再投资利率应该是资本成本K,在市场均衡的条件下,它一方面表明项目筹资者使用资金应付出的代价,另一方面,表明项目投资者投入资金应获得的收益。而这种设想隐含在净现值中,且对所有的投资项目(现在或未来)

来说再投资利率都是相同的。在没有其他更确切的信息时,净现值关于再投资利率的假设是一种较为客观、合理的预期。NPV 隐含的再投资利率是投资者要求的收益率,能够较准确地测定投资机会。

三、资本预算决策指标

资本预算决策技术通常可按其是否考虑货币时间价值而区分为两类:非贴现指标和贴现指标。

(一) 非贴现指标

此类指标的共同特点是:只考虑现金流量,而不考虑资金时间价值。常用方法有:年平均报酬率指标、投资回收期指标等。

1. 年平均报酬率指标

年平均报酬率指标是通过计算比较年平均报酬率的大小来评价投资方案好坏的方法,其评价标准是,年平均报酬率越大,投资方案越有价值。所以,年平均报酬率指标的计算是其核心。

年平均报酬率也叫年平均收益率、年平均投资报酬率等,它是投资收益额与投资成本额之比。由于对投资收益和投资成本的定义不同,年平均报酬率的计算具有多种不同方式,如:

(1) 年平均报酬率 = 年平均净利 ÷ 初始投资总额 × 100%

(2) 年平均报酬率 = 年平均现金净流量 ÷ 初始投资总额 × 100%

(3) 年平均报酬率 = 年均营业现金净流量 ÷ 平均投资额 × 100%

上述第(3)式中平均投资额 = (初始投资 + 残值) ÷ 2。其理由是随着折旧的逐期计提,投资成本是逐期减少的,所以应计算其整个有效期的平均投资额。

例 3-1 某企业拟设备投资 30 000 元,有效期 5 年,期末有残值 2 000 元。由此而导致的年税后净利分别为:12 000 元、11 000 元、10 000 元、9 000 元、8 000 元。该企业采用直线法计提折旧。其资本成本率为 14%。

解:方案的年折旧额 = (30 000 - 2 000) ÷ 5 = 5 600 (元)

年平均净利润 = (12 000 + 11 000 + 10 000 + 9 000 + 8 000) ÷ 5 = 10 000 (元)

年平均现金净流量 = 10 000 + 5 600 = 15 600 (元)

平均投资额 = (30 000 + 2 000) ÷ 2 = 16 000 (元)

各种方式下年平均报酬率的计算如下:

根据 (1) 式:设备年平均报酬率 = 10 000 ÷ 30 000 × 100% = 33.33%

根据 (2) 式:设备年平均报酬率 = 15 600 ÷ 30 000 × 100% = 52%

根据 (3) 式:设备年平均报酬率 = 15 600 ÷ 16 000 × 100% = 97.5%

年平均报酬率指标具有简单易懂、便于计算掌握等优点。但是,它的缺陷也是显而易见的:(1) 指标计算形式多样,口径不一,缺乏可比性。容易让人误解而可能导致错误的判断。甚至可能出现相互矛盾的结果,如上例。(2) 不考虑货币时间价值,极易导致决策失误。年平均报酬率法无视货币时间价值的存在,将未来收益与初始投资或平均投资直接相比,非常容易导致错误的判断。比如,初始投资相同,年净利或年现金流入量分别为 25 000 元、20 000 元、15 000 元、10 000 元、5 000 元和 5 000 元、10 000 元、15 000 元、20 000 元、25 000 元的两个方案,其年平均报酬率相同,据此法判断两者的效益也相同,而实际上两者的效益差异是极为显著的。

2. 投资回收期指标

投资回收期也称投资偿还期,是指从开始投资到收回全部初始投资所需要的时间,一般用年表示。投资回收期指标是通过计算比较投资回收期的长短,从而比较投资方案好坏的方法。其评价标准为:投资回收期一般不能长于投资有效期的一半。多个方案中则以投资回收期最短者为好。由于初始投资的收回主要依赖于营业现金净流量,因此,投资回收期的计算因营业现金净流量的发生方式而异。

当营业现金净流量以年金形式发生时:

$$投资回收期 = \frac{初始投资}{年现金净流量}$$

当营业现金净流量逐年不等额发生时,则需计算逐年累计的现金净流量和各年末尚未收回的投资额。若设初始投资是在第 n 年和第 $n+1$ 年之间收回,则回收期可按下式计算:

$$投资回收期 = n + \frac{第\ n\ 年尚未收回的投资额}{第\ n+1\ 年的现金净流量}$$

仍以例 3-1 为例说明投资回收期的计算如下:

设备投资方案各年现金净流量不等,分别为 17 600 元、16 600 元、15 600 元、14 600 元、13 600 元。因此,首先应作如下计算,如表 3-1 所示。

表 3-1   单位:元

年份	现金净流量	累计净流量	尚未收回投资额
1	17 600	17 600	12 400
2	16 600	34 200	(4 200)
3	15 600	49 800	
4	14 600	64 400	
5	13 600	78 000	

可见,投资回收期在第 1 年和第 2 年之间,具体时间计算如下:

投资回收期 = 1 + 12 400 ÷ 16 600 = 1.75(年)

投资回收期指标简单易懂,而且根据投资收回时间长短评价投资方案的优劣,有利于加速资本回收,减少投资风险。但是,投资回收期法也有严重的缺陷:(1)投资回收期的计算没有考虑时间价值,使该指标值含有一定水分,更重要的是影响决策结论的正确性。(2)投资回收期法没有考虑投资方案整体效益的好坏,容易导致错误的抉择。

为了弥补投资回收期法忽视资金的时间价值的缺陷,可以使用贴现投资回收期法,将未来收入贴现后再计算回收期。

(二) 贴现指标

此类指标的共同特点是:对长期投资决策要素进行综合考虑,尤其考虑了资金时间价值,因而更具科学性。常用的方法包括:净现值法、现值指数法、内涵报酬率法。

1. 净现值指标

所谓净现值是指从投资开始直至项目寿命终结,所有现金流量(包括现金流入量和现金流出量)按资本成本或其他特定的贴现率计算的现值代数和。计算公式如下:

$$净现值 = 现金流入的现值总额 - 现金流出的现值总额$$

或

$$净现值 = \sum_{t=1}^{n}(第\,t\,年的净现金流量 \times 第\,t\,年的现值系数)$$

式中,各年的净现金流量,等于各年现金流入量与现金流出量的差额。

净现值指标的判断标准是:在只有一个备选方案时,净现值为正时可以采纳该方案,净现值为负时不能采纳。因为当净现值为正时,表明企业的投资可以获得现值报酬,否则,企业得不到现值报酬,现值报酬是考虑到了资金的时间价值之后的超额报酬;在有多个备选方案的互斥选择决策中,应选用净现值是正值中的最大者,因为净现值越多,企业投资的现值报酬越高。

净现值指标的优点是考虑了资金的时间价值,能够反映各种投资方案的净收益(或现值净收益);缺点是不能直接说明各个投资方案本身可能达到的实际投资报酬率是多少,也正因为在投资预算有限的情况下,只是根据各个投资项目净现值的绝对数做出投资选择是不能争取实现最大的投资效益的,同时,以此计算不同投资项目的实际投资报酬时,因净现值是绝对数,没联系各投资项目的投入金额数进行评价,不便于不同投资项目投资报酬水平的比较。

净现值计算的关键在于各年现金流量的正确确定和现值的正确计算。

仍如例 3-1 所示,该方案的各年现金净流量的金额不等,而且还有期末残值,所以,其现金流入的现值总额可通过表 3-2 的方式计算。

表 3-2

年份	现金净流量	现值系数	现值
1	17 600	0.877	15 435.2
2	16 600	0.769	12 765.4
3	15 600	0.675	10 530.0

续表

年份	现金净流量	现值系数	现值
4	14 600	0.592	8 643.2
5	13 600	0.519	7 058.4
	现金净流量的现值总额		54 432.2
	残值的现值 = 2 000 × 0.519		1 038.0
	现金流入量的现值总额		55 470.2

净现值 = 55 470.2 - 30 000 = 25 470.2（元）

因为该方案获取的净现值为正。所以可行。

净现值是长期投资决策分析的最重要指标之一，而且其计算也是其他资金时间价值法的基础，净现值法具有如下明显的优点：（1）它运用货币时间价值原理，将各个不同时期的现金流量折算到同一基准年，因而计算结果准确。（2）式中所用的贴现率是包括风险在内的投资者要求的报酬率，也可看作最低的资本成本率。因为，如果达不到此要求，投资者宁可把资金存入银行，或购买有价证券，而不会去投资，因而这个利率是可以实现的。

这种方法的缺点是：（1）对于不同投资规模的方案不便于比较；（2）现金流量不容易测算，特别是远期的现金流入估算比较困难。

2. 现值指数指标

现值指数指标是通过计算比较现值指数指标判断决策方案好坏的方法。所谓现值指数是指未来收益的现值总额和初始投资现值总额之比，其实质是每一元初始投资所能获取的未来收益的现值额。计算公式如下：

$$现值指数 = \frac{投产后各年收益的现值总额}{各项初始投资的现值总额}$$

利用现值指数指标进行决策判断的依据是：现值指数大于 1 则方案可行。在此基础上以现值指数较大者为好。

仍如例 3 - 1 所示：该方案的未来收益现值总额如上计算，为 55 470.2，则：

方案的现值指数 = 55 470.2 ÷ 30 000 = 1.85

现值指数与净现值的计算程序基本相同，仅在最后一步的比较方式不同。因此，净现值计算中的有关技巧也应运用到现值指数的计算中来。

但这个方法与下面所讲的内涵报酬率方法一样，只考虑了投资收益的相对值，未考虑绝对值，可能会放弃一些相对值小而绝对值大的项目。

3. 内涵报酬率（IRR）指标

内涵报酬率是设定投资项目的净现值等于零时的贴现率，通过计算内涵报酬率来反映投资报酬水平和选择投资方案的方法就是内涵报酬率法。

内涵报酬率常用 IRR 表示。

$$0 = NPV = -C_0 + \sum_{t=1}^{n} \frac{C_t}{(1+IRR)^t}$$

内涵报酬率的计算较为复杂,根据投资方案有关的现金流量的发生情况,一般有两种计算方法:

第一,当各年现金净流量相等时,可以用年金现值系数插值法求得。

第二,当每年现金净流量不相等时,内涵报酬率的计算,通常需要"逐步测试法"。首先估计一个贴现率,用来计算方案的净现值;如果净现值为正数,说明方案本身的报酬率超过估计的贴现率,应提高贴现率后进一步测试;如果净现值为负数,说明方案本身的报酬率低于估计的贴现率,应降低贴现率后进一步测试。经过多次测试,寻找出使净现值接近于零的贴现率,即为方案本身的内涵报酬率。

当贴现率小于 IRR 时,NPV>0;反之,当贴现率大于 IRR 时,NPV<0。内涵报酬率法,就是以 IRR 作为判别标准,当投资贴现率 r<IRR 时,接受该项投资;当 r>IRR 时,拒绝该项投资。

内涵报酬率法的优点是:(1)同净现值法一样,它既考虑了各期收益的时间价值,也考虑了整个项目寿命期的全部收益。(2)它直接指明企业可以达到的最高报酬率,用它与企业资本成本比较,可以反映出企业的资金增值和实际收益情况;用它与部门、行业的基准收益率比较可以直接测定项目是否符合部门和行业标准,可否立项。其结论直观、鲜明,决策者乐于采用。

内涵报酬率法也有一定缺陷:它同现值指数法一样仅仅用相对数比较,这样在选项中,投资额少、内涵报酬率高的方案倾向于入选;而投资额大、净现值率大的方案往往遗漏,不利于企业选择价值最高的方案。而且在现金流量呈多次正、负交错的不规则状态时,同一个方案可能出现几个内涵报酬率,必然增加决策的难度。

4. 等年值指标

等年值指标即通过计算比较等年值判断决策方案好坏的方法。所谓等年值是指按照预定的资本成本,将投资项目有关的所有现金流量均折算为各年相等的金额,实际上它是净现值的一种特殊方式,是净现值的年金形式。计算公式如下:

$$等年值 = \frac{投资方案的净现值额}{相应的年金现值系数}$$

当投资方案具有不同的投资有效期时,直接比较净现值、现值指数或内涵报酬率都不很确切,此时最好比较其等年值。由于投资项目相关的现金流量的具体内容不同,等年值有可能是正值,也有可能是负值(即等年成本)。因此,等年值法判断决策方案的依据需视具体情形而定:一般情况下应以等年值大者为优,但当等年值为等年成本时,则应以其值最小者为优。举例说明其计算如下:

资料如上例。

$$方案等年值 = \frac{54\,432.2 + 2\,000 \times 0.519 - 30\,000}{3.433} = 7\,419.23$$

等年值法在更新与否的决策中具有特别重要的意义。

上面我们介绍了几种投资决策方法。不难看出，除净现值法外，其他投资方法虽然各具特色，但都不同程度地存在着某种缺陷。因此，净现值法是一个最适宜的投资决策方法。在进行投资分析时，我们应以净现值法为基础，结合其他方法做出合理的决策。

相关链接

投资决策评价方法应用的调查研究

迄今为止，本章讲述了公司可以采用哪些投资决策评价方法。一个同样重要的问题是：公司正在使用什么样的评价方法？格拉·汉姆和哈维（Graham and Harvey, 2001）的研究提供了若干经验证据。如下表所示，在有效问卷调查的 392 个美国和加拿大样本公司中，大概有 75% 的公司使用内含报酬率法与净现值法；有超过一半的公司使用回收期法；现值指数法则较少使用。

CFO 对资本预算方法使用情况的调查结论

	经常使用的比率（%）
内含报酬率法（IRR）	75.6
净现值法（NPV）	74.9
回收期法（PP）	56.7
折现回收期法	29.5
现值指数法（PI）	11.9

资料来源：John R. Graham & Campbell R. Harvey, 2001, "The theory and practice of corporate finance: Evidence from the field", Journal of Financial Economics, 60: 187-243.

四、资本预算管理

资本投入具有时间长、耗资多、不经常发生、变现力差、投资方向改变难、受未来市场状况影响大的特点。这就决定了长期投资具有相当大的风险，一旦决策失误，会严重影响企业的财务状况和现金流量，招致失败风险。而每一个投资项目，都要经过三个时期即投资前期（规划研究时期）、实施时期和项目后评估时期。每个时期又可划分为若干个阶段，各个阶段有不同的特点，管理的内容和侧重点也有很大区别。所以，各阶段的管理都必须严密、科学。资本预算管理从程序上包括：

（一）投资前期规划

投资前期包括了机会研究、初步可行性研究、可行性研究和评估决策四个阶段。这四个阶段的工作是投资前期的主要工作，它决定了项目是否进行，是资本预算管理工作的关键阶段。

机会研究是投资前一系列研究的最初阶段。在此阶段，企业通过对市场的研究预测、对政府政策的研究预测以及其他有关方面的调查研究，找出一些投资项目意向，从中选定投资机会。然后，再对初步做出项目投资的可能性进行粗略研究，确定是否需要深入一步，做初步可行性研究。对一般项目来说，机会研究应把市场预测放在首位。根据市场有效需求，在一定的时间内，在特定的市场范围内按一定价格对有投资意向项目的特定产品的总购买量进行分析研究，把握最佳时机，及时提出进行项目投资的意向，明确规定项目应达到的经济目标和时间目标，为进一步的可行性分析打下基础，这是初步可行性研究的任务。

可行性研究是制订项目规划和具体方案的阶段。在此阶段，首先要对一些重大问题进行调查和深入的辅助研究。这些辅助研究通常包括拟造产品的市场研究、原材料和投入物的研究、实验室和中间试验、建厂地区研究、规模经济研究和设备选择的研究等，其具体内容随项目而不同。任何一种辅助研究都必须得出明确的结论，用作可行性研究的依据和准备条件。然后，企业要准备初步设计，提出技术方面和组织方面可供选择的方案，测定各种方案的价值，比较它们的成本和效益，选出最优方案。可行性研究必须对项目是否可行提出最后意见，并写出可行性研究报告，报有关单位评估。

评估决策阶段是项目决策的一个重要阶段。在该阶段，企业或有关方面一般要对项目生产的技术工艺、组织机构、财务收益、经济效益四个方面进行评估。技术工艺的评估要求项目在技术工艺上应具有先进性、可靠性和安全性。技术工艺评估包括项目的规模、布局和位置，使用的生产工艺流程和设备；所采用的技术是否符合实际条件；能否达到预定的费用目标等内容。最终正式做出是否投资的决策。经过评估决策阶段、企业做出投资决策，开始进入项目的实施时期。

（二）投资实施投资

从决策投资开始，到投产竣工为止，都属于项目实施时期。项目实施管理是指项目建设过程中的组织、协调、指挥和监督工作，也就是对项目建设经历的准备、执行、总结三个阶段的管理工作。其管理目的是使企业投资项目经营达到预定的目标。

1. 项目实施准备阶段的管理

在这一阶段，首先要建立项目的组织管理机构，选定项目经理，制定雇员政策、招聘人员、薪金、任期、附加工资，等等，明确工作人员职责，具体规定协调程序。第二，要进行项目的招标工作，发布招标文件。招标文件应包括：对投标者的指导性意见和要求条件；投标类型；合同的形式和条件；技术资料清单和图纸；需要缴纳的投标保证金的数额等。招标文件应刊登在有影响的报刊杂志上，还可以向所需货物的潜在供应者和包工业务承揽者传送招标文件。企业应在规定的时间、地点，准时开标，选定中标单位。第三，企业应与中标单位签订合同。项目的合同主要包括：土建合同、勘察设计合同、物资设备采购合同、劳务合同、产品销售合同等。第四，进行项目规划设计工作。按项目规划的总目标，审查项目的设计和预算，有计划地安排项目活动，为项目的进一步展开创造良好的条件。第五，开展采购计划工作。根据项目的需求，制订采购计划安排投入物资的分配程序，经济、合理、适宜地投入物资。第六，安排日常业务工作。企业制定财务控制系统，开立银行账户并开始提供资金；建立内部有关制度；培训有关人员。

2. 项目实施执行时期的管理

项目施工是投资实施过程中的一个重要阶段，它是把投资计划和项目设计付诸实施的过程。现代化施工是社会化大生产合理组织各生产要素，运用计划、指挥、协调和控制等职能，对施工全过程进行合理组织和管理是十分必要和重要的。

因此，在这一时期，财务管理的重心应放在严格按计划对项目实施进行控制，确保项目实施按预定的计划和目标进行。应包括三方面的控制。第一，项目质量的控制，这是项目成功的关键。企业应规定工作质量标准，并以此为尺度来衡量项目的目标，同时监督这些目标的进度。第二，项目成本的控制。企业应把预算和实际项目进度、成本和工作状况结合起来，组成成本控制系统；采用关键路图法控制施工时间进度；并设定一个项目成本办公机构来监督、检查工程进度和成本支出。第三，对项目施工时间的控制。利用时间安排进度表，明确各项工作的先后来安排完成时间。

（三）投资事后再评估

在投资项目建成投产后，经过一定时期，实现生产经营（服务）目标，归还贷款，回收投资，为此，要评价投资项目是否实现预期目标。主要内容包括：（1）项目的总结评价。一般是在项目建成投产后一定时期，检查投资项目决策是否合理、正确，一旦出现新情况，要随时根据变化的情况做出新的评价。如果情况发生重大变化，原投资决策已变得不合理，就要对投资是否中止做出决策，以避免更大损失。项目的总结评价包括以下内容：项目在生产、财务、管理方面存在的问题及其原因；项目建成后，在概算、进度等方面同项目准备与审定时测算的数据是否有偏差及其原因；项目实施过程中对项目原设计或原评估的重大修改及其原因；项目建成投产后经营和财务效果与原预测的偏差，项目评估时的预测数据与实际数据发生重大出入及其原因；项目建成投产后对社会、政治经济和环境的影响程度；为使项目建成投产后能获得最大的经济效益而采取的一系列措施；对项目前景的展望。（2）投资回收及其分析。为了保证投资的收回，要建立一整套规章制度，在项目投资前，应签订有关投资贷款偿还的合同和协议，规定投资的回收时期、回收额以及防止风险的措施。

第三节 决策参数估计及其他决策事项

一、项目现金流量的估算

在投资项目的决策分析过程中，最重要同时也是最困难的环节之一就是评估项目的现金流量。现金流量主要包括项目所需的投资额和项目投入营运以后的年度净现金流量。在计算中，应注意以下几点，以减少预测中的错误。

1. 项目现金流

项目现金流与会计账目上的利润不同，现金流是指实际现金收入与实际现金支出的差。另外，所有现金收入和支出，都应在它们实际发生时才予以考虑，而不是它们以债权和债务的形式出现在账面上时就予以考虑。因此，应收账款、应付账款都不是现金流。而且项目现金流也不同于会计报表上的经营活动现金净流量，它估计的是自由现金流量。所以投资项目现金流量分析中的初始现金流量、经营现金流量和终结现金流量的各个部分，都要充分考虑经营现金流入、固定资产投资支出（即厂房、建筑物的造价、设备的买价、运费、设备基础设施及安装费等）、垫支或追加营运资金、投资期满资产的变价收入和所得税效应。

2. 增量现金流量

某投资项目的现金流量可以定义为某一特定时期内投资该项目与不投资该项目之间的现金流量的差异。所以，投资项目的现金流量是增量现金流量，也就是说在资本预算中，我们只考虑那些直接来自投资项目的现金流量。在估量增量现金流量的时候，将会出现两种特殊情况：第一是沉没成本，沉没成本不是增量成本，是已经发生的成本支出，因此，它不影响备选项目取舍决策。在资本预算中，经常会出现这样的情形，考虑了所有有关成本包括沉没成本后，某一个项目看上去很差，但从增量的角度来看，该投资项目可能会不错。正确对待沉没成本对资本预算的合理性很重要。比如，某企业为一项工程已投入了 100 万元，还需要再投资 50 万元才能投产，投产后收入的净现值为 100 万元。这时，我们不应考虑投资总额为 150 万元，收入现值为 100 万元，得不偿失，因而放弃投资。因为总投资中的 100 万元是已经付出的资金，即使现在停止投资，也无法收回了。而目前只要再投入 50 万元，就可收回 100 万元，净现值为 50 万元，这是一项应该进行的投资。第二是机会成本。在长期投资决策中，相关现金流量并非都是项目中实际收入或付出的现金流量，因为在一般情况下，每项资源通常有多种用途。但是，由于资源的稀缺性，资源用于某一方面就不能同时用于另一方面，这就是说，资源在某一方面使用之所得，正是由于放弃另一方面使用机会之所失。机会成本，是指一项经济资源因选择了某一使用方案而放弃其他使用方案时，被放弃方案的预期收益。在投资决策中，我们不能忽视机会成本。例如，某公司引进新生产线的投资方案，需要使用公司拥有的一处厂房。该厂房如果出租，每年可以获得租金收入 80 万元，那么在投资分析时，这 80 万元的租金收入就是使用该厂房的一项机会成本，在计算营业现金流量的时候，需要将其视作现金流出。

> 清香乳业公司正在评估新建一条液态牛奶生产线的净现值。作为评估工作的一部分，公司已经向一家咨询公司支付了 100 000 元作为实施市场调查的报酬。这项支出是在上年发生的。它与清香乳业公司管理层正面临的资本预算决策是否有关呢？

3. 通货膨胀的调整

通货膨胀客观存在于现实生活中，因此在编制资本预算中必须予以考虑。在没有通货膨胀的情况下，实际利率 K_s 和名义利率 K_m 是相等的。

假如预计通货膨胀率为正的，销售价格和投资成本与通货膨胀同步增长，资金成本率每年也按通货膨胀率 i 增长，在这样的情况下，NCF_m（名义现金流量）每年将增长 I，从而，$NCF_m = NCF_s(1+i)$。

这表明名义资本成本率等于真实的资本成本率 K_s 加上预期的通货膨胀率 i。这时，如果计算现金净流量的真实现值就是：

$$现金净流量的真实现值 = \sum \frac{NCF_s(1+i)^t}{(1+K_s)^t(1+i)^t}$$

$$= \sum \frac{NCF_s}{(1+K_m)^t/(1+i)^t}$$

$$= \sum \frac{NCF_s}{(1+K_s)^t}$$

从式中可以看出，其分子、分母同时不考虑通货膨胀的影响，也就是在现金净流量和用来贴现的资本成本率中，同时将通货膨胀的因素予以剔除，则该种现金净流量的现值就是真实现值，仍然真实反映投资方案的实际情况。在实际分析时，因现金净流量和资本成本是内含通货膨胀因素的，这时，必须把分子、分母中的通货膨胀因素剔除，即：

$$NCF_s(实际的现金净流量) = NCF_m(名义现金净流量) \div (1+i)$$
$$1 + K_s = (1 + K_m) \div (1+i)$$

接下来就已剔除通货膨胀因素的分子、分母进行计算，就可以得出现金净流量的真实现值。

由此可以得出，只要成本、价格以及现金流量与通货膨胀同步增长，经通货膨胀调整的净现值与无通货膨胀时的净现值相等。但在实际分析中，容易发生分析现金流量时采用不变价格、而在分析资金成本时考虑通货膨胀因素的现象，这样就会出现错误，造成项目净现值的下降。如果销售价格和所有成本都与通货膨胀同步增长，可采用下列方法消除误差：第一种方法就是按通货膨胀率调整分子现金流量；第二种方法是保持分子不变，以实际资本成本率取代分母中的名义资本成本率。无论采用哪一种方法，只要保持一致性，就可消除误差。

4. 税后标准

在考虑所得税的情况下，在评价投资项目时所使用的现金流量应当是税后现金流量，因为只有税后现金流量才与投资者的利益相关。比如，在不考虑所得税的情况下，折旧额变化对现金流量没有影响，因为不论企业采取什么样的折旧方式，所改变的只是会计利润的大小，不会改变实际现金流量的发生模式。也就是说，折旧额增加（减少）与利润减少（增加）的数额是相等的，因此折旧变化不影响投资价值。但考虑所得税后，折旧抵税作用直接影响投资现金流量的大小。

5. 利息费用

在投资项目评估中，我们不考虑举债筹资的利息费用、利息减税、本金偿还等对投资项目现金流的影响。其主要原因是，在给定的全投资假定和特定的资本结构情况下，可随时根据不同的负债水平和风险情况调整项目的折现率。如果先从投资现金流量中扣除利息费用，然后再按此折现率进行贴现，就等于双重计算融资费用。

二、项目风险与折现率

从估值原理角度而言，折现率的选择就是对企业风险大小的评价。一般来说，折现率反映了投资者对企业经营收益的最低要求，是企业选择投资项目的重要标准。在其他条件不变时，折现率越低，企业价值就越高，反之亦然。

风险分析对财务决策是重要的，尤其对资本预算编制过程中的财务决策更是如此。根据风险程度对项目的折现率进行调整，一般有两种基本方法：

1. 风险调整折现率

风险调整折现率是由无风险利率和风险补偿率两部分组成，在无风险利率一定的情况下，风险补偿利率的大小与项目的风险程度呈同方向变化。风险越大，折现率就调整得越高。

根据资本资产定价模型，某一特定投资项目的风险调整折现率可按下列公式计算：

$$K_x = K_{RF} + \beta_x \times (K_m - K_{RF})$$

该公式的基本原理在上一章中有介绍，这里不再举例说明。

2. 通货膨胀风险调整法

通货膨胀风险也称购买力风险，指由于物价上涨、通货膨胀而引起投资收益和本金的购买力损失的可能性。对于所有固定债权价值来讲，购买力风险不影响其名义收益的货币单位数量，但它却使投资单位价值缩减，也即使投资者的实际收益下降，为此，也应该把名义收益率调整为实际收益率。

假设，K_m = 名义收益率，K_s = 实际收益率，i = 通货膨胀率，则有：

$$(1 + K_s) = \frac{1 + K_m}{1 + i}$$

从上式可知，只有当名义收益率 K_m 大于通货膨胀率 i 时，实际收益率 K_s 才是正值，也即有增长的购买力。

需要注意的是，通货膨胀风险对于债权投资与股权投资的影响是很不一样的。债权投资仅代表货币求偿权，名义收益是固定不变的，发生通货膨胀时，其实际收益必然下降。股权投资则代表财产主权，其名义收益是可变的，发生通货膨胀时，通常能增加公司利润，存货、机器设备及其他固定资产均随物价上涨而增值，因此，名义股息也会随之上升，从而在某种程度上抵销了通货膨胀的影响。

另外，根据投资组合理论，单项投资的风险可能很大，但作为一个多元化投资组合，则风险可能就不会太大了。资本项目预算也是如此，某个项目的收益也许具有高度的不确定性，但如果该项目的比重在整个公司里相对较小，而且该项目的收益与公司其他资产的收益并不密切相关，那么这个项目对公司风险的影响就不会太大。因此，在考虑项目的风险时，应与企业的整体风险结合起来，进行总体分析，以确定适宜的折现率。

三、其他决策事项

（一）项目更新时间的决策

项目更新是指对项目的整体补偿，具体更新有两种形式，一是完全按原样进行更新,即按原来的技术基础、原来的规模、原来的结构和原来的用途进行更新,以实现固定资产的实物再生产;另一种是在先进技术基础上的更新,也就是以先进的、效率更高和性能更好的、能产生更大经济效益的设备,更换陈旧落后的设备,不断提高企业的技术水平,它是内涵扩大再生产的重要途径。企业究竟选用何种更新形式,必须根据经济合理的原则,以哪种方式所提供的整体经济效益最大为标准进行选择。不仅如此,企业何时更新固定资产也要按经济原则进行决策。固定资产是在使用期满后更新,还是在此之前更新,也应以两者的整体经济效益的大小予以选择。固定资产更新决策具体又包括固定资产应否更新、何时更新等问题。

1. 应否更新决策

固定资产应否更新决策是指就应否用新设备替换旧设备的问题进行决策。我们知道,设备在其有效年限内,随着使用时间的延长,其性能不断老化,精密度不断降低,因而其效率将不断下降,耗费将不断增大。当性能优良,消耗较小的新设备面市时,企业必然面临着应否更新的问题。进行此决策的关键在于比较新、旧设备的成本与收益,看更新所能增加的收益或节约的成本是否大于更新所需增加的投资。

例3-2 某企业有一旧设备,是3年前以60 000元购入的,预计还可使用5年,5年后有残值2 000元。该设备每年的营运成本为40 000元。现有一个推销员向企业推销一种新设备,卖价为50 000元,若企业以旧设备交换,则只需支付30 000元,新设备的使用年限亦为5年,5年后残值为5 000元。使用新设备的年营运成本为30 000元。若该企业要求的投资报酬率为14%,试决策其应否更新旧设备?

解:根据题意,可将更新设备与不更新设备的现金流量的差量及其现值计算如表3-3所示。

表3-3   单位:元

项目	金额	现值系数	现值
更新设备的差量流入:			
每年节约营运成本	10 000	3.433	34 330
第五年末残值差额	3 000	0.519	1 557
小 计			35 887
更新设备的差量流出:			
以旧换新支付价款	30 000	1.000	30 000
净现值			5 887

净现值为正,说明更新旧设备有利,应该更新。

本例中,更新设备节约的营运成本即更新设备未来的主要收益,它是以年金的形式发生的。更新设备的初始投资即以旧换新需支付的价款。因此,本例也可利用净现值的计算公式直接计算如下:

净现值 = $10\,000 \times ADF_{14\%,5} + 3\,000 \times DF_{14\%,5} - 30\,000$
     = $10\,000 \times 3.433 + 3\,000 \times 0.519 - 30\,000 = 5\,887$（元）

由于其净现值大于 0，因此应该更新旧设备。

2. 何时更新的决策

项目中设备的有效期是指其能够使用的年限，亦即其自然寿命期。但是，从经济效益的角度考虑，设备并不一定非用到其自然寿命期终了。这是因为，设备在其使用过程中各部分成本的发生情况是大不一样的。通常，设备的持有成本与使用年限反方向变动，使用年限越长，年均持有成本越小，主要的持有成本是设备的年折余价值；设备的运行成本则与其使用年限同方向变动，使用年限越长，年运行成本越大。运行成本主要有设备的维修成本、低效成本（指效率降低而增加的材料、能源消耗和残次品损失）等。因此，设备的年均成本是呈凹形状态的，它在某一点上最低，在此点前，年均成本会随使用年限的延长而降低，超过该点，则年均成本反而随使用年限的延长而增加。设备年均成本最低点所处的使用年限即设备的最佳使用年限，也称为设备的经济寿命。关于设备何时更新的决策实际上是寻求其经济寿命期的问题。

例 3-3 某企业有某项设备原值为 42 000 元，其自然寿命期为 10 年。各年持有成本和年运行成本及其经济寿命的计算如表 3-4 所示。

表 3-4　　　　　　　　　　设备现金流量

更新年限	原值(1)	余值(2)	贴现系数 $i=10\%$ (3)	余值现值 (4)=(2)×(3)	运行成本(5)	运行成本现值 (6)=(5)×(3)	更新时运行成本现值 (7)=$\sum$(6)	现值总成本 (8)=(1)-(4)+(7)	年金现值系数 $i=10\%$	平均年成本 (10)=(8)÷(9)
1	42 000	30 000	0.909	27 270	6 000	5 454	5 454	20 184	0.909	22 204.6
2	42 000	22 800	0.826	18 832.8	6 600	5 451.6	10 905.6	34 072.8	1.736	19 627.2
3	42 000	18 000	0.751	13 518	7 500	5 632.5	16 538.1	45 020.1	2.487	18 102.1
4	42 000	13 800	0.683	9 425.4	8 700	5 942.1	22 480.2	55 054.8	3.170	17 367.4
5	42 000	10 200	0.621	6 334.2	10 200	6 334.2	28 814.4	64 480.2	3.791	17 008.8
6	42 000	7 200	0.565	4 068	12 000	6 780	35 594.4	73 526.4	4.355	16 883.2
7	42 000	4 800	0.513	2 462.4	13 500	6 925.5	42 519.9	82 057.5	4.868	16 856.5
8	42 000	3 000	0.467	1 401	15 000	7 005	49 524.9	90 123.9	5.335	16 893

由不同更新年限的年均成本额可知：该设备的经济寿命为 7 年，应于第 7 年末更新。

（二）资本限量决策

在用于投资项目的资金有限的情况下，需要将有限的资金与投资项目的安排有机地结合起来,用于良好的投资项目。一般认为,在资金有限和各项目投资额大小不同的情况下,评价项目的标准不应该是项目的预计净现值,而应该是项目的预计现值指数。因为只有现值指数较高的项目,才能保证单位资金带来的净现值最大。基本方法是将所有备选项目按现值指数的高低排出优劣顺序;再按优劣顺序组合项目,使项目配置方案的投资额等于或接近资金限额。

例 3 – 4 现有五个项目待选,有关资料如表 3 – 5 所示。

表 3 – 5

投资项目	投资额	现值指数	净现值
A	50 000	1.30	15 000
B	20 000	1.40	8 000
C	80 000	1.20	6 000
D	150 000	1.50	75 000
E	100 000	1.10	10 000

若资金限额为 17 万元。则应该按现值指数的大小顺序,选择 D、B 两个项目。所限资金正好满足这两个项目的需要。

然而,如果资金限额为 20 万元,按现值指数大小选优,选择 D、B 两个项目后剩余资金 3 万元,不足选择另一个其他项目。在这种情况下,为了充分利用资金,就有必要舍弃一个或几个现值指数较高的项目,以一个或几个现值较低的项目递补,这就出现几个项目配置方案,选择最优方案的办法是计算各种方案的总净现值,其中最大的为被选方案。

在资金限额为 20 万元的条件下,至少可进行三种配置方案:

(1) 选 D、B,剩余 3 万元:
总净现值 = 75 000 + 8 000 = 83 000(元)

(2) 选 D、A,资金无剩余:
总净现值 = 75 000 + 15 000 = 90 000(元)

(3) 选 B、C、E,资金无剩余:
总净现值 = 8 000 + 6 000 + 10 000 = 34 000(元)

因此,D、A 配置为最优方案。

上述方案组合,虽然没有保证获利指数大的方案都入选,但它充分利用了有限的资金,增加了投资收益,从而增加了企业价值。

需要注意的是,上述分析是在多种假设条件下进行的:

(1) 假设各方案都是相互独立的,如果在方案中存在互斥方案,应把所有方案都列出来,但在分组时必须注意,在每一组中,互斥的方案只能排一个。

(2) 假设各方案的风险程度相同,且资本成本相一致,但事实并非如此。

(3) 假设资金限额只是单一的时间周期。但在实施资金限额时，限额通常要持续若干年。

在今后几年中可获得的资金取决于前些年投资的现金流入状况，例如，第二年资金限额取决于第一年投资的现金流入，以此类推。要解决此类多种时间问题，需要掌握投资机会和以后若干年可获得的资金两方面的资料，而不仅仅限于当年的信息。

本章小结

本章主要阐述了财务管理中资本预算的基本原理。资本预算是财务学中三大重点之一，学习本章，要着重掌握如下要点。(1) 资本预算过程在很大程度上就是公司战略规划、评估、实施过程。资本投资项目必须服从、服务于公司总体战略，或者说只有从核心竞争能力、创值能力上理解和把握资本预算，方能符合企业的战略规划，并为企业带来长期价值。(2) 资本预算与企业财务目标的对接。必须从价值最大化目标来评判资本预算。理解资本预算标准、企业价值与正净现值的内在关系。(3) 资本预算与公司治理中的制度设计。资本预算不能只有"钱"，没有"人"。这个"人"就是资本性项目的风险承担者和管理者。资本预算中制度安排就是从理论上明确资本预算中的"游戏规则"。(4) 投资决策各参数的估计原理渗透着风险与收益的互动关系。(5) 资本预算管理体系的建立表明资本预算绝不仅仅是投资决策的短暂时点。每一个投资项目，都要经过三个时期即投资前期（规划研究时期）、实施时期和项目后评估时期。每个时期又可划分为若干个阶段，各个阶段有不同的特点，管理的内容和侧重点也有很大区别。决策未来、监控过程、评价结果是资本预算管理体系的完整思想。

■关键词汇

长期投资（资本预算）决策（capital budgeting decision）
互斥项目（mutually exclusive projects）
净现值（net present value）
现值指数（profitability index）
增量现金流（incremental cash flows）
机会成本（opportunity cost）

独立项目（independent projects）
关联项目（related projects）
内涵报酬率（internal rate of return）
回收期（payback period）
沉没成本（sunk cost）

思考题

1. 投资战略如何创造公司价值？
2. 投资决策中如何体现净现值最大化原理？
3. 公司治理结构中如何实现投资决策权的分层安排？
4. 净现值法和内含报酬率法的不同之处是什么？
5. 什么是沉没成本，什么是机会成本，试举例说明？

练习题

1. 假设万嘉公司目前有两个投资项目可供选择。公司的资本成本率为10%，两个项目的期望未来现金流量如下表所示。

   要求：分别计算两个项目的净现值和内含报酬率，并比较哪个项目更优。

项目 A 和 B 各年现金流量　　　　　　　　　　　　　　单位：万元

项目	第 0 年	第 1 年	第 2 年	第 3 年	第 4 年	第 5 年	第 6 年
A	−250	100	100	75	75	50	25
B	−250	50	50	75	100	100	125

2. M公司的资本成本是11.5%，现在公司准备上马一个项目。初始投资是200万元，预计第一年可以回收资金235万元；但第二年要对设备进行维护和改造，估计会损失现金65万元；到第三年预计公司还能收回资金300万元，同时项目终结。不考虑设备残值，这个项目的净现值是多少？内含报酬率法会得出什么样的结果？

3. F公司的财务经理预测了项目A、项目B以及项目C的现金流，列示如下：

项目 A、B 和 C 各年现金流量　　　　　　　　　　　　　　单位：元

年	项目 A	项目 B	项目 C
0	−200 000	−400 000	−200 000
1	140 000	260 000	150 000
2	140 000	260 000	120 000

假设相关的折现率为每年12%。

(1) 分别计算三个项目的现值指数。
(2) 分别计算三个项目的净现值。
(3) 假定这三个项目是独立的，那么基于现值指数法，F公司应该选择哪个或哪几个项目？
(4) 假定这三个项目是互斥的，那么基于现值指数法，F公司应该选择哪个项目？与净现值法决策结果是否有差异？为什么？
(5) 假定F公司在这些项目上投入的预算为600 000元，项目不可拆分。那么F公司应该接受哪个或哪几个项目？

4. 假设威达公司拟投资一项目，需购入一台新设备，现有A、B两种方案可供选择，预计的有关资料如下：

A方案需投资250万元，使用寿命5年，5年后无残值。5年中每年销售收入为160万元，每年的付现成本为50万元。B方案需投资300万元，使用寿命也是5年，5年后

残值收入为50万元。5年中每年销售收入为200万元,第一年的付现成本为50万元,以后随着设备陈旧将逐年增加修理费用10万元,另需垫支流动资本80万元,假定销售货款均于当年发现,采用直线法计提折旧,公司所得税率为40%,试计算两个方案的现金流量。

5. 某公司原有设备一套,购置成本为150万元,预计使用10年,已使用5年,预计残值为原值的10%,该公司用直线法计提折旧,现该公司拟购买新设备替换原设备,以提高生产率,降低成本。新设备购置成本为200万元,使用年限为5年,同样用直线法计提折旧,预计残值为购置成本的10%,使用新设备后公司每年的销售额可以从1 500万元上升到1 650万元,每年付现成本将从1 100万元上升到1 150万元,公司如购置新设备,旧设备出售可得收入100万元,该企业的所得税税率为33%,资本成本为10%。

要求:通过计算说明该设备应否更新。

小组讨论

南方日用化学品公司资本预算分析[①]

2012年6月20日上午,南方日用化学品公司正在召开会议,讨论产品开发及其资本支出预算等有关问题。南方公司成立于1990年,是生产洗涤用品的专业公司。目前公司正生产"彩霞"牌和"绿波"牌系列洗涤用品,两种产品在东北地区的销售市场上各占有很大份额,且近年来,这两种洗涤剂的销售收入有大幅度增长,其销售市场已经从东北延伸到全国各地。

面对日益激烈的商业竞争和层出不穷的科技创新,南方公司投入大量资金进行新产品的研究和开发工作,经过两年不懈努力,终于试制成功一种新型、高浓缩液体洗涤剂——"红雨"牌液体洗涤剂。该产品采用国际最新技术、生物可降解配方制成,与传统的粉状洗涤剂相比,具有以下几项优点:(1)用量少。采用红雨牌系列洗涤剂漂洗相同重量的衣物,其用量只相当于粉状洗涤剂的1/6或1/8。(2)去污力强。对于特别脏的衣物、洗衣量较大或水质较硬的地区,如华北、东北,可达最佳洗涤效果,且不需要事前浸泡,这一点是粉状洗涤剂不能比拟的。(3)采用轻体塑料包装,使用方便,容易保管。

参加会议的有公司董事长、总经理、研究开发部经理、财务部经理等有关人员。会上,研发部经理首先介绍了新产品的特点、作用、研究开发费用以及开发项目的现金流量等。研发部经理指出,生产红雨牌液体洗涤剂的原始投资为500 000元,其中新产品市场调研费用100 000元,购置专用设备、包装用品设备等投资400 000元。预计设备使用年限15年,期满无残值,按15年计算新产品的现金流量。与公司一贯奉行的经营方针一致,在公司看来,15年以后的现金流量具有极大的不确定性,因此不予考虑和估计。

下表是研发部经理列示的红雨牌洗涤剂投产后公司的现金流量表。

[①] 引自:中央广播电视大学开放教育本科会计学专业《财务案例研究》课程网络教学资料。

开发红雨产品后公司预计现金流量

年份	现金流量（元）	年份	现金流量（元）
1	56 000	9	70 000
2	56 000	10	70 000
3	56 000	11	50 000
4	56 000	12	50 000
5	56 000	13	50 000
6	70 000	14	50 000
7	70 000	15	50 000
8	70 000		

由于新产品投产后会影响原来两种产品的销量，因此，红雨牌洗涤剂投产后的增量现金流量见下表。

开发红雨产品后公司增量现金流量

年份	现金流量（元）	年份	现金流量（元）
1	50 000	9	63 000
2	50 000	10	63 000
3	50 000	11	45 000
4	50 000	12	45 000
5	50 000	13	45 000
6	63 000	14	45 000
7	63 000	15	45 000
8	63 000		

研发部经理介绍完毕后，会议展开了讨论。在分析了市场状况、投资机会以及同行业发展水平的基础上，确定公司投资机会成本为10%。

公司财务部经理首先提出红雨牌洗涤剂开发项目资本支出预算中为什么没有包括厂房和其他设备支出？研发部经理解释：目前，"彩霞"系列洗涤剂的生产设备利用率仅为60%，由于这些设备完全适用于生产红雨牌液体洗涤剂，故除专用设备和加工包装用品所用的设备外，不需再增加其他设备。预计红雨牌洗涤剂生产线全部开机后，只需要10%的工厂生产能力。

公司总经理问道：开发新产品投产后是否应考虑流动资金？研发部经理解释说：新产品投产后，每年需追加流动资金40 000元，由于这项资金每年年初借，年末还，一直保留在公司，所以不需将此项费用列入项目现金流量中。

接着，公司董事长提问：生产新产品占用了公司的剩余生产能力，如果将这部分剩余能力出租，公司每年将得到 20 000 元的租金收入。因此新产品投资收入应该与租金收入相对比。但他又指出，南方公司一直奉行严格的设备管理政策，即不允许出租厂房设备等固定资产。按此政策，公司有可能接受新项目，这与正常的投资项目决策方法有所不同。

讨论仍在进行，主要集中的问题是：如何分析严格的设备管理政策对投资项目收益的影响？如何分析新产品市场调研费和追加的流动资金对项目的影响？如何确定合理的长期投资策略……这些问题都是长期投资决策中的基本问题。

本章推荐阅读资料

1. ［美］斯蒂芬·A·罗斯等著，吴世农等译：《公司理财》（第9版），机械工业出版社2013年版。
2. 荆新等编：《财务管理学》（第六版），中国人民大学出版社2014年版。
3. John R. Graham & Campbell R. Harvey, 2001, "The theory and practice of corporate finance: Evidence from the field", *Journal of Financial Economics*, 60: 187 – 243.

第 4 章

长期筹资决策

学习提要与目标

长期筹资是企业最重要的财务决策之一。本章介绍了长期筹资的基本内容，讨论了股权筹资和负债筹资的特征和优缺点，构建了公司治理下的财务筹资决策机制及决策内容，分析了公司如何在各种不同筹资方式之间进行决策与选择的基本原理，探讨了可转换债券和认股权证等选择权价值的基本内容。

通过本章的学习，应能够：
- 掌握筹资的基本概念及相关组合；
- 熟悉各种筹资方式所涉及的相关财务决策；
- 了解可转换债券和认股权证等选择权价值的基本估价模型。

第一节 筹资概述

一、筹资概念及种类

筹资是为满足企业生产经营与资本支出的需要而筹措资本（金）的财务行为。企业筹资活动需要通过一定渠道并采用一定方式来完成。

（一）股权资本与负债资金

股权资本是企业依法筹集并长期拥有、自主支配的资本，它包括实收资本、资本公积金、盈余公积金和未分配利润等，可分别划入实收资本（或股本）和留存收益两大类。负债资金，又称借入资金或债务资金，是企业依法筹措并依约使用、按期偿还的资金，主要包括银行或非银行金融机构的各种借款、应付债券、应付票据等。

1. 股权资本

从出资者角度看，股权资本是出资者投入企业的财产及其权益准备，它代表出资者的财产所有权，出资者投资总是期望能够在资本保值基础上获取资本增值收益，而且出资者的身份决定了它是法人财产责任的最终承担者。对出资者而言，股权资本是其拥有的高风险资产，它期望得到与风险相对的高回报，同时要求取得对企业法人财产的剩余索取权和剩余控制权（股东所承担的是收益不确定性风险，所取得的是一种"状态依存性"收益，为控制收益风险，股东均要求保留对公司的剩余控制权）。而站在完整意义上的企业法人角度，股权资本又是一种高成本、低风险的资金来源，其低风险即表现在股权资本无须还本付息，从而没有偿债压力，它可作为债务资金偿还的财务保障。

企业既希望利用股权资本来降低其筹资风险，又力图回避其较高的筹资成本。这一矛盾在股权资本自身无法解决。

2. 负债资金

负债资金以还本付息为条件。作为资金的出借方，由于本金偿还有股权资本做保障，且在借款期内能取得固定合同收益，因此，出资风险较低，相应的回报也较低；作为筹资方的企业则相反，一方面债务筹资增加了还本付息压力；另一方面这类筹资的成本相对较低，因此可借此来提高企业整体收益和企业价值。

风险与收益的对等关系表明，企业不可能做到利用负债筹资既提高其收益，又能降低财务风险。这一矛盾在负债筹资自身同样难以解决。

股权资本与负债资金间的特性差异，从表4-1中可以分析得到。

表4–1　　　　　　　　　　股权资本与负债资金的主要差异

负债资金	股权资本
固定索取权	剩余索取权
可抵免税收	不可抵免税收
在财务困境及破产中具有优先清偿权	在财务困境或破产中居最后清偿权
固定期	无期限
无管理控制权	有管理控制权（即剩余控制权）
主要表现为：银行借款、公司债券、融资租赁、商业票据、保理、集团授信等	主要表现为：所有者股权、创业风险资本、普通股、优先股、认股权证等

如果将股权资本与负债资金进行组合，则会使企业既降低财务风险又提高收益的愿望成为现实。组合筹资有助于实现双重目标。财务上将股权资本与负债资金间的组合称为资本结构或财务结构。如何选择恰当的资本结构，共同提高股东与债权人的价值，即做到双赢，已成为筹资管理重点之一。

在特定条件下，负债资金与股权资本间可以相互转换，如可转换债券转换为股本等。

（二）长期资本和短期资金

长期资本是指需要期限在1年以上的资金，它是企业持续、稳定经营的基本前提，如用于购建固定资产、取得无形资产、开展长期对外投资、垫支于长期占用的流动资产等方面。长期资本主要通过吸收直接投资、股票及债券发行、长期银行借款、融资租赁等方式筹集。短期资金则指需要期限在1年以内的资金，它主要用于经营过程中的短期资金周转，具体有短期借款、商业信用、发行短期融资券等筹资形式。

1. 长期资本

从资金供应方看，由于占用期限长，未来不可知因素多，因而其风险大，收益要求相对较高；从企业角度看，企业筹措长期资本的基本动因在于这类资金能够被企业长期而稳定地占用，从而有利于降低财务风险。对企业而言，长期资本筹资也是一对矛盾体，一方面是使用上的低风险；另一方面是筹资中的高成本。这一矛盾就长期资本自身无法解决。

2. 短期资金

短期资金具有占用期限较短、使用上的风险较大、成本相对较低等特点，一般来自于短期借款和信用筹资。

如何扬长避短，借助于长、短期资金的组合与搭配，使得企业所占用的资金期限相对较长、使用风险较低且成本较小，是筹资管理者所关注的另一基本问题。理论上认为，如何搞好长短期资金与长短期资产间的搭配，是解决问题的关键。具体为：企业利用长期资本购建固定资产、取得无形资产、开展长期对外投资、垫支于长期占用的流动资产等,可以通过提高长期资产的使用效益来相对降低筹资成本;将短期资金用于短期资产的占用,通过资产的流动性可以解决使用的风险问题。

企业的长期资金和短期资金,有时也可相互融通。如可用短期资金来满足临时性的长期资本需要,或者用长期资本解决临时性的短期资金不足。

(三) 直接筹资与间接筹资

直接筹资是指企业不经过银行等金融机构,而直接与资金供应者借入或发行股票、债券等方式进行筹资。在直接筹资过程中,供求双方借助于融资手段和金融工具直接实现资金的转移,无须通过金融中介。间接筹资是指企业借助于银行等金融机构进行的筹资,如银行借款、非银行金融机构融资租赁等,具有筹资手续简便、费用低、筹资效率高等特点。

(四) 表内筹资与表外筹资

表内筹资是指所筹资金均在资产负债表内予以披露的筹资行为,它是一般意义的筹资形式,如银行借款、发行债券等。表外筹资是指所筹资金未在资产负债表中予以披露的筹资行为,它具体分为:(1) 客观性表外筹资,如让售(factoring)带追索权的应收账款和应收票据贴现,这类筹资行为,其实质是一种以应收票据或账款作抵押的借款,只不过在表中不反映负债而已;(2) 直接表外筹资,它是一种不转移资产所有权的特殊信用形式,如经营租赁等。另外,还有一些不合规的表外筹资行为,如母公司利用投资于子公司或附属公司的条件,为保持母公司资产负债表中的合理负债限度,而将其负债间接转嫁到子公司或附属公司表中。随着金融工具的不断创新,各种表外筹资行为也会越来越多,作为财务人员,应明确哪些表外筹资是合理的,哪些是出于报表修饰目的从而是不合理的。

二、筹资目标与管理原则

企业筹资目标是实现股东财富最大化。具体地表达为两层含义:(1) 进行适当的融资组合,以使得所筹资本的成本最低。筹资是为了投资,满足投资所需资本应当成为筹资的基本目标,但由于负债与股权都会从不同程度上影响投资项目的最低可接受收益率和现金流量,因此,为适宜公司发展需要,确定最合适的融资组合,进行资本结构决策是筹资的主要任务。(2) 选择合适的融资种类,以使资产与负债间存在良好的搭配,减轻负债压力。由于不同的融资种类对公司现金流的要求不同,与资产专用性间也存在一定的关系,因此,融资种类选择必须考虑财务弹性或灵活性,以使融资活动成为公司发展的真正推动力,而不是成为公司发展的"瓶颈"。

上述目标要求企业在具体筹资过程中必须考虑以下原则:

1. 规模适度

它是指企业在筹资过程中,无论通过何种渠道、采用何种方式筹资,都应预先确定资金的需要量,使筹资量与需要量相互平衡,防止筹资不足而影响生产经营活动的正常开展,同时也避免筹资过剩而降低资金使用效益。

2. 结构合理

它是指企业在筹资时，必须使企业的股权资本与债务资金保持合理的结构关系，防止负债过多增加财务风险，增加偿债压力；或没有充分地利用负债经营，使股权资本的收益水平降低。

3. 成本节约

它是指企业在筹资过程中，必须认真选择筹资来源和方式，根据不同筹资渠道与筹资方式的难易程度、资本成本等，综合考虑，并使得企业的筹资成本降低，直接提高筹资效益。

4. 时机得当

它是指企业在筹资过程中，必须按照投资机会来把握筹资时机，从投资计划或时间安排上，确定合理的筹资计划与筹资时机，以避免因取得资金过早而造成闲置，或者取得资金相对滞后而影响投资时机。

5. 依法筹资

它是指企业在筹资过程中，必须接受国家有关法律法规及政策的指导，依法筹资，履行约定的责任，维护投资者权益。

三、筹资决策与筹资契约

任何经济活动的开展都离不开经济主体的行为规范。筹资活动也不例外。筹资行为及其规范主要包括两方面：筹资决策程序及行为规范；筹资契约。

（一）筹资决策程序及其行为规范

按照财务分层管理思想，公司筹资必须置于公司治理框架下，遵循决策权、执行权与监督权三权分离原则，由出资者、董事会及经营者、财务部门等分别履行各自的职权、责任，以保证筹资决策的正确做出和筹资活动的顺利进行。

1. 筹资决策与管理的基本职责与权限划分

（1）出资者。出于保护其自身产权、监督经营者的目的，出资者必须对公司重大筹资决策提出审议意见。在公司治理框架下，出资者不得干预董事会与经营者的日常决策与管理活动，但对重大决策事项保留剩余控制权。为避免干扰日常经营，出资者在履行其权利时，一般须经法定程序，如以股东大会或股东特别会议形成决议的方式行使对董事会和经营者的约束权力。股东大会作为公司最高权力机构，主要对以下重大筹资事项做出决议：一是增减资本；二是资本结构决策，即确定最高的负债率；三是债券发行决策等。股东大会对筹资事项行使决策权的根本目的在于保护股东合法权益，主要体现为：保持原股东对公司的控制权；避免由于债务过多而影响公司股东的剩余求偿权。

（2）董事会。作为公司经营管理的最高决策机构，董事会必须对公司经营管理进行决策，以保证股东大会决议的实施。就公司筹资决策而言，董事会有权提出新股发行的方案，有权对公司债券的募集提出全面计划，有权召集股东大会对有关重大筹资决策进行表决，有权负责公司资本结构的调整，有权对数额较大的银行贷款或其负债业务行使最终决策，等等。

（3）总经理。作为最高执行当局的总经理，必须在董事会决议的基础上，对公司日常经营与管理做出部署和安排，以完成其受托责任。就公司筹资而言，经营者必须按照董事会制订的筹资方针与决议，负责安排其实施，对于数额巨大的筹资项目（如影响公司资本结构的筹资行为等）有义务向董事会提出筹资计划，对数额一般的筹资项目，有权按照投资需要和有关管理规则，行使最终决策权。

（4）财务部门。作为具体负责财务日常管理的财务经理及其财务人员，在总经理（或财务副总经理、财务总监）的领导下，对公司日常财务活动进行筹划与管理。就公司筹资事项，财务经理与其他财务人员有责任提出筹资初始方案、有责任负责筹资决策的具体落实，有权处理一般筹资业务，并协调好与银行等金融机构间的关系。

公司治理结构及其筹资权限、行为安排因企业不同而各异，但上述分析对公司制企业而言带有普遍意义，非公司制企业也可以比照上述制度安排。

2. 公司筹资决策与管理基本程序

基于分层管理思想与筹资管理行为的职责分工，结合不同筹资项目对公司经营战略及管理的影响，公司有必要提出适合不同情况的筹资决策程序与制度，它分为两类：一是重大筹资项目的决策程序与管理制度；二是日常筹资项目的决策程序与管理制度。

对重大筹资项目的决策程序。筹资活动与投资活动相伴而生，因此按照企业投资战略需要，对于公司重大筹资项目，应遵循以下程序：（1）由公司董事会提出长期经营方向与投资计划；（2）由经营者负责投资计划的编制，并向董事会提出相应的筹资计划方案，该方案涉及筹资目的、筹资金额与成本计划、筹资方式、筹资时间要求、筹资用途、筹资协议签订方法、该筹资项目对公司资本结构的影响，以及对后续筹资的影响、筹资风险的估计与防范等内容；（3）由公司董事会决定该筹资方案是否可行，是否应向股东会（包括股东大会和特别会议）提出报告并审议，对需要由股东会做出审议或决议的筹资项目，经股东决议通过后，由董事会形成正式文件，在对外披露的同时下达公司经营者遵照执行；（4）由公司经营人员负责，会同公司财务部门和其他相关部门，具体落实筹资计划方案；（5）对在筹资方案落实过程中所遇到的具体问题，经理人员应及时协调处理，并向董事会报告。上述程序适用于重大筹资项目，比如，公司新股发行、债券发行、对公司经营影响深远且数额很大的借款合同和租赁合同、公司利用项目融资方式进行筹资等。

日常筹资项目的决策程序与管理制度。它是指无须通过公司董事会或股东会决策的日常筹资项目，包括数额较小、对财务风险不产生重大影响、不会引起公司资本结构变动，以及在重大筹资项目计划之内的程序性筹资等。对于这类筹资项目，一般由公司财务经理及其财务人员提出筹资计划，并将该计划向公司经理人员报告，在经理人员审议决策之后，下达给财务经理及财务部门具体实施。这类筹资计划可以采用一年一度定期计划与审批制度，也可以采用临时性的非定期计划与审批制度方式。其中，定期计划与审批制度，主要适用于年度财务计划，它是在年度销售计划预测的基础上，结合公司管理状况提出年度筹资计划，由经理人员负责审批后下达执行；临时性筹资计划与决策，则根据经营过程中非经常性的资金需求，由财务部门提出筹资计划，由财务经理负责审批后下达执行，如资金的季节性需求等。

（二）筹资契约

从交易行为看，筹资过程实质上是企业与被筹资方之间的签约过程，它涉及谈判与签约等行为。由于不同筹资方式中，签约双方对筹资收益与风险预期不同，因而签约形式与内容也存在很大差异。具体分为：与股东签约、与债券持有人签约、与银行等金融机构签约、与其他企业的商业信用签约等。

1. 与股东签约

股东分为两大类：一是发起人股东；二是非发起人股东。与之相对应，与股东签约也分为两种情形：一是发起人间的签约，它最终形成公司章程；二是与非发起人股东签约，它实质上是通过市场行为而进行。在与非发起人签约过程中，公司必须向潜在股东陈报有关招股说明及所募股本未来利用效益预测情况等，因此，包括效益预测在内的公司对外信息披露是公司与股东签约的基础，签约的内容体现在公司章程及相关股东权益管理制度之中。签约行为体现了市场性原则。作为集中反映出资者与公司间签约的行为准则，《公司法》及相关法规制度对签约内容做出了普遍适用的法律规范。

2. 与债券持有人签约

债券持有人购买公司债券，以其对公司财务状况及风险估计为依据，并以取得与风险相对应的债息收益为基础。债券持有人购买债券的行为属于个人投资行为、市场化行为。与向市场陈报招股说明书一样，发债人必须事先向社会陈报其债券募集办法，包括发行总额、债券面值、债券利率、还本付息期限与方式、公司净资产总额、已发行而尚未到期的公司债券总额等具体情况，同时明确债券持有人的优先清偿权地位。为保护债权人权益，对前一次发行债券尚未募足的、或者对已发债券或其债务有违约及延迟债息支付的，均不得再次发行新债。发债人与债券持有人签约的内容，集中体现在风险、收益及相关权益等条款上，《债券管理条例》对此做出了相应的规范。

3. 与银行等金融机构签约

银行等金融机构是企业主要筹资对象，与债券持有人不同，公司与银行间的签约是一对一进行的，它属于公司间的商业交易行为。本着平等互利和公平交易原则，银行等金融机构按照自身的经营特点，坚持"效益性—安全性—流动性"三统一的方针，开展与公司间的债务往来与债务签约。贷款合同即为具体签约形式，主要规范内容体现在《贷款通则》中。

4. 与其他企业的商业信用签约

企业在日常经营过程中，还会发生与其他企业之间的业务往来，从而形成正常的商业信用。公司既可能是债权人，又可能是债务人，作为市场交易原则，"重合同、守信用"应成为企业经营与财务管理的信条，一般情况下，它无须通过正式信用合同来规范。

> **国际视野**
>
> 微软公司、Lexmark 公司以及 Mesa Air 集团的共同之处在哪里？在 2008 年或是 2009 年年初，这三家公司都宣告它们将进行资产负债表的变动。如微软公司宣布将回购 400 亿美元的公司股票，公司将运用其发行债券所得的 80 亿美元支付回购的价款。这是微软公司第一次发行长期债券。由于该负债规模相对较小，微软公司的债券获得了 AAA 的评级，是世界范围内仅有的 14 家获得 AAA 评级的公司之一。
>
> 对于打印机的生产商 Lexmark 公司而言，公司宣布其将新增发行 6.5 亿美元的债券。同时，公司宣布回购 7.5 亿美元的普通股。Mesa Air 集团却恰恰相反。该公司征得了股东的同意，将其发行在外的股份数由 7 500 万股增至 9 亿股！而如此巨额的权益增长则是为了赎回公司债券。公司发行在外的有两份债券，其中一份到期日是 2023 年，而另一份债券到期日是 2024 年，这两份债券都赋予了债券持有人在 2009 年购回债券的权利。在当时的债券市场环境下，公司管理层认为最好的选择就是发行新权益来赎回债券，而不是发行新债券。

第二节 股权筹资

不同企业其股权资本筹措方式不同，有的企业采用出资人个人投资（如独资和合伙企业），有的则通过发行股票来筹集资本（如股份公司），还有一些高成长型企业则采用风险投资方式（venture capital）筹措资本。本节主要介绍股票筹资。

一、股票筹资与股东权益

股票是股份公司为筹集股权资本而发行的表示股东按其持有的股份享有权益、并承担义务的可转让的书面凭证。股票持有人即为公司股东。股票筹资是股份公司筹集权益资本的主要方式。

（一）普通股东的权利

股份有限公司根据筹资与投资的需要，可发行各种不同种类的股票，其中，尤以按股东权益不同区分普通股与优先股最为重要。普通股是公司发行的代表股东享有平等的权利、义务，不加特别限制且股利不固定的股票，它是公司最基本的股票。优先股则是公司发行的优先于普通股东分得股息和公司剩余财产的股票。由于优先股筹资在我国实际运用中较少，因此将其在本节最后部分来论述。除非特别说明，本书所提及的股东均指普通股东。

普通股东在法律上享有的各种权利，以股东认购股份并缴清股款为取得标志。各国公司法对股东权利规定大体相同，主要包括：

（1）表决权。即股东有权依据公司章程的规定对股东大会的提案表示同意或者不同意的权利，它是基于股东拥有公司股份而产生的，是股东通过股东大会参与公司经营管理决策的一项重要权利，按照同股同权的原则实行一股一票制。

(2) 优先认股权。即普通股东有优先认购新股的权利，以保障现有股东在该公司股权资本中占有一定的比例。

(3) 收益分配权。股东有权要求公司按照公司法及公司章程的有关规定，结合公司的经营状况分得股利或其他应得利益。股东收益视公司经营情况而定，属于状态依存型收益。

(4) 剩余资产分配权。即股份公司一旦解散，股东有权按所持股份比例参与分配经财产清算后所剩余的财产。在制度安排上，股东的剩余财产求偿权位于债权人和优先股票持有者之后。

(5) 股份转让权。即股东有权依据有关法律规定，自由转让其拥有的股份。

股东的上述权利，可以自己行使，也可以委托代理行使，还可以转让其权利。由上述权利派生，股东还拥有其他一些相关权利，如查阅公司章程、查阅股东大会会议记录、查阅公司财务会计报告、对公司经营提出建议或者质询、诉讼，等等。同时，与其享有的权利相对应，股东还须履行一些基本义务，如遵守公司章程、缴纳股款、对公司债务负有限责任、不得抽回资本，等等。

相关链接

我国《证券法》规定，公司公开发行新股，应当具备健全且运行良好的组织机构，具有持续盈利能力，财务状况良好，3年内财务会计文件无虚假记载，无其他重大违法行为以及经国务院批准的国务院证券监督管理机构规定的其他条件。

《首次公开发行股票并上市管理办法》规定，首次公开发行的发行人应当是依法设立并合法存续的股份有限公司；持续经营时间应当在3年以上；注册资本已足额缴纳；生产经营合法；3年内主营业务、高级管理人员、实际控制人没有重大变化；股权清晰。发行人应具备资产完整、人员独立、财务独立、机构独立、业务独立的独立性。发行人应规范运行。

发行人财务指标应满足以下要求：①3个会计年度净利润均为正数且累计超过人民币3 000万元，净利润以扣除非经常性损益后较低者为计算依据；②连续3个会计年度经营活动产生的现金流量净额累计超过人民币5 000万元；或者3个会计年度营业收入累计超过人民币3亿元；③发行前股本总额不少于人民币3 000万元；④最近1期末无形资产（扣除土地使用权、水面养殖权和采矿权等后）占净资产的比例不高于20%；⑤最近1期末不存在未弥补亏损。

（二）普通股筹资优劣分析

与其他筹资方式相比，公司利用股票筹资具有明显的优势，主要表现在：(1) 形成稳定而长期占用的资本，有利于增强公司实力，为债务筹资提供基础；(2) 资本使用风险小，股本不存在固定到期日，也不存在固定股利支付义务和支付风险；(3) 数额较大，等等。

股票筹资也存在明显不足，主要有：(1) 筹资成本高。原因有三：第一，资本使用风险小即意味着股东所承担的投资风险大,从而股东期望报酬也较高,它直接加大了资本使用成本;第二,股利税后支付,不存在负债等其他筹资方式下的税收抵免作用;第三,发行成本相对较高,直接加大筹资成本。(2)新股发行会稀释原有股权结构,从而直接影响或削弱原股东对公司的控制权。(3)股票发行过量会直接导致每股收益下降,从而不利于股价上扬。

二、股票发行定价决策

股票发行定价决策是公司上市发行所面临的最大财务决策。从规范的市场运作看,股票定价首先需要确定股票的内在投资价值,其次才是根据供求关系来决定其发行价格。从定价模式看,有两种基本模式,一是审批制下的定价管理,它以行政管理为主要特征,如我国 2000 年 3 月以前采取审批制;二是核准制下的市场化管理,它以市场供求决定价格为主要特征,这是世界各地普遍采用的模式。

在核准制下,完全由市场供求关系确定的价格,必须以股票内在价值为定价基础,并通过市场发行价格来体现其内在价值。

(一) 定价基础:股票内在投资价值

反映股票内在投资价值的方法通常有未来收益现值法、每股净资产法、清算价值法和市盈率法。

1. 未来收益现值法

未来收益现值法,也称现金流量贴现法。股东购买股票是因为凭此而得股息,因此股票价值等于预期未来可收到的全部现金性股息的现值之和,用公式表示即:

$$P = \sum_{t=1}^{+\infty} \frac{D_t}{(1+K_s)^t}$$

这里,P 表示普通股的内在投资现值,D_t 表示第 t 年底预期得到的每股股息,K_s 即为预期普通股收益率,或定义为股票投资者应得的必要报酬率。在对公司未来收益能做出准确判断的条件下,股票的投资价值即可确定为其发行价格,按此确定的价格是能反映市值的均衡价格。

2. 每股净资产法

每股净资产是所有资产按账面价值,在支付了全部债务(含优先股)后,每股公司所有权的价值,用公式表示即:

每股净资产 =(公司账面总资产 − 账面负债额)/发行在外平均股数

由于这一价值假定资产是按账面价值确定的,因此它应是每股股票的最低价值,从而可作为新股发行价格确定的基本依据。

3. 清算价值法

每股清算价值与每股净资产不同,它是公司资产被出售以清偿公司债务,在支付了债权人和优先股东之后,每一普通股东期望得到的实际量,用公式表示即:

每股清算价值 =(总资产的实际清算价值 − 全部债务)/发行在外平均股数

应该说，每股清算价值是每股股票的最低价值，是公司股票发行的底价。

4. 市盈率法

市盈率法是根据同行业的参考市盈率，结合公司的盈利预测所确定的股票投资价值的方法，用公式表示即：

$$股票价值 = 参考市盈率(P/E) \times 预测每股收益(EPS)$$

市盈率法所依据的变量有行业参考市盈率和公司盈利预测，这两个变量在预测及质量保证上都有一定的难度。

（二）股票发行实际定价方式

如何在综合各种定价方法的基础上，通过市场反映股票内在价值，这是发行定价所涉及的主要问题。市场化取向为这一定价问题提供了解决的方式。主要包括三种定价方式。

1. 固定价格定价法

固定价格定价方式是由发行人和主承销商在新股公开发行前商定一个固定价格，然后根据这个价格进行公开发售。其基本做法是：发行人和投资银行在新股发行前商定一个发行价格和最小及最大发行量，股票销售期开始，投资银行尽力向投资者推销股票。如果在规定的时间（一般为 90 天）和给定的价格下，股票销售额低于最低发行量，股票发行将终止，已筹集的资金返还给投资者。尽力承销一般用于小的、投机性发行。

固定价格发行定价方式的优点就在于筹资金额确定、定价过程相对简单、时间周期较短，但定价的准确性、灵活度不高却是其最大缺陷。

2. 市场询价法

这种定价方式目前已得到普遍应用，当新股销售采用包销方式时，一般采用市场询价方式。这种方式一般包括两个步骤：第一，根据新股的价值（一般用现金流量贴现法等方法确定），股票发行时的大盘走势、流通盘大小、公司所处行业股票的市场表现等因素确定新股发行的价格区间。第二，主承销商协同发行人向投资者介绍和推介该股票，并向投资者发送预订邀请文件，征集在各个价位上的需求量，通过对反馈回来的投资者的预订股份单进行统计，主承销商和发行人对最初的发行价格进行修正，最后确定新股发行价格。

3. 竞价发行

竞价发行方式是指由各股票承销商或者投资者以投标方式相互竞争确定股票发行价格。由于竞价法是一种"直接"的市场化定价方式，因此其更能够直接地反映出投资主体对新股价格的接受程度，最终确定的价格更接近于新股未来上市后的市场价格。但在不成熟的证券市场中，却有可能造成新股发行定价过高，上市企业筹资额过大、市场资金使用效率低下的现象。

我国目前的股票发行定价，应该从以固定价格方式定价为主转向市场询价方式定价为主。根据上市公司所属行业，以行业或者三至五家与该上市公司相近的已上市公司的平均市盈率或者市场价格等作为标准来确定发行价格，使发行价格更好地反映市场供求关系。

三、配股筹资

配股是指向现有股东按持股的一定比例配售股份的行为,它是新股发行后的后续筹资。我国对上市公司的配售条件进行了严格的限制,其中最主要的是关于公司盈利能力要求。配股一般表示为 10 配 2 等,即 10 股可配售 2 股。配股比例的确定主要依据于配股所募集的资金量。如某公司拟配股募集资本 5 000 万元,配股价格为 10 元,则配股数等于 5 000/10 = 500 万股,原有发行在外普通股的股数 5 000 万,则配股比例为 10 配 1,相当于每持有 10 份公司原有股票可得到 1 份的配股股票。

> **相关链接**
>
> 我国《上市公司证券发行管理办法》规定,向原股东配售股份(简称"配股"),除符合第二章第一节的一般性规定之外,还应符合下列规定:(1)拟配售股份数量不超过本次配售股份前股本总额的 30%;(2)控股股东应当在股东大会召开前公开承诺认配股份的数量;(3)采用证券法规定的代销方式发行。
>
> 控股股东不履行认配股份的承诺,或者代销期限届满,原股东认购股票的数量未达到拟配售数量 70% 的,发行人应当按照发行价并加算银行同期存款利息返还已经认购的股东。

(一)配股价格确定

公司实施配股计划,主要是基于新筹资本满足投资需要。在配股价格确定上,除了像新股发行需要进行财务决策外,还要考虑有关法律规定。如配股价格不低于公司每股净资产等。另外,为了保证配股价格对原股东的吸引力,并考虑承销商的盈利空间,配股价格一般低于现时市价。

(二)配股对公司股价的影响

由于配股后公司发行在外股数增加,而每股收益相对减少,因此配股后的市场交易价格往往下降。配股时股票的市场价格称之为除权除息价。其中,除权除息是指公司实行派息的行为,包括派红利、送股、配股等。

1. 没有其他分红派息方案的除权除息价格

其计算公式为:

$$P_1 = (P_0 + P_r \times r)/(1 + r)$$

其中,P_1 是除权除息价;P_0 指除权除息前的股票市场价格;P_r 表示配股价格;r 表示配股数与原股数的比例,即 r = 配股数/原发行在外股数。

如 A 公司拟按每股 15 元配股价、每 10 股配 2 股的比例配股,配股前的市场价格为 20 元,则,除权除息价格为:

$$P_1 = (20 + 15 \times 0.2)/(1 + 0.2) = 19.17 \text{(元)}$$

2. 送现金红利并配股时的除权除息价格

其计算公式为:

$$P_1 = (P_0 + P_r \times r - I)/(1 + r)$$

其中,I 表示每股派现金股息额。上例中,如果除配股外,还外加每股现金红利 0.5 元,则除权除息价格为:

$P_1 = (20 + 15 \times 0.2 - 0.5)/(1 + 0.2) = 18.75$(元)

3. 先送股、再配股且派发现金红利的除权除息价格

其计算公式为:

$$P_1 = [P_0 + P_r \times r \times (1 + S) - I]/[1 + r \times (1 + S) + S]$$

其中,$S =$ 送股总数/原发行在外股数。上例中,如果方案为先按 1:1 送股,然后再配股和发放现金红利,则除权除息价格应为:

$P_1 = [20 + 15 \times 0.2 \times (1 + 1) - 0.5]/[1 + 0.2 \times (1 + 1) + 1] = 10.625$(元)

(三)配股与股东权益

配股行为对股东权益的影响主要表现在以下两方面:一是原股东放弃配股权利将意味着持有份额下降;二是在转让配股权的情况下,股东是否行使配股权不会影响其财产价值。对于第二条,其原因就在于配股权本身也有价值,其价值相当于配股前股票价格减去配股除权除息价格。用公式表示即:

配股权价值 = 配股前股票价格 - 除权除息价格

如果股东放弃且不转让配股权,则股东财富会随股票数的增加而减少。

> 方达公司正准备通过销售大额新的普通股来筹集新的权益资本。方达公司目前是一家公开上市公司,它正考虑是要选择现金发行还是对现有股东进行配股。方达公司的管理层希望能够将销售的费用降至最低。他们要求你对发行方式的选择提供建议。你会如何建议。为什么?

四、投资银行在股票发行中的作用

投资银行是金融体系中的重要参与者。作为一个行业,投资银行的传统业务主要是证券推销(其业务关系见图 4-1),如摩根斯坦利公司、美林证券公司等,现代投资银行除了其传统业务外,还参与咨询业务、并购业务、代理理财等。从其传统业务看,证券推销是其强项。

投资银行在股票发行过程中,主要从事:对拟发行股票的发行人进行上市辅导、与发行人共同确定发行定价、股票推介与承销或包销股票等。因此,在现代金融体系中,离开投资银行等中介组织的介入,股票将难以成功发行。

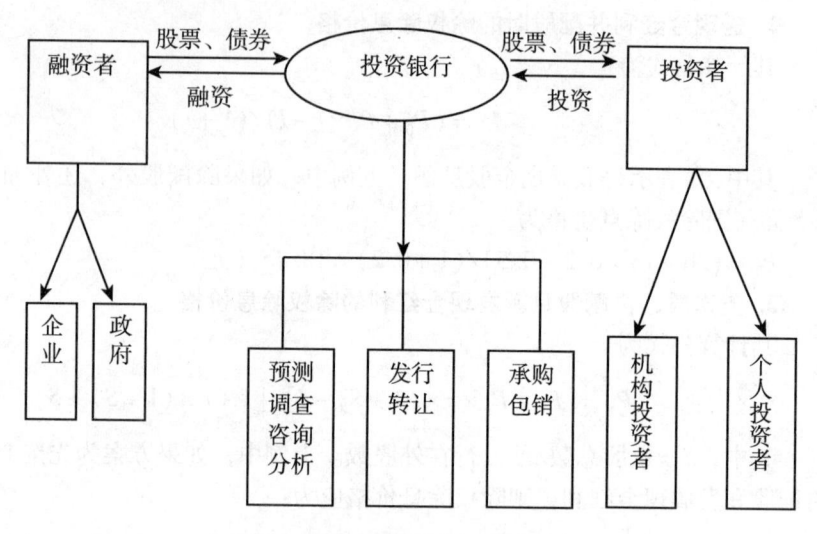

图 4-1 投资银行与股票发行

五、优先股筹资管理

优先股的"优先"权主要表现为优先分配股息和优先分配公司剩余财产,与其他证券相比,它兼有普通股和债券的一些特征,因此,习惯上被称为混合证券。

(一) 优先股的基本特征及其种类

优先股具有普通股的一些基本特性,表现在:优先股筹资构成股本,大多数情况下没有到期日,没有固定的股息支付义务,股息从税后收益中支取,能分配公司剩余财产,并承担有限责任。同时,优先股还兼有债券筹资的一些特性,表现为:股息固定,不受公司经营状况和盈利水平的影响;没有表决权和管理权;在公司章程或发行协议中,可能规定有收回或赎回的条款,从而具有还本的特征;由于股息固定,对普通股东权益变动而言,也存在财务杠杆作用。

优先股按具体的权利不同,还可以进一步分类:(1) 累积优先股与非累积优先股;(2) 参与优先股与非参与优先股;(3) 可转换优先股与不可转换优先股;(4) 可赎回优先股与不可赎回优先股。

(二) 优先股发行目的及发行时机

股份有限公司发行优先股主要出于筹集自有资本的需要。但是,由于优先股的固有特性,使优先股的发行会出于其他动机的考虑。(1) 防止股权分散化。优先股不具有公司表决权,因此,公司出于普通股发行会稀释其股权的需要,在资本额一定的情况下,发行一定数额的优先股,以保护原有普通股东对公司经营权的控制。(2) 维持举债能力。由于优先股筹资属于股权资本筹资的范畴,因此,它可作为公司举债的基础,以提高其负债能力。(3) 增加普通股东权益。由于优先股的股息固定,且优先股东对公司留存收益不具有要求权,因此,在公司收益一定的情况下,提高优先股的比重，会相应提高普通股东的权益，提高每股净收益额，从而具有杠杆作用。(4) 调整资本结构。由于优先股在特定情况下具有"可转换性"和"可赎回性"，因此它在公司安排自有资本与对外负债比例关系时，可借助于优先股的这些特性，来调整公司的资本结构，从而达到公司目的。

也正是由于上述动机的需要，因此，按照国外的经验，公司在发行优先股时都要就某一目的或动机，来配合选择其发行时机。大体看来，优先股的发行一般选择在以下几种情况：公司初创、急需筹集资本时期；公司财务状况欠佳、不能追加债务时，或公司发生财务重整时；为避免股权稀释时，等等。

相关链接

证监会颁布的《优先股试点管理办法》规定，上市公司可以发行优先股，非上市公众公司可以非公开发行优先股。上市公司发行优先股，最近三个会计年度实现的年均可分配利润应当不少于优先股一年的股息。公开发行优先股，最近三年财务报表被注册会计师出具的审计报告应当为标准审计报告或带强调事项段的无保留意见的审计报告；非公开发行优先股，最近一年财务报表被注册会计师出具的审计报告为非标准审计报告的，所涉及事项对公司无重大不利影响或者在发行前重大不利影响已经消除。上市公司已发行的优先股不得超过公司普通股股份总数的50%，且筹资金额不得超过发行前净资产的50%。

另外，办法对上市公司公开发行优先股还做出了特别规定。(1) 其普通股为上证50指数成分股；(2) 以公开发行优先股作为支付手段收购或吸收合并其他上市公司；(3) 以减少注册资本为目的回购普通股的，可以公开发行优先股作为支付手段，或者在回购方案实施完毕后，可公开发行不超过回购减资总额的优先股。

六、私募股权筹资

企业发展通常会经历起步期、种子期、成长期、成熟期和衰退期等不同阶段，公开发行股票适用于商业模式得到验证、企业达到一定规模、利润和现金流比较稳定的成长期或成熟期企业。处于种子期和成长早期的企业更倾向于利用非公开的私下募集方式来筹集成长所需要的权益资本，主要是创业风险投资（venture capital）。

创业风险投资是指向具有高增长潜力的未上市创业企业进行股权投资，并通过提供创业管理服务参与所投资企业的创建过程，以期在所投资企业相对成熟后即通过股权转让实现高资本增值收益的资本运营方式。主要包括如下特征：

1. 特定的募集对象

在资金募集方面，创业风险投资基金是向特定的机构和个人募集，这些特定的机构通常包括银行、养老基金、保险公司、大型企业等，以及各种信托基金。

2. 特定的募集方式

创业风险投资基金的募集渠道主要是通过非公开的方式，即不在公开场合进行销售，也不委托银行和证券公司等机构进行代销，而是由基金发起人和基金管理人直接与投资者进行面对面的销售，或者专门召开基金路演（road show）的推介会等方式进行销售。

3. 特定的投资方式

在投资方面，创业风险投资基金基本采用权益性投资的方式，如直接投资于目标企业的普通股、优先股或可转换债券等。

4. 特定的投资对象

创业风险投资基金的投资对象一般为高成长性的未上市企业。与投资于公开证券市场的公募投资基金不同，创业风险投资基金基本上以放弃资本的流动性为代价来追求长期的、更高的资本收益。

5. 有限的经营期限

创业风险投资基金的经营周期属于中长期，一般以5～10年为主，且多为封闭式投资，即投资者在经营期内通常不能退出，直至基金通过被投资企业上市后在股票市场套现，或者通过并购、转让等方式退出。若经营期满，而被投资企业尚未上市或被并购或转让，则可以采用被投资企业回购股份或清算的方式结束投资。

6. 特定的退出方式

创业风险投资基金的投资宗旨是"以退为进，为卖而买"。也就是说，基金的投资就是为了在适当的时候能够卖出其所持有的权益并获取利润。基金在选择投资项目或投资对象时，一个决定性的要点就是退出机制，基金绝不会投资于没有明确退出渠道的项目。投资退出的方式包括被投资企业的上市（IPO）、股权转让、兼并收购、控股股东回购、管理层收购（MBO）等。

7. 特定的增值服务

创业风险投资基金并不是单纯的股权投资者，成为纯粹的股东并不是基金投资唯一的目标。创业风险基金在投资于目标企业的同时，有可能已经在协助目标企业改善经营管理，以及筹备在证券市场首次公开发行股票等。

8. 较高的投资回报

创业风险投资基金在企业发展早期投资，承担了较高的风险，并通过增值服务为企业持续增加价值，因此平均来说在退出时可以获得更高的投资收益。

相关链接

证监会颁发的《私募投资基金监督管理暂行办法》规定，私募投资基金（以下简称私募基金），是指在中华人民共和国境内，以非公开方式向投资者募集资金设立的投资基金。私募基金财产的投资包括买卖股票、股权、债券、期货、期权、基金份额及投资合同约定的其他投资标的。私募基金应当向合格投资者募集，单只私募基金的投资者人数累计不得超过《证券投资基金法》、《公司法》、《合伙企业法》等法律规定的特定数量。

另外，办法还对创业投资基金进行了特别规定。创业投资基金是指主要投资于未上市创业企业普通股或者依法可转换为普通股的优先股、可转换债券等权益的股权投资基金。

第三节 债务筹资

债务筹资对大多数企业是必要的。这是因为：第一，股权筹资的有限性决定了企业必须借助于债务筹资形式来满足企业生产经营的需要；第二，从企业发展速度与规模上，如果不依赖于债务筹资将很难扩大其生产经营规模；第三，债务筹资对提高股权资本收益率具有重要意义。

最新的研究表明，债务融资对公司治理还存在较大的好处。迈克尔·詹森（Michael. Jensen）等人从自由现金流量使用效率角度来分析负债对公司治理的好处。他们认为自由现金流量是指在经营活动中所产生的、管理者能够控制的现金流量，它可以用于项目投资、支付股利，也可保留为闲置的货币资金。公司经营者如果持有大量自由现金流量而没有或只有较少的债务，这些自由现金流量就可能被滥用而无法提高其效率。从这一点出发，如果公司存在负债就会强化经营者的经营自律，因为负债是需要还本付息的，项目收益率的下降会导致公司负债违约而被迫清算或破产。因此，负债是促使经营者自律并提高公司投资效益的一种有效的管理机制。

西方财务理论在归纳债务筹资利弊时，认为负债好处有两种：一是税收优惠，且税率越高优惠越大；二是增加了对经营者的约束，经营者与股东间的分离越大，负债对经营者的制约作用也越大。其不足主要表现在：第一，增加了企业财务风险和破产成本；第二，增加了股东与债权人间的代理成本，股东与债权人之间的分歧越大，代理成本也越高。

从类型看，企业债务筹资包括银行借款、发行债券、融资租赁、商业信用等多种形式；从所筹资金的期限看，则有长期债务资金（如长期银行借款、长期债券、融资租赁等）和短期债务资金（如短期银行借款、短期融资券、商业信用、保理等）两类。本节将按其类型分别介绍。

一、银行借款

银行借款是指企业根据借款协议或合同向银行或其他金融机构借入的款项，按期限长短可分为短期借款和长期借款两类。由于短期借款相对简单，因此本部分只介绍长期借款。长期借款是企业向银行等金融机构借入的、期限在1年以上的各种借款，它以企业的生产经营及获利能力为依托，用于企业长期资产投资和永久性流动资产需要。

（一）长期借款种类

长期借款按是否提供担保可分为抵押借款、质押借款和信用借款。

抵押借款的抵押品是不动产、机器设备等实物资产，质押借款的担保品是股票、债券等有价证券，企业到期不能还本付息时，银行等金融机构有权处置抵押品或质押物，以保证其贷款安全。信用借款则是凭借企业的信用或其保证人的信用而发放的贷款，它通常由借款企业出具签字文书，借贷双方严格书立借款合同、信守约定。商业银行法及贷款通则均明确规定,只有那些经商业银行审查、评估、确认借款资信良好并确能偿还贷款的企业,方可取得信用借款。

由于信用借款的风险比抵押借款和质押借款的风险要大,因此利率通常较高,且往往附加一些苛刻的限制条件。

(二) 长期借款协议及保护性条款

一旦银行做出长期贷款承诺,就需在一段较长时期内将一定量的资金提供给借款人,为了保护其自身权益,保证到期能收回贷款并获得收益,银行要求企业保持良好的财务状况,特别是做出承诺时的状况。这就是借款协议中的保护条款。如果借款企业财务状况恶化,则银行的利益就可能受到损害,借款协议使得银行拥有干预借款人行为的法律权力,当借款企业由于经营不善而导致违约时,银行可据此采取必要的行为。借款协议的保护条款分为三类,即一般性保护条款、例行性保护条款、特殊性保护条款。

1. 一般性保护条款

包括四项限制条款:流动资本要求、红利与股票再购买的现金限制、资本支出限制以及其他债务限制。其中:(1) 流动资本要求是借款协议中最普遍和最复杂的保护条款,其目的在于维持公司目前的地位及偿还贷款的能力,因此它规定公司在承诺期内必须保持流动资本的最低限额,该限额通常以现有流动资本量和计划流动资本量为基础,允许季节性变动,且以不过分限制企业经营为限,如规定企业保持一定的流动比率和速动比率等。(2) 红利和股票再购买的现金限制旨在限制现金用于业务以外的其他用途,以维持企业的清偿能力,最常用的方法是将支付的红利和股票再购买的现金限制为净利润的一定比率。(3) 资本支出限制是银行用来保证维持公司目前财务状况的一种工具,通过直接限制资本支出,银行就可不必特别注意用于偿还贷款的固定资产的变现问题,但它以不过分限制足够的设备维修和改进为前提。(4) 其他债务限制则旨在防止其他贷款人取得对企业资产的优先求偿权。

2. 例行性保护条款

主要是一些常规条例,如借款企业必须定期向银行提交财务报表;不准在正常情况下出售较多资产,以保持企业正常的生产经营能力;不得为其他单位或个人提供担保;限制租赁固定资产规模,以防止过多的租金支付;禁止应收账款的转让;及时清偿到期债务(特别是短期债务),等等。

3. 特殊性保护条款

它是针对某些特殊情况而提出的若干保护性措施,主要包括:贷款的专款专用;不准企业过多地对外投资;限制高级管理人员的工资和奖金支出;公司某些关键人物在贷款期内须留在企业,等等。

(三) 长期借款利率及预期

影响长期借款利率高低的主要因素是借款期限与借款企业信用。借款期限越长,银行承担的风险也越大,从而要求的借款利率也越高,反之则相反;在期限一定的条件下,借款利率的高低则取决于借款企业的信用状况,信用好或抵押品流动性强的借款企业，其借款利率相对比信用较低、抵押品流动性弱，或者没有抵押担保的借款企业的利率要低。

银企间最终达成的借款协议，往往需要双方进行利率预期，以选择对自身有利的利率制度，并达到博弈均衡。长期贷款利率制度有固定利率制与浮动利率制两种，其中浮动利率通常有高、低限额，并在借款合同中明确其浮动幅度。为节约借款成本，企业必须进行有效的利率预期，并在此基础上灵活采用不同的利率制度，如果预期市场利率上升，则应采用固定利率制；如果预期利率下降，则相应选择浮动利率制。

（四）长期借款偿还

贷款本金的偿还通常有两种方式，即：（1）到期一次性偿还；（2）定期或不定期偿还相等或不等金额的款项，并使借款到期时还清全部本金。从还款方式可以看出，前者能使借款企业在借款期内使用全部所借资金，但到期还款压力大，需要企业在事先做好还款计划与还款准备，如建立偿债基金制等；后者则使借款企业在借款期内边用边还，将还款与用款结合在一起，所用借款额不完整，且实际利率大于名义利率，但偿债压力较小。从根本上说，不论采用何种方式，还本付息均需以所借款项使用后新增的利润及现金流入为依托，如果借款使用后不能产生预期的利润及现金流，则无论采用何种方式都会使企业难以应付；相反，如果所借款项能增加现金流量并使企业收益大幅度增长，则无论采用何种方式对企业偿还借款都影响不大。

因此，为了避免债务危机，企业必须加强还款管理，具体包括：合理选择还款方式，如对于借款期较短或者未来效益较好而借款时间相对较长的，可采用一次还本方式，而对于未来效益一般的借款项目，则可采用分期偿还方式；做好还款规划，即按合同规定的还款方式，结合企业的经营和财务状况、资金市场变动等，做好还款计划和还款准备，建立偿债基金、利用时间差借新债还旧债；提出应急措施，即当债务期限已到而企业暂时又不具备足够的还款能力时，应向银行事先提交有关延期还款申请，续签合同办理展期，或者通过其他融资渠道及时归还借款。

（五）长期借款的优劣分析

与其他筹资方式相比，长期借款筹资具有以下优点：（1）筹资迅速，它主要源于借款手续相对简单、银企间彼此相互了解，以及划款及时等比较优势。（2）借款弹性较大。无论是用款进度或是还款安排，由于只和某一银行进行一对一的协商，因此，有利于企业按照自身的要求和能力，来变更借款数量与还款期限，对企业具有一定的灵活性。（3）税收抵减效应与低成本。（4）易于企业保守财务秘密。向银行办理借款，可以避免向公众提供公开的财务信息，因而易于减少财务信息的披露面，对保守财务秘密有好处。

但是，长期借款也有其不足。主要表现在：（1）筹资风险大。尽管借款具有某种程度的弹性，但还本付息的固定义务仍然存在，企业偿付的压力大，筹资风险较高；另外，企业有时会因过多借款而不能偿付。（2）使用限制多。银行为保证贷款的安全性，对借款的使用附加了很多约束性条款，这些条款在一定意义上，限制了企业自主调配与运用资金的功能。

二、企业债券

企业债券是企业为筹集资金而发行的、约期还本付息的反映借贷关系的有价证券。广义的企业债券是非公司制和公司制企业所发行的债券的总称。由于有资格发行债券的企业多数是公司（包括股份有限公司与有限责任公司），因此，狭义上的企业债券即指公司债券，简称公司债。本书所述的企业债券一般指公司债。

（一）企业债券类型

(1) 按有无特定的财产担保，分为抵押债券和信用债券。
(2) 按是否记名，分为记名债券和无记名债券。
(3) 按能否转换为本公司股票，分为可转换债券和不可转换债券。
(4) 按能否提前赎回，分为可提前赎回债券和不可提前赎回债券。①可提前赎回债券是企业按照发行时的条款规定，依一定条件和价格在企业认为合适的时间赎回债券，这类债券的好处就在于：当利率降低时，企业可用"以新换旧"的办法，赎回已发行的利率较高的债券，代之以发行新的、利率相对较低的债券，以降低债务成本。这种做法在财务上称为债券再融资（bond refunding）②不可提前赎回债券是指依债务契约条款不能从债权人手中提前赎回的债券，它只能在证券市场上按市场价格买回，或等到债券到期后收回。

（二）债券筹资的一般管理

利用债券方式进行筹资是企业筹资的重要途径。随着我国市场经济的发展，特别是证券市场的不断完善，债券筹资备受企业重视，债券筹资管理也成为企业筹资管理的一项重要内容。

1. 债券发行资格与发行条件

只有股份有限公司、国有独资公司和两个以上的国有企业或者其他两个以上的国有投资主体投资设立的有限责任公司，才有资格发行企业债券。由于股东只以其出资额对企业盈亏承担有限责任，因此从法律上规定债券发行资格和发行条件，有利于保护债券持有者的权益，包括两方面的保护：(1) 债券本金收回的安全性；(2) 债券投资的收益性。

2. 发行决议的做出

债券发行事关企业发展，并对股东权益产生直接或间接影响。企业在实际发行债券时，必须按公司法人治理结构与财务分层管理思想，由董事会提出发行方案，由股东会做出决议；国有独资公司发行公司债，由国家授权投资的机构或者国家授权的部门做出决定。

3. 发行价格决策

债券的发行价格是指发行公司（或其承销机构，下同）发行债券时所使用的价格，也即投资者向发行公司认购债券时实际支付的价格。公司在实际发行债券之前，必须进行发行价格决策。

(1) 影响发行价格的因素有债券面额、票面利率、市场利率、债券期限等。其中，债券期限决定投资风险，期限越长，其投资风险越大，从而要求的投资报酬率也越高，债券发行价格就可能越低；反之，期限越短，其投资风险越小，从而要求的投资报酬率也相应越低，债券发行价格就可能越高。

(2) 债券发行价格确定方法。理论上讲，债券的投资价值由债券到期还本面额按市场利率折现的现值与债券各期债息的现值两部分组成。发行价格的具体计算公式为：

$$债券发行价格 = \sum_{t=1}^{n} \frac{债券面额 \times 票面利率}{(1+市场利率)^t} + \frac{债券面额}{(1+市场利率)^t}$$

其中，t 代表付息期数，市场利率通常指债券发行时的市场利率。

按照上述公式所确定的发行价格，理论上等同于债券实际投资价值。由于票面利率与市场利率的差异，从而债券的发行价格可能出现三种情况，即平价、溢价与折价。具体为：当票面利率高于市场利率时，债券的发行价格高于其面额，即溢价发行；当票面利率等于市场利率时，债券的发行价格等于其面额，即平价发行；当票面利率低于市场利率时，债券的发行价格低于其面额，即折价发行。

在上述计算公式中，假定不同时期的收益所用的贴现率（即市场利率）等同于发行时的市场利率，其实是一种简化的做法。从理论上看，越迟发生的收益，所用的贴现率应当越高。这是因为：第一，风险因素。收益越迟发生，收回投资的时间越晚，不确定的因素越多，承担的风险也就越大，相应的报酬率越高，从而折现市场利率也越高。第二，流动性偏好。投资者总是希望手中的资金或金融资产有较大的灵活性，因此在选择债券时，人们可以购买长期债券，也可分期购买短期债券，以保持较大的灵活性。如果两种债券的贴现率相同，人们将倾向于购买短期债券，从而不利于吸引投资者的长期投资。为了吸引投资者的长期投资，企业必须提供比短期债券更高的收益，即降低债券价格，提高贴现率。第三，通货膨胀影响。由于人们对未来通货膨胀率估计不准，从而使债券的名义利率与实际利率因通货膨胀率而产生较大偏差，为了补偿通货膨胀及购买力风险，必须以提高收益率方式进行补偿，从而长期债券的贴现率高于短期债券利率，债券后期利率高于前期利率。

4. 债券发行种类选择

决定债券发行种类的因素主要有两个：(1) 债券筹资的市场吸引力。如果发行公司认为企业在投资者心目中有相当高的吸引力，则可发行普通的、无附加条件的债券；反之，则宜选择有附加条件的、对投资者有吸引力的债券，如抵押债券等。(2) 资本结构调整的需要。有的债券有利于资本结构的调整（如可转换债券），而有些则调整弹性小（如一般的到期还本付息债券）。因此，企业在选择债券种类时，应当考虑财务弹性的需要。

(三) 债券调换：以新换旧决策

在企业发行附可提前赎回条款的债券情况下，如果市场利率低于原来已发债券的利率，此时可以动用可赎回条款，以新换旧。因此可赎回条款对公司是有利的。当然，债券持有人也会考虑该条款对他自身价值的影响，企业所得正是债券持有人所失，因此在资本市场有效的情况下，可赎回条款属于一种零和博弈。

如，某企业在5年前发行了一笔期限20年、年利率10%的可提前赎回债券，金额为1 000万元，假定现在市场利率为6%。企业拟进行以新换旧发行。两种债券的基本情况如表4－2所示。

表4－2　　　　　　　　　　已发旧债与拟发新债　　　　　　　　　单位：万元

	已发旧债券（10%）	拟发新债券（6%）
金额	1 000	1 000
利率	10%	6%
期限	20年（已发行5年，剩余年限15年）	15年
发行成本	22	11
已摊销发行成本（直线法）	5.5（22/20×5）	—
提前赎回溢价率	按面值2%	—
税率	30%	30%

（1）计算换债时的现金流出量。按照表4－2可计算换债的实际净投资额，如表4－3所示。

表4－3　　　　　　　　　换债决策：实际净投资额　　　　　　　　单位：万元

	现金流出量
收回旧债	1 000
收回旧债时的溢价成本（按面值的2%）	20
新债发行成本	15
发行新债的现金流入量	－1 000
换债净投资额	35

由于收回旧债的溢价成本（20万元）、旧债未摊销发行成本（22－5.5＝16.5）作为当期财务费用，因此，企业由此而少缴所得税为：（20＋16.5）×30%＝10.95万元，换债的实际净投资额为：35－10.95＝24.05万元。

（2）进一步计算换债后的成本节约额，其计算过程如表4－4、表4－5所示。

表4－4　　　　　　　　　　旧债年现金流出数　　　　　　　　　　单位：万元

	财务费用	现金流出量
利息（10%）	100	100
年成本摊销（22/20）	1.1	
费用总额	101.1	
税收抵减（30%）	101.1×30%＝30.33	－30.33
现金净流出量		69.67

表 4-5　　　　　　　　　　　新债年支出数　　　　　　　　　　单位：万元

	财务费用	现金流出量
利息（6%）	60	60
年成本摊销（15/15）	1	
费用总额	61	
税收抵减（30%）	61×30% = 18.3	-18.3
现金净流出量		41.7

以新换旧的年现金流出量节约额：69.67 - 41.7 = 27.97（万元）。

（3）用 NPV 法进行决策。企业以新换旧后每年可节约现金流出量为 27.97 万元，15 年以 6% 作为贴现率，其节约额现值为 27.97 × 9.712 = 271.64（万元）（9.712 为期限 15 年、贴现率 6% 的年金现值系数），而现时的净投资额为 24.05 万元，从 NPV 法角度，换债行为大大节约了成本。

（四）债券评级

对投资者而言，购买债券需要承担一定的风险，因此需要在事先进行调查。但个人的能力和时间都不能保证其对发债公司的信用判断，因此一些有权威的中介评级机构应运而生。目前，国际上最为著名的债券等级评估机构有穆迪投资者服务公司（Moody's Investor Service）和标准普尔公司（Standard &Poor's）。从另一方面看，发行人也需要债券评级，这是因为高等级的信用意味着低的筹资成本，因此公司总是愿意在其自身信用较好、盈利能力较强的时候能借助于评级公司的信用等级，来提升自身的融资能力和市场财务形象。

评级公司一般按财务状况和经营成果，将被评级公司划分为不同的等级，其划分的依据主要有：（1）公司的财务比率，如负债率、利息倍数、流动比率等，这些指标主要是考虑公司的偿债能力或付现能力；（2）债券有无担保；（3）债券求偿权的次序，求偿权越优先，则级别越高；（4）有无偿债基金；（5）公司经营的稳定性等。

不同评级公司有不同的等级序列，但基本含义是一致的。表 4-6 列示的是穆迪公司和标准普尔两公司的等级划分：

表 4-6　　　　　　　　　　两大评级公司之等级比较

机构名称	较高等级	高级	投机级	低级
标准普尔	AAA/AA	A/BBB	BB/B	CCC/CC/CD
穆迪	Aaa/Aa	A/Baa	Ba/B	Caa/Ca/C/D

> **相关链接**
>
> 证监会颁布的《公司债券发行与交易管理办法》规定，公司债券可以公开发行，也可以非公开发行。发行公司债券，发行人应当依照《公司法》或者公司章程相关规定对以下事项做出决议：(1) 发行债券的数量；(2) 发行方式；(3) 债券期限；(4) 募集资金的用途；(5) 决议的有效期；(6) 其他按照法律法规及公司章程规定需要明确的事项。发行公司债券，如果对增信机制、偿债保障措施做出安排的，也应当在决议事项中载明。
>
> 资信状况符合以下标准的公司债券可以向公众投资者公开发行，也可以自主选择仅面向合格投资者公开发行：(1) 发行人最近三年无债务违约或者迟延支付本息的事实；(2) 发行人最近三个会计年度实现的年均可分配利润不少于债券一年利息的1.5倍；(3) 债券信用评级达到AAA级；(4) 中国证监会根据投资者保护的需要规定的其他条件。未达到前款规定标准的公司债券公开发行应当面向合格投资者；仅面向合格投资者公开发行的，中国证监会简化核准程序。非公开发行的公司债券应当向合格投资者发行，不得采用广告、公开劝诱和变相公开方式，每次发行对象不得超过二百人。

三、融资租赁

租赁是出租人以收取租金为条件，在契约或合同规定的期限内，将资产租给承租人使用的一种经济行为。资产所有权与使用权相分离这一特性，决定了任何形式的租赁关系都有别于一般意义上的资产买卖关系。租赁关系的构成涉及四个基本要素，即出租人、承租人、租金、租赁资产。将租赁业务区分为经营租赁和融资租赁是国际通行做法，其划分依据是租赁活动的目的和投资回收方式。

经营租赁是指仅为满足临时或短期使用资产的需要而进行的租赁活动，它是传统意义上的租赁行为。在该方式下，承租人只为短期或临时需要而租进资产以便使用，而并不企图添置资产；承租人的租赁目的不在于通过租赁而融资，而在于通过租入设备以取得短期内的使用权和享受出租人提供的专门技术服务。出租人可将其资产多次出租，从不同承租人处收回投资，在租期内，出租人提供设备的维修服务。因此，它又称营业租赁或服务租赁，不属于借贷关系的范畴。

(一) 融资租赁特征及其种类

融资租赁是由出租人（租赁公司）按照承租人（承租企业）的要求融资购买设备，并在契约或合同规定的较长期内提供给承租人使用的信用业务。它是通过融物来达到融资的目的，是现代租赁的主要形式。作为一种经济活动和交易行为，交易双方同样需要注重交易的风险与报酬，国际会计准则正是以与租赁资产所有权有关的风险与报酬归属于出租人或承租人的程度为依据来区分融资租赁和经营租赁的。与租赁资产所有权有关的风险，包括由于生产能力的闲置或工艺技术的陈旧可能造成的损失，以及由于经济情况变动可能造成的收入变动;与租赁资产所有权有关的报酬,是指在资产的经济使用年限内预期出现有利的经营以及因资产升值或余值变现可能获得的收益。国际会计准则委员会发布的《国际会计准则》(IAS17 号)认为,一项租赁交易中,如果与资产所有权有关的全部风险与报酬实质上已经转移,这种租赁就应归类于融资租赁。

1. 融资租赁的特征

主要有:(1)融资与融物相结合。在租赁期内,出租人与承租人之间形成的债权债务关系属于信用范畴,但租赁与借贷的具体形式不同,融资租赁集融资与融物于一体,而不同于银行信贷关系上的纯粹融资目的。由此也可看出,专业租赁公司具有银行与经营双重职能,属于非银行金融机构。(2)设备租赁期较长。按国际惯例,租赁期一般接近资产经济使用年限的 70%~80%。我国有关制度规定,其租赁期不低于经济使用寿命的 50%。(3)不得任意中止租赁合同或契约。基于租赁资产风险与报酬考虑,在租赁双方签订合同后,在规定期限内不得中止合同,以维护双方的权益。(4)租赁期满后,按事先约定的方式来处置资产,或退还,或续租,或留购。在多数情况下,一般由承租人支付少量价款,即留购资产,取得其所有权。(5)租金较高。西方经验表明,融资租赁的租金总额一般要高出其设备价款的 30%~40%。

2. 融资租赁种类

从出租人角度,按其所出租资产的投资来源不同,将融资租赁分为直接租赁、售后回租和杠杆租赁三种。

(1)直接租赁。它是出租人直接将购入设备租给承租人,直接签订合同并收取租金,它涉及出租人与承租人两个当事人。通常所指的融资租赁,不做特别说明时即为直接租赁。

(2)售后回租。它是指先将资产售出,再向购买者租回的租赁形式。通过回租方式,承租人既可将所购置资产设备变现,又可继续使用该项资产。其租赁程序是先做资产买卖交易,然后再进行资产租赁交易。

(3)杠杆租赁。在租赁设备的购置成本很大的情况下,由出租人独自承担其购置成本(称之为单一融资租赁)的情况较少,此时,出租人只承担资产购置成本的小部分(一般为 20%~40%),而大部分由银行等金融机构提供贷款补足,因此,出租人既是资产的出借人,同时又是贷款的借入人,通过租赁既要收取租金,又要偿还债务本息。由于租赁收益大于借款成本,出租人借此而获得财务杠杆好处。因此,这种租赁形式被称为杠杆租赁。杠杆租赁是目前最为复杂的融资方法之一。

(二)租还是买:融资租赁决策

融资租赁决策是指就购入还是租入进行决策。它所涉及的决策变量主要是现金流。

1. 关于购入和租入的现金流量分析

(1)对于借款购入设备而言,借款要求还本付息构成企业现金流出,同时借款利息和设备折旧在税前扣减,减少了现金流出。如果设备有残值,其收回也构成现金流入。(2)对于融资租入设备而言,每期租金引起现金流出,而租金在税前列支,减税效应又减少了现金流出。在实际决策中，需要对这两种方案的现金流量进行折现，比较其净现值。

2. 如何进行决策：实例分析

已知：某企业需投入一设备，价值20万元，折旧期5年（直线法），无残值。现有两方案：一是借款购入，借款年利率为10%，并且要求在5年内均衡还清；二是采用租入方式，每年需支付4.5万元租金。假定企业所得税率为40%。如何进行财务决策？

（1）按题意，先求出贷款购置设备每年需还款的数额，由于每年均衡还款，因此每年还款额 = 20/3.791 = 5.2756万元（3.791为期限5年、利率为10%的年金现值系数）；

（2）列表求出借款购入设备的净现金流出量，如表4-7所示。

表4-7　　　　　　　　购入设备的净现金流出量分析

年度 a	利息支出 b	本金支出 c	支出总额 d=b+c	贷款余额 e	年折旧额 f	可抵税支出 g=b+f	税收减少 h=g×40%	净现金流出 i=d-h
1年	2	3.2756	5.2756	16.724	4	6	2.4	2.876
2年	1.672	3.603	5.2756	13.12	4	5.672	2.269	3.007
3年	1.312	3.964	5.2756	9.156	4	5.312	2.125	3.151
4年	0.916	4.36	5.2756	4.796	4	4.916	1.966	3.31
5年	0.48	4.796	5.2756	0	4	4.48	1.792	3.484

注：h项表示因税前列支而节约的所得税款，它构成现金流出的减项。

（3）假定企业采用税后债息率，即10%×(1-40%) = 6%对企业的现金流出量进行折现，则用借款购入的设备成本的现值为：

$$PV = 2.867/1.06 + 3.007/1.06 + 3.151/1.06 + 3.31/1.06 + 3.484/1.06$$
$$= 13.2597（万元）$$

（4）分析融资租入设备的现金净流出量的现值，如表4-8所示。

表4-8　　　　　　　融资租入设备的现金净流出量分析

年度（1）	租金支出（2）	税收减免（3）=（2）×40%	净现金流出量（4）
0年	4.5	1.8	2.7
1年	4.5	1.8	2.7
2年	4.5	1.8	2.7
3年	4.5	1.8	2.7
4年	4.5	1.8	2.7

通过计算，求年金现值（6%）：PV = 2.7 × 3.212 = 8.6724（万元）（3.212 为贴现率 6%、期限为 4 年的即付年金现值系数）。

（5）比较：上述计算表明，通过借款购入需支付的现金的现值总额为 13.2597 万元，而通过融资租入的现金流出量的现值总额为 8.6724 万元，因此利用融资租入方案比较有利，企业可借此而获得设备的使用权。

（三）融资租赁优劣分析

融资租赁作为一种全新的融资方式，具有以下突出优点：（1）节约资金、提高资金的使用效益。（2）简化企业管理，降低管理成本。租入设备比贷款自购设备能在采购环节节约大量的人力、物力、财力；同时，出租人对出租设备的运转调试也能在一定程度上减少承租人资金投入。（3）增加资金调度的灵活性。融资租赁使企业有可能按照租赁资产带来的收益的时间周期来安排租金的支付，从而使企业现金流入与流出同步，有利于现金调度与协调。另外，由于租赁双方不得中止合同，因此在通货膨胀情况下，承租人等于用贬值了的货币去支付其设备价款，从而对承租人有利。

相对而言，融资租赁也存在租金高、成本大、资产使用风险大等诸多不足。

> 税收是决定是否租赁时的一个重要考虑因素。哪些情形下更有可能选择租赁：一家高税率但盈利颇丰的公司，还是一家低税率但利润较低的公司？为什么？

四、其他融资方式

（一）短期融资券和中期票据

短期融资券和中期票据是指企业在银行间债券市场发行（即由国内各家银行购买不向社会发行）和交易的，并约定在一定期限内还本付息的有价证券。短期融资券和中期票据已经成为我国非金融企业直接融资的主要券种，目前发行短期融资券和中期票据的企业大多是国有企业。

（二）保理融资

保理业务是以债权人转让其应收账款为前提，集应收账款催收、管理、坏账担保及融资于一体的综合性金融服务。债权人将其应收账款转让给商业银行，由商业银行向其提供下列服务中至少一项的，即为保理业务：（1）应收账款催收：商业银行根据应收账款账期，主动或应债权人要求，采取电话、函件、上门等方式或运用法律手段等对债务人进行催收。（2）应收账款管理：商业银行根据债权人的要求，定期或不定期向其提供关于应收账款的回收情况、逾期账款情况、对账单等财务和统计报表，协助其进行应收账款管理。（3）坏账担保：商业银行与债权人签订保理协议后，为债务人核定信用额度，并在核准额度内，对债权人无商业纠纷的应收账款，提供约定的付款担保。（4）保理融资：以应收账款合法、有效转让为前提的银行融资服务。

（三）集团授信

集团授信是指商业银行对集团客户统一进行授信管理，包括贷款、拆借、贸易融资、票据承兑和贴现、透支、保理、担保、贷款承诺、开立信用证等。商业银行对集团客户授信，应由集团客户总部（或核心企业）所在地的分支机构或总行指定机构为主管机构。主管机构应负责集团客户统一授信的限额设定和调整或提出相应方案，按规定程序批准后执行。

（四）资产证券化

资产证券化是指以特定资产组合或特定现金流为支持，发行可交易证券的一种融资形式。自1970年美国的政府国民抵押协会首次发行以抵押贷款组合为基础资产的抵押支持证券——房贷转付证券，完成首笔资产证券化交易以来，资产证券化逐渐成为一种被广泛采用的金融创新工具，得到了迅猛发展。广义的资产证券化是指某一资产或资产组合采取证券资产这一价值形态的资产运营方式，它包括以下四类：（1）实体资产证券化：即实体资产向证券资产的转换，是以实物资产和无形资产为基础发行证券并上市的过程。（2）信贷资产证券化：就是将一组流动性较差的信贷资产，如银行的贷款、企业的应收账款，经过重组形成资产池，使这组资产所产生的现金流收益比较稳定并且预计今后仍将稳定，再配以相应的信用担保，在此基础上把这组资产所产生的未来现金流的收益权转变为可以在金融市场上流动、信用等级较高的债券型证券发行的过程。（3）证券资产证券化：即证券资产的再证券化过程，就是将证券或证券组合作为基础资产，再以其产生的现金流或与现金流相关的变量为基础发行证券。（4）现金资产证券化：是指现金的持有者通过投资将现金转化成证券的过程。

相关链接

REITs（Real Estate Investment Trusts，房地产投资信托基金）是一种以发行收益凭证的方式汇集特定多数投资者的资金，由专门投资机构进行房地产投资经营管理，并将投资综合收益按比例分配给投资者的一种信托基金。与我国信托纯粹属于私募性质所不同的是，国际意义上的REITs在性质上等同于基金，少数属于私募，但绝大多数属于公募。REITs既可以封闭运行，也可以上市交易流通，类似于我国的开放式基金与封闭式基金。

REITs的特点在于：（1）收益主要来源于租金收入和房地产升值；（2）收益的大部分将用于发放分红；（3）REITs长期回报率较高，与股市、债市的相关性较低。REITs的魅力在于：通过资金的"集合"，为中小投资者提供了投资于利润丰厚的房地产业的机会；专业化的管理人员将募集的资金用于房地产投资组合，分散了房地产投资风险；投资人所拥有的股权可以转让，具有较好的变现性。

第四节 可转换债券与认股权证

资本市场的高度发达和金融工具的不断创新为企业筹资提供了新的机会。本节主要介绍可转换债券和认股权证两种新型筹资方式。

一、可转换债券筹资

可转换债券是一种在发行当时签订的契约中明文规定附有可以转换为普通股票选择权的公司债券。该选择权的行使条件是，当该公司普通股市价上升到契约中事先规定的"转换价格"以上时，公司债券持有人即可行使其转换权，从而成为公司股东。

（一）转换价格/转换率及转换权保护

可转换债券的转换价格实际上是一定面额的可转换债券与公司股票之间的转换比例。它与转换率属互逆关系。如契约规定面额1 000元的可转换债券的转换价格为50元，则意味着该债券可转换为20张普通股票，转换率即为20∶1。

一般情况下，在债券的寿命期内，转换价格或转换率是固定不变的，但出于促使持券人尽快转换的需要，公司有时会采用升级转换价格的方式，即按转换的不同时间段分为不同的转换价格，而且时间越是向后推迟，其转换价格越高，从而每张债券转换成股票的股数也越少，通过这种方式来刺激持券人尽快转换。

可转换债券的持有人在一定前提下会将手中的债券转为股票，公司股票价格高低是持有人考虑是否转股的主要依据。但为保护发行企业原有股东权益，或者为保护持券人的利益，在可转换债券条款中一般都要写明赎回条款或回售条款。其中，赎回条款是指发行人在一定条件下（如流通股收盘价连续30个交易日高于当期转股价的150%等），有权以面值的一定比例（如110%）赎回部分或全部未转换债券，以保护原股东权益。而当公司流通股股价在一定的条件下（如股价连续30个交易日低于当期转股价格的70%等），持券人有权以可转换债券面值的一定比例（如105%）将可转换债券回售给发行人，以保护债券持有人的权益。

（二）发行可转换债券的优势

可转换债券的优势可从两个角度来解释，一是从持券人角度；二是从发行公司角度。

从债券持有人角度，它具有以下优点：（1）与普通债券一样，此类债券持有人可获得固定性债息收益；（2）持券人是否行使转换选择权视公司股价而定，从而有利于债券持有人的自身利益保护；（3）一旦行使转换权，持有人将成为公司股东，从而有权分享公司剩余。转换作为一种选择权，其价值也就在于发行公司股价上升潜力，潜力越大，选择权价值也越高，从而对持券人也越有利。

从发行公司角度，除利用可转换债券达到预期筹资目的外，它具有以下优点：

(1) 债券转股权后,减轻和消除了公司到期还本付息的压力和债务风险,减少了现金流出量。(2) 利用债券发行可避开股票低价发行的不足,并取得转换溢价。(3) 增加公司股市上升的信心。可转换债券发行本身就是一种市场信号,它预示着公司发展潜力大,从而有利于增强股东投资信心,并最终带动股市上扬。(4) 由于可转换债券选择权本身具有其吸引力(即对未来投资收益期望较高),从而发行公司可按高于同类普通债券的价格卖出,可以取得高额筹资。如普通债券可按其投资价值(如980元)出售,而可转换债券则可在票面利率降低的同时,定价1 000元,其中的20元即是其多筹部分。但是,可转换债券能否实现转换对公司是一种考验,一旦转换不成或部分转换,公司将要付出较高代价赎回;另外,如果公司股价长期达不到转换条件,将会对公司的资本结构造成较大的影响。

(三) 可转换债券价值估计模型

可转换债券的价值涉及三项内容,即债券纯粹投资价值、转换价值和选择权价值。

1. 债券纯粹投资价值

这是指假定可转换债券不可转换为股票时的价值,它可用一般债券估价模型来确定,即:

$$债券价值 = \sum_{t=1}^{n} \frac{I}{(1+i)^t} + \frac{P}{(1+i)^t}$$

式中,I 代表债券每期利息额,P 为债券面额,i 为投资者必要报酬率,t 为债券期限。纯粹投资价值是可转换债券的最小价值,即底线,可转换债券价值不可低于这一下限。决定下限价值的主要因素是公司风险。对高风险公司而言,投资者一般要求较高风险贴补率,而提高风险贴补率意味着相应降低公司价值。当公司价值为零时,债券的纯粹投资价值也为零;而当公司价值提高时,债券投资价值在到期前至多为无风险利率债券价值。

2. 转换价值

转换价值是可转换债券价值确定的第二个因素。转换价值是指可转换债券按当前市场价格转换为公司股票时的价值。用公式表示即:

$$转换价值 = 转换比率 \times 股票市场价格$$

可转换债券的实际市场价格总是大于或等于其纯粹投资价值和转换价值中较大者,个中原因在于市场。如果可转换债券按低于底价出售,则投资者将认为该债券有利可图,从而争相购买,其结果是驱使其售价回到底价;同样道理,可转换债券也不会在低于转换价值时出售,如果那样,投资者将会通过套利行为,即按较低的价格购进可转换债券并立即换成普通股,而后抛售股票即可套购获利,当套购者行为大量发生时,该债券会由于供不应求而使其价格回升到转换价值。因此,纯粹投资价值和转换价值中的较大者组成一条曲线,它代表着可转换债券的"价格底线"。

3. 选择权价值

由于可转换债券赋予其持有人未来行使或者放弃将债券转换为公司股票的权力,

因此持有人可以等待时机,根据纯粹投资价值和转换价值孰高孰低决定是否行使权力。选择权为投资者增加了盈利机会,它自身具有价值。这就表明,选择权价值的存在提高了可转换债券的价值,它会略高于债券纯粹投资价值或转换价值。高出的部分即为选择权价值。

小结:

$$可转换债券价值 = MAX(债券纯粹投资价值,转换价值) + 选择权自身价值$$

如何确定可转换债券价值?这是一个相当难的问题。用例子来解释。

例如,某公司准备发行面值1 000元、期限20年、年利率10%的可转换债券,约定的转换率为20:1,转换价格为每股50元。如果债券不可转换,按照市场对公司信用的评价,则其年利率要求为13%。由此,可计算出该债券的纯粹投资价值,即:

$$B = \sum_{t=1}^{20} \frac{100}{(1+13\%)^t} + \frac{1\,000}{(1+13\%)^{20}} = 789(元)$$

假定公司现时股价为35元,股票价格每年将以8%递增;而且,该债券10年内公司不可赎回,10年后公司将按面值1 000元赎回。则可计算并得出以下结论:

(1)公司现时($t=0$)股价为35元,转换后的转换价值为700元,即20×35,它低于其纯粹投资价值(789元的底价),持券人是不会自动转换的。当公司股市达到不低于其纯粹投资价值水平时,其转换才有可能。

(2)实际上,转换价值是一条随时间(t)增长的函数,从本例看,转换价值$C_t = 35 \times (1+8\%)^t \times 20$,该函数值与债券投资价值等值的时间点为$t = 1.555$年。当然转换价值线本身也是持券人的期望值。上述计算表明,普通股的市价和转换率越高,则其转换价值也越高,从而其转换溢价也越大。

(3)随着时间的推移,可转换债券的市场价格与其"价格底价"之差,即转换溢价会越来越小。在本例中,到了10年末溢价额为0。这是因为:第一,假定该公司每股股票股利在发行之初为2.8元,且以8%的速度递增,而债券的年利息则是固定的(100元),到了某一点,股东从20股中所得红利($20 \times 2.8 = 56$)的递增额将大于债息;而过了这一时点,持有债券(而不是转换成股票)的机会成本会变得越来越大;第二,10年后,公司有权以1 000元的价格赎回债券,而债券持有者要么以转换价值$C_t = 700 \times (1+8\%)^{10} = 1\,511$将债券转换成普通股,要么接受1 000元的赎回现金。显然,持券人会选择转换。

上述例子中的有关变量及期望值,可用图4-2表示。

(四)可转换债券发行规范

作为一种新型筹资工具,可转换债券发行与否应由公司最高权力机构来决策。按照我国规定,上市公司经股东大会决议后可以发行可转换债券。同时,可转换债券的发行人除必须具备发行普通公司债券的条件外,还应符合发行股票条件。

从保护投资者利益角度,可转换债券的发行人在发行此类债券时,必须明确相关条款,如转换价格或转换率、转换期、转换权保护等,并在公司新股发行、附认股权证发行、股票分割和股票股利发放等特殊情况出现时,进一步列明具体保护条款。

图 4-2

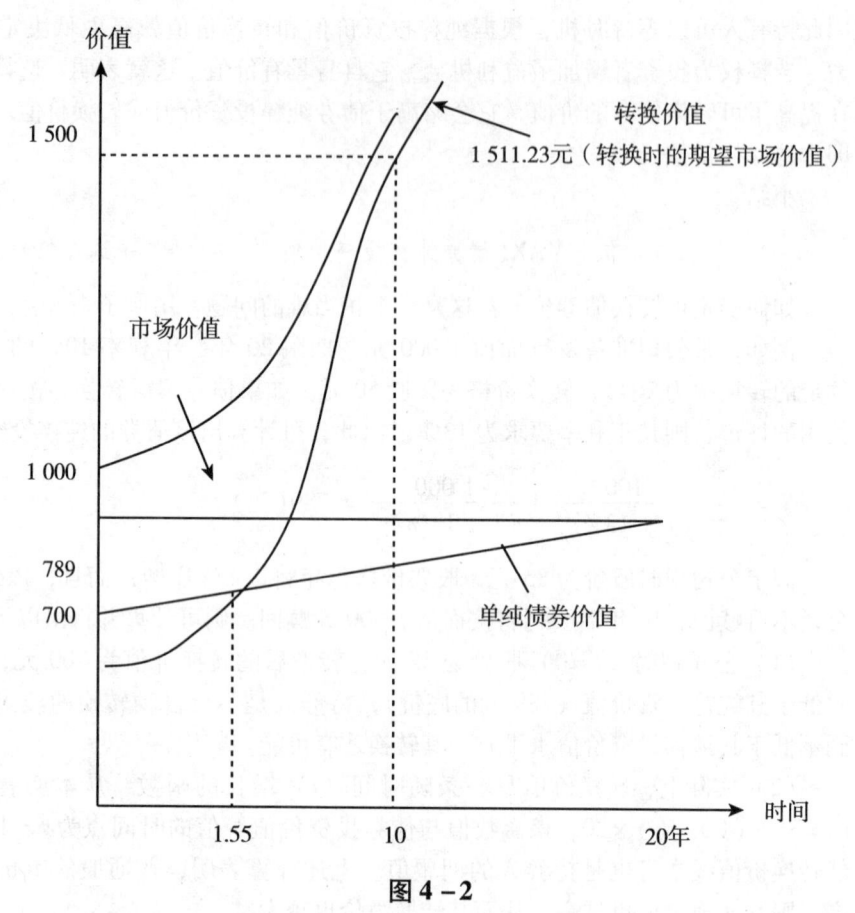

注：1.55 年的求法为：$700 \times (1+8\%)^t = 789$，用自然对数法即可求出；同理，图中的点，也可用 $20 \times 2.8 \times (1+8\%)^t = 100$ 等式，并用对数求出，得 $t = 7.53$ 年。

二、认股权证

（一）认股权证的概念与特征

认股权证是由公司发行的授权其持有者按预定价格优先购买一定数量普通股的权证。认股权证所附证券主要包括普通股与公司债券，因此它有两种形式，即附认股权的普通股筹资与附认股权的债券筹资。在实际经济活动中，它常伴随债券一同发行，旨在刺激投资者购买公司较低利率的长期债券。

附债券的认股权证可以同债券分离，也可联结在一起。可分离的认股权证可以与债券分开出售，如，持有人保留债券而售出认股权证，或者反之；不可分离的认股权证则不能与债券分开出售，它只有债券持有人行使了优先认股权并购买了股票之后才可以与债券分开。

认股权证对持有人而言类似于购买期权，持有人在规定的期限内可以按行权价格购入股票（一般高于当时市场价格的 10%~30%），也可以放弃权利，或者直接转让。行权价格是指认股权证规定的股票购买价格。促使认股权证持有人行使认股权利的原因主要有：第一，股票市价超过认股权证的行使价格；第二，公司增长潜力大，未来盈利前景看好；第三，公司提高了派息率。

如果说，可转换债券的转换权行使并不意味着增加公司资本量，而只意味着资本结构的改变，那么，附认股权证的行使则直接意味着新增公司资本。

（二）认股权证理论价值

认股权证只有在股票市场价格上升的条件下才具有价值。认股权证的理论价值 = $N \times P - E$，式中，N 为一张认股权证可以购买的普通股的股数，P 为普通股市场价格，E 为凭一张认股权证购买 N 股普通股的价格。如某公司的普通股的价格为 15 元，而该公司认股权证的购股价格为 10 元，每张认股权证可以购买 1 张普通股，则其理论价值 = $1 \times 15 - 10 = 5$ 元。

一般而言，认股权证的理论价值是出售认股权证的最低价值，即底价。如果认股权证的市场价格低于其理论价值，则套利行为就会产生，即购入认股权证，凭证购买股票，再将买来的股票抛售出去。当套利行为大量发生时，套利的最终收益应等于零。一旦套利行为在瞬间发生而套利的收益瞬间为零，则认为市场是完全有效的。

认股权证的理论价值可以用附认股权债券来解释，用公式表示即：

$$认股权证价值 = 附认股权证债券发行价格 - 纯负债价值$$

（三）认股权证的实际市场价格

认股权证的理论价值是认股权证出售的市场底价。在一般情况下，其实际市场价格会高于理论价值，高出的部分为"超理论价值溢价"。形成溢价的主要原因是，认股权证作为一种投资具有获利的杠杆作用，即用同额资本投资到认股权证而获取的收益额可以是投资到普通股获利的若干倍。如某公司的股票认购价格为 20 元，当股票价格升至 21 元时，认股权的理论价值为 1 元。假定某投资者现在正考虑向该公司投资，如果买进 1 股后股票价格上涨到 42 元，则股票投资的资本收益率为 100%，即 $(42 - 21) \div 21$；而如果该投资者以认股权的理论价值 1 元购进认股权，则其资本收益率为 2 000%，即 $(21 - 1) \div 1$。同时投资认股权证的潜在总损失为 1 元，而投资股票的潜在总损失为 21 元。因此，高潜在资本收益和有限的投资损失，使得认股权证的交易极富刺激性，从而也相应带动认股权证自身的交易价格会远高于其理论价值。

（四）利用认股权证筹资的好处

利用认股权证筹资的最大好处在于降低筹资成本。对于增长速度很快的公司而言，利用债券和优先股筹资很可能被要求很高的报酬率，因为潜在投资者只有在高价位的利率水平上才能接受此类风险证券，因此筹资成本很高；但是，如果将此类债券附上认股权证，由于收益潜质的预期，公司可以降低其证券必要报酬率。对投资者来说，如果对公司收益潜力的预期非常乐观，也将乐意接受现时较低的投资收益率，以期取得未来较大的风险收益。

认股权证价值是建立在预期之上的。对于投资者而言，由于杠杆作用的存在，使得认股权证的行使成为一种高收益的投资,但需以公司未来股价上升为基础;离开这一基础,选择权将不会被行使,从而其投资也会造成损失。

本章小结

筹资是为了投资,筹资效益的好坏在一定程度上决定着投资效益的高低。本章介绍筹资决策的基本问题。主要包括以下方面:(1)筹资的基本分类。理解这些分类有助于加深对筹资决策所涉及的核心问题的了解。(2)构建公司治理下的财务筹资决策机制及决策内容。(3)对各种不同的筹资方式涉及的决策,从价值方面进行量化决策,如债券调换决策、融资租赁等。(4)选择权筹资是高度发达的金融市场的体现,因此如何从价值上来评估其价值,对提高筹资效益、开拓新型的筹资方式非常重要。(5)介绍最新发展起来的若干权益和债务融资方式,如创业风险投资、短期融资券和中期票据等。

■ **关键词汇**

长期筹资(long-term financing)　　普通股(common stock)
优先股(preferred stock)　　创业风险投资(venture capital)
融资租赁(financial leases)　　认股权证(warrants)
可转换债券(convertible bonds)

思考题

1. 什么是筹资组合?从理论上分析各种组合的财务意义。
2. 筹资决策程序主要包括哪些内容?
3. 普通股筹资具有哪些优缺点。
4. 投资银行在企业发行股票过程中发挥什么样的作用?
5. 债券评级的内容和作用是什么?

练习题

1. 票面利率为8%,报价为950元的债券,你在8月15日最多应为其支付多高的价格?假设该债券每半年支付一次利息,分别在6月1日和12月1日。
2. 一项资产耗费50 000元,有效使用期限为5年,而且没有残值。假定这项资产将以直线折旧法计提折旧。公司所得税税率为34%。担保债券的相关利息率为10%。每年的租金额为12 500元,且都在5年中的每年年末支付。请问对于承租人来说,每年的现金流出为多少?该项租赁的净现值为多少?
3. 在上述第2题的租赁中,当每年支付额为多少时,租赁该资产与购买该资产对于承租人来说无差异?
4. 经发公司按年利率5%向银行借款100万元,期限3年;根据公司与银行签订的贷款协议,银行要求保持贷款总额的15%作为补偿性余额,不按复利计息。要求:试计算经发公司实际可用的借款额和实际负担的年利率。

小组讨论

腾讯：公司融资案例解析

当公司步入"鲤鱼跳龙门"阶段时，只靠自有资金滚动发展很有可能会错失良机。此时，创业者都希望能与境外成熟的战略投资者牵手，完成国际化的蜕变。

2004年6月16日，腾讯QQ正式在香港挂牌上市，上市简称为腾讯控股。在此次上市中，其超额认购的首次公开募股（IPO）将带来总计14.4亿港元的净收入，拥有公司14.43%股权的马化腾个人资产接近9亿港元。腾讯此次IPO成功无疑是国内民营企业牵手境外资本的成功范例。

从1998年注册资本仅为50万元人民币的腾讯计算机（腾讯控股的前身）到今天价值约60亿港元的腾讯控股，国际投资机构功不可没。2000年4月，IDG和香港盈科共投入220万美元风险投资，分别持有腾讯控股总股本的20%，马化腾及其团队持股60%。正是这220万美元的风险资金，为腾讯日后的迅速崛起奠定了基础。

2001年6月，在以110万美元的投资，不到一年即获得1 000余万美元的回报后，香港盈科又以1 260万美元的价格将其所持腾讯控股20%的股权悉数出售给MIH米拉德国际控股集团公司。起源于南非的MIH传媒巨头不满足于从盈科手中购得20%腾讯股权，又从IDG手中收购了腾讯控股13%的股份。此后的2002年6月，MIH又从腾讯控股其他主要创始人购得13.5%的股份。此时，MIH的连连出手使得腾讯的股权结构变为创业者占46.3%、MIH占46.5%、IDG占7.2%，MIH成为腾讯最大的股东。

显然按常规来看，一旦看清了腾讯的成长潜力，MIH下一步将不甘仅仅成为一个参股投资的角色。可后来的事实却又证明MIH最终仍然扮演着参股投资的安分角色。这就会引出一个疑问：在曾经占据股权优势的背景之下，MIH为何放弃绝对控股而接受与腾讯创业团队各占50%的股权安排？腾讯又有什么撒手锏让对方没有对自己进一步"蚕食鲸吞"呢？

曾有业内分析人士认为，尽管MIH拥有强大的资金实力，但对于腾讯控股而言，一旦没有马化腾及其他主要创办人的努力，公司的运营和进一步发展就会失去方向，甚至对公司的运营和财务状况都会产生很大影响。除了马化腾创业团队的不可取代的地位外，腾讯控股自身的技术支持也成为MIH不敢仅仅凭借股权优势就对腾讯实施绝对控股的掣肘之一。

搜集资料分析腾讯的融资发展过程，以及历次的重大融资行为对其带来的影响。

本章推荐阅读资料

1. [美] 斯蒂芬·A·罗斯等著，吴世农等译：《公司理财》（第9版），机械工业出版社2013年版。
2. 荆新等编：《财务管理学》（第六版），中国人民大学出版社2014年版。

第5章

财务规划与外部融资需求

学习提要与目标

狭义的财务规划主要指对公司未来融资需求的估计与筹划。本章从狭义角度出发，介绍了财务规划的基本原理及所涉及的相关财务模型，阐述了财务规划所涉及的变量及其逻辑关系，销售增长、留存收益与外部融资需求间的逻辑关系以及公司增长与公司财务政策等。

通过本章的学习，应能够：
- 理解财务规划的基本逻辑和规划思路；
- 掌握销售百分比法在外部融资需要量预测中的应用；
- 掌握内部增长率与可持续增长率的含义与测算；
- 分析理解公司增长的极限，尤其是可持续增长率对公司财务及经营管理的意义。

第一节　财务规划概述

一、财务规划的概念与意义

(一) 财务规划的概念

财务规划（financial planning）有广义和狭义之分。

1. 广义的财务规划

广义的财务规划是指在公司战略、经营策略指导下，为实现战略目标而进行的中长期经营规划、年度经营计划（行动方案）和财务收支及预算安排。广义财务规划的特点有：

（1）以公司战略、经营策略为导向。公司财务规划的导向是公司战略和经营策略，离开公司战略和经营策略，就谈不上公司经营目标和努力方向，因而也不可能确定其年度经营规划、经营方案，更谈不上财务资源的统筹配置和预算安排。

（2）以公司环境分析、市场预测与公司管理要求的协调统一为基础。财务规划以主、客观条件分析为依据，它既要强调外部市场分析及预测对经营计划和财务规划的影响，又要注重公司内部资源、管理能力等对管理目标的约束和限制，从而使得规划结果既有现实基础，又具挑战意义。

（3）以全面规划为框架。财务规划内容不仅包括年度经营计划下的财务收支、利润与现金流规划，还包括长期资本性支出与资产负债表项目规划；不仅包括公司内部财务资源的合理配置与整合规划，还包括外部筹资安排与财务政策规划等。不难看出，广义财务规划其实是公司战略管理的重要组成部分，它对公司战略目标的实现具有重要意义。

2. 狭义的财务规划

狭义的财务规划主要是指对公司未来融资需要量的估计与筹划。它从融资需求角度出发，通过公司未来销售增长、投资增长与财务收支等之间的相互平衡，来分析、预测和判断公司融资缺口，以合理安排融资需要量与融资方式。可见，狭义上的财务规划是就融资需要量所展开的规划，它属于纯财务意义上的资金规划。

本章将从狭义角度出发对公司财务规划进行讨论。

(二) 财务规划的意义

财务规划是应对风险的一种有效方法。任何公司要立足市场，都必须经受得起市场的考验。市场是多变的、充满风险的，公司管理者只有积极应对市场、面对风险，将风险当作一种成长机遇、一种管理挑战，才能真正控制风险、降低损失、取得收益。因此，财务规划的终极目的是为了提高公司应对风险、实现可持续增长的财务管理能力。

二、财务规划涉及的变量及其逻辑关系

财务规划涉及公司未来资金需要量、筹资方式选择等问题。公司在进行财务规划时，应考虑下列项目及其之间的逻辑关系。

（一）销售预测及销售增长

要对未来资金需要量进行预测和判断，公司必须首先对未来销售状况进行预测。大多数情况下，销售预测（sales forecast）由营销、市场等相关部门做出。公司要对未来进行完全准确的预测是不可能的，管理者只能根据公司目标要求及自身实力，结合宏观经济形势、产业发展规划、市场判断及客户发展情况等各方面信息，来估测未来销售变化，并最终确定未来销售目标。财务部门在进行财务规划时，通常假定未来销售增长为已知条件，且所增加的销售为市场所接受。

（二）资产需要量

在完成销售预测、确定销售增长之后，管理者应当判断为实现销售增长所需追加的投资额，从而确定资产需要量（asset requirements）。在逻辑上，销售增长与投资增长是相关的，销售增长会相应要求投资增长。在公司盈利模式和资产周转能力不变的情况下，销售增长会相应要求同比例追加流动资产投入（如在货币资金、存货、应收账款等方面的投入）；在销售增长幅度很高时，由于公司现有产能无法满足销售增长的需要，而可能要求追加一定量的固定资产投入等。因此，在进行财务规划时，管理者要根据资产占销售收入的历史数据或标杆数据，测算出资产增长与销售增长之间的比例关系。

（三）负债融资量

销售增长也会带来负债融资的相应增加，即负债融资需要量。负债增长既可能表现为一些自然融资项目（如应付账款、经营性应付票据等）的自发增长，也可能要求其他负债项目相应增长，如伴随着销售规模扩大等而追加的各种借款等。因此，在讨论负债融资量时，首先应明确公司的债务政策，然后确定公司随销售增长而增长的自然负债融资数额，最后根据公司债务政策确定长短期借款数额。

（四）内部融资量

销售增长一方面要求追加资产投入（形成需求），另一方面引起自然负债融资量的增长（形成供给）。当要求追加的资产投入大于自然负债融资量时，就会产生资金需求缺口，从而需要通过各种融资途径来弥补其不足。财务上假定，满足资金缺口的筹资方式依次是内部留存、借债和外部权益融资。其中，内部留存收益是当期净利润在支付现金股利之后的剩余额，它形成公司内部融资量。当这一融资不足以满足投资需求时，方可考虑选择借债和外部权益融资等筹资方式。

如何确定内部融资量呢？这取决于公司的经营业绩和既定的现金股利支付政策。由于：（1）公司净利润可看成是销售收入与销售净利润率间的函数关系，即净利润 =

销售收入×销售净利润率;(2)在当期公司净利润确定的情况下,当期留存收益增加额取决于公司股利支付政策——现金股利支付率,即留存收益额 = 净利润×(1 - 现金股利支付率)。公司当期留存收益增加额即为公司内部融资量,因此,公司内部融资量在数量上可以表达为:

$$内部融资量 = 预计销售收入 \times 销售净利润率 \times (1 - 现金股利支付率)$$

从上式可以看出,内部融资量是由销售收入、销售净利润率、现金股利支付率三个因素共同决定的。需要强调的是,内部融资量是预计值,所以这三个因素也应是预计年度数值。

(五) 外部融资需求

如果负债及内部融资量尚不足以满足销售增长的投资需求,其不足部分只能依靠外部融资,从而形成外部融资需求(External Funds Needed,EFN)。外部融资需要量在数量上可表达为:

$$\begin{aligned}外部融资需求 &= 资产需要量 - 自然负债融资量 - 内部融资量 \\ &= 资产需要量 - 自然负债融资量 - 预计销售收入 \times 销售净利率 \times \\ & \quad (1 - 现金股利支付率)\end{aligned} \quad (5.1)$$

可见,财务规划就是要确立销售增长与外部融资需求之间的逻辑关系,并借此进行融资规划。

三、财务规划的经济假设

从销售增长与外部融资需要量之间的逻辑关系和数量模型可以看出,财务规划要基于一定的假设。这些假设有些是针对公司内部的(如公司经营模式稳定、资产周转与运营能力保持不变等),而有些则是针对公司外部的(如资本可得性)。概括起来,主要有:

(一) 市场预测合理假设

它是假定公司根据市场分析与环境判断所得出的销售预测,已包含了未来年度的所有市场变动风险,从而所预测的销售增长率是合理、恰当的,此销售预测可以作为财务规划的前提基础。

(二) 经营稳定假设

它是假定公司现有盈利模式是稳定的、公司资产周转效率是不变的。该假设的潜在含义是,资产相关项目与负债相关项目等变量与销售收入间的比例关系在规划期内保持不变。

(三) 融资优序假设

它是假定公司融资是按照以下先后顺序进行的,即先内部融资、后债务融资、最后为权益融资。这一假设不仅在理论上是可行的（如资本结构理论中的优序理论），而且已被财务实践所证实[①]。

第二节 对外融资数量与销售百分比法

销售预期增长与外部融资需求间的逻辑关系，在数量上可以用很多方法来处理和表达。如统计上的回归分析法，是在定义和确定自变量（如销售收入）与因变量（如资产需要量、外部融资量）关系的基础上，通过对大量历史数据的回归分析，构建各变量间的函数关系，从而预测确定相关变量。但在具体财务规划中，销售百分比法因其简单、实用等特点而被广泛采用。

销售百分比法（percentage of sales method）是根据公司历史数据中已有的资产、负债、利润等相关项目占销售收入的百分比，来判断确定未来销售增长情况下相应资产、负债、所有者权益等项目的变化量，从而确定外部融资需要量的一种方法。

在应用中，销售百分比法有两种具体办法：一是销售总额确定法；二是销售增量确定法。

一、销售总额确定法

销售总额确定法是根据公司预计销售收入总额和已确定的销售百分比，来分别确定公司资产、负债、所有者权益等项目的预计数，并最终确定外部融资需要量的一种方法。

销售总额确定法的基本步骤如下（为便于解释，以光华公司为例来具体说明）。

例 5-1 光华公司是一家大型电脑生产商，其 20×4 年销售收入总额为 50 亿元。通过预测判断，公司认为 20×5 年度电脑产品市场将有较大增长，公司销售收入有望增长 20%。根据历史数据及基本经验，公司财务经理认为，公司收入增长将需要追加新的资本投入，经综合测算，公司所有资产和流动负债中的应付款项增长将与销售收入直接相关，并随销售收入同比例增长。光华公司 20×4 年度简化资产负债表见表 5-1。

该公司财务经理在分析盈利模式等因素后进一步认为，公司 20×4 年度销售净利润率 6%、股利支付率 40% 等参数在 20×5 年度将不会改变。请采用销售百分比法（销售总额法）确定该公司 20×5 年度的外部融资需求额。

解：采用销售总额法确定外部融资需求额的计算步骤如下。

---

① 财务学者们在对经营者的调查中发现，关于五种不同的资本来源（内部留存、外部股权、外部债务、优先股、可转换债券）中，经营者所偏好的融资顺序分别是：内部留存、普通债务、可转换债券、外部普通股权、优先股。

表5-1　　　光华公司资产负债表及销售百分比（20×4年）

项目	金额（万元）	占销售收入百分比（销售收入500 000万元）
资产：		
流动资产	70 000	14%
非流动资产	130 000	26%
资产合计	200 000	40%
负债及所有者权益：		
短期借款	5 000	n/a
应付款项	50 000	10%
长期借款	65 000	n/a
负债小计	120 000	10%
实收资本	45 000	n/a
资本公积	20 000	n/a
留存收益	15 000	取决于净收益
所有者权益小计	80 000	
负债及所有者权益合计	200 000	

注：表中"n/a"表示对应项目不随销售收入变动而同比例变动。

（一）确定销售百分比

销售百分比是根据历史数据确定的资产、负债等相关项目（即随销售收入同比例变动的项目）占销售收入的百分比，并以此作为预测期的销售百分比。在这里，历史数据可以是过去3~5年的平均数，也可以采用上一年度（最近年度）的销售百分比，还可以是历史最好年度的标杆数据。

根据20×4年光华公司数据所测算的销售百分比如表5-1所示。

（二）编制预计资产负债表

光华公司预计20×5年销售收入将达到60亿，即50×(1+20%)。表5-1提供了该公司销售百分比的历史数据（在本例中，历史数据为20×4年数据），因此可以根据上述数据来预测20×5年度的各项数据。

1. 20×5年度预计总资产

20×5年度资产需要量包括：

（1）预计流动资产总额＝预计销售收入×流动资产销售百分比
　　　　　　　　　　　＝600 000×14%＝84 000（万元）

（2）预计非流动资产总额＝预计销售收入×非流动资产销售百分比

$$= 600\ 000 \times 26\% = 156\ 000\ (万元)$$

因此，公司20×5年度预计总资产为240 000万元（84 000＋156 000）。

2. 20×5年度的预计总负债

20×5年度的负债融资量包括：

（1）短期借款5 000万元。

（2）预计应付账款＝预计销售收入×应付账款销售百分比

$$= 600\ 000 \times 10\% = 60\ 000\ (万元)$$

（3）长期借款65 000万元。

因此，公司20×5年度预计总负债总为130 000万元（5 000＋60 000＋65 000）。

需要说明的是，此步骤测算的负债融资量不包括预计年度拟增加的长短期借款，它们属于企业的外部融资量，通常不随收入同比例变动，应根据企业的债务政策确定。

3. 20×5年度的内部融资额及留存收益总额

留存收益可用于满足公司融资需求。只要公司当期净利润为正且现金股利支付率低于100%，留存收益将形成内部融资并使股东权益自然增长。内部融资量的多少，取决于预计年度销售净利润率及股利支付率。如前所述，内部融资增加额＝预计销售收入×销售净利率×(1－现金股利支付率)，据此可计算出：

（1）20×5年度预计内部融资增加额＝600 000×6%×(1－40%)

$$= 21\ 600\ (万元)$$

（2）20×5年度留存收益总额＝15 000＋21 600＝36 600（万元）

因此，公司20×5年度所有者权益总额为101 600万元（45 000＋20 000＋36 600）。

根据上述预测，可以编制出光华公司20×5年度的预计资产负债表（见表5－2）。

表5－2　　　　　　光华公司预计资产负债表（20×5年）

项目	金额（万元）	占销售收入百分比（销售收入600 000万元）
资产：		
流动资产	84 000	14%
长期资产	156 000	26%
资产合计	240 000	40%
负债及所有者权益：		
短期借款	5 000	n/a
应付款项	60 000	10%
长期借款	65 000	n/a
负债合计	130 000	10%
实收资本	45 000	n/a

续表

项目 \ 金额	金额（万元）	占销售收入百分比 （销售收入 600 000 万元）
资本公积	20 000	n/a
留存收益	36 600	取决于净收益
所有者权益	101 600	
负债及所有者权益合计	231 600	
需要追加的外部融资额	8 400	

（三）测算外部融资需求

光华公司报表及预测数表明，由销售增长而导致的资产总额为 240 000 万元，而负债和所有者权益的合计数为 231 600 万元（130 000 + 101 600），因此，需要追加的外部融资额为：

外部融资需求 = 预计总资产 − 预计总负债 − 预计所有者权益
= 240 000 − 130 000 − 101 600
= 8 400（万元）

也就是说，光华公司 20×5 年为了完成销售收入 600 000 万元并保持现金收支平衡，需要增加的资金投入额预计为 40 000 万元（240 000 − 200 000），其中，负债自然增长提供 10 000 万元（60 000 − 50 000），留存收益增加提供 21 600 万元，外部额外融资需求为 8 400 万元（40 000 − 10 000 − 21 600）。

由此可见，该公司为实现未来年度销售收入 20% 的增长，需要从公司外部融入 8 400 万元的资金。这 8 400 万元可根据公司的筹资政策，采取借款筹集、增资筹集或者借款和增资方式共同筹集。

二、销售增量确定法

销售增量确定法以销售增量即销售收入增长额为输入变量，借助于相关资产和负债占销售百分比、预计销售净利率和既定现金股利支付政策等，来预测公司外部融资需求的方法。其计算公式为：

外部融资需求 =（资产占销售百分比 × 销售增量）−（负债占销售百分比 × 销售增量）−［预计销售总额 × 销售净利率 ×（1 − 现金股利支付率）］

$$= (A \times S_0 \times g) - (B \times S_0 \times g) - S_0 \times (1+g) \times P \times (1-d) \quad (5.2)$$

式中：

A、B 分别代表相关资产和相关负债项目占销售收入百分比；

S_0 为基期销售收入；

g 为预计销售收入增长率；

P 为预计销售净利率；

d 为预计现金股利支付率。

式 (5.2) 在财务上也被称为财务规划模型 (Financial-Planning Model)。

例 5-2 请依据例 5-1 数据，采用销售增量确定法预测光华公司 20×5 年度的外部融资需求量。

解：利用式 (5.2) 可测算出光华公司的外部融资需求。测算过程如下：

(1) 计算销售增量

销售增量 = 500 000 × (1 + 20%) - 500 000 = 100 000 (万元)

或：销售增量 = 500 000 × 20% = 100 000 (万元)

(2) 计算外部融资需求

外部融资需求 = 100 000 × 40% - 100 000 × 10% - 500 000 × (1 + 20%) × 6% × (1 - 40%) = 30 000 - 21 600 = 8 400 (万元)

由此可见，销售增量法与销售总量法下的测算结果是一致的。

上述分析表明，外部融资需求取决于未来销售增长率、资产和负债相关项目的销售百分比（历史数据）、预计的销售净利率和已确定的现金股利支付率等变量。

需要特别注意的是，在光华公司例子中，在测算资产百分比和负债百分比时，是依据该公司的具体情形来确定的，公司财务经理认为："公司所有资产和应付项目增长都与销售收入直接相关，随销售收入同比例增长"，这意味着，该公司销售增长将引起所有资产、流动负债中应付项目的相应增长。显然，这是一种简化的做法。从公司经营管理活动可以看出，并非所有资产项目都会随销售增长而增长，一般流动资产项目会随收入变动而变动（交易性金融资产和应收利息等除外），长期资产不一定。例如，只有当现有产能不能满足销售增长需要时，才可能引起固定资产投资增加，从而产生新增固定资产需求量，且新增固定资产投资不一定与收入同比例变动。同样，也并非所有负债项目都会随销售增长而自发增长，通常应付账款、经营性应付票据和预收账款等自然融资会随收入同比例变动。因此，在进行财务规划时，要依据不同公司的不同条件和情形具体测定。

第三节 公司增长与外部融资

一、销售增长、留存收益与外部融资需求的关系

公司增长可以体现为销售收入增长、利润（或净利润、每股收益等）增长，也可以体现为总资产增长（投资规模增长）等。在总资产周转效率不变的情况下，总资产增长与销售收入增长应该是同步的（如例 5-1 中，两者均为 20%）；同样道理，如果公司的商业模式及盈利能力没有实质改变（即销售净利率等保持不变），则销售收入增加与公司利润增长也应当是同步的（光华公司的利润增长也为 20%）。因此，销售增长可以看成是公司增长的根本标志。

第5章 财务规划与外部融资需求

销售增长需要投资来拉动，从而引起外部融资需求增长。但是，销售增长与外部融资需求增长并不同步。也就是说，不同的销售增长速度会有不同的外部融资需求，两者增长速度并不一致。原因在于：销售增长会相应带来内部融资量的不同步增长。

另外，在例5-1中，假定应付项目是随销售增长而同步增长的。但是，如果该假定不存在，或者如果假定所有负债（含自发性负债）是作为一项独立的融资活动而存在（从而不再随销售增长而自发增长），则销售增长与外部融资需求将是一种什么样的关系呢？

为便于分析，用另一家公司——汇成公司的例子来说明。

例5-3 汇成公司是一家中型家具制造商。已知该公司20×4年销售收入为2 000万元，销售净利润率5%，股利支付率50%。公司预计20×5年销售收入将增长20%。该公司财务经理认为：公司所有资产均随收入变动而同比例变动；所有负债是一项独立的筹资活动，它不随预计销售增长而自发增长，同时外部融资需求都将通过对外借款来满足。表5-3是该公司20×4年度的简化资产负债表。试测算：汇成公司20×5年不同预计销售增长率下的外部融资需求量和资产负债率。

表5-3　　　　　　　汇成公司资产负债表（简化）
20×4年12月31日

项目	金额（万元）	销售百分比	项目	金额（万元）
资产：			负债与股东权益：	
流动资产	700	35%	负债	550
固定资产	300	15%	股东权益	450
资产总额	1 000	50%	负债与股东权益	1 000

解：根据已有知识，可以测算相关项目并编制出汇成公司20×5年的预计资产负债表，见表5-4。

表5-4　　　　　汇成公司预计资产负债表（简化）
20×5年12月31日

项目	金额（万元）	销售百分比	项目	金额（万元）
资产：			负债与股东权益：	
流动资产	840	35%	负债	690
固定资产	360	15%	股东权益	510
资产总额	1 200	50%	负债与股东权益	1 200

表5-4中预计股东权益、预计负债的测算过程如下：

(1) 预计股东权益 = 本年末股东权益 + 下一年度的留存收益增加额
　　　　　　　　= 本年末股东权益 + 下一年度预计销售收入 × 销售净利率 ×
　　　　　　　　　(1 - 现金股利支付率)

$$= 450 + 2\,000 \times (1 + 20\%) \times 5\% \times (1 - 50\%)$$
$$= 510 \text{（万元）}$$

（2）预计负债总额 = 预计总资产 − 预计股东权益
$$= 1\,200 - 510 = 690 \text{（万元）}$$

由此可见，当汇成公司销售收入增长20%时，该公司必须对外举债140万元（690 − 550），举债后该公司资产负债率将由原来的55%（550/1 000）增加到57.5%（690/1 200）。

据此，人们可以根据上述计算思路测算出该公司在不同销售增长率下，其外部融资需求及资产负债率。其测算结果见表5 − 5。

表5 − 5　　　　汇成公司在不同销售增长率下的财务状况

销售增长率（%）	预计销售（万元）	预计资产（万元）	预计股东权益（万元）	外部融资需求（万元）	预计负债（万元）	资产负债率（%）
0	2 000	1 000	500	−50	500	50.0
5	2 100	1 050	502.5	−2.5	547.5	52.1
10	2 200	1 100	505	45	595	54.1
15	2 300	1 150	507.5	92.5	642.5	55.9
20	2 400	1 200	510	140	690	57.5
25	2 500	1 250	512.5	187.5	737.5	59.0
30	2 600	1 300	515	235	785	60.4
35	2 700	1 350	517.5	282.5	832.5	61.7

由表5 − 5可知，当销售增长率逐步提高时，公司的资产、负债和股东权益的预计值都呈现递增趋势，同时外部融资需求和公司资产负债率也逐渐上升。

那么，哪一项目的增长速度较快呢？表5 − 6和图5 − 1给出了答案。

表5 − 6　　　　汇成公司销售增长率与外部融资需求的数量关系

销售收入增长率（%）	预计资产增量（万元）	预计留存收益增量（万元）	外部融资需求（万元）
0	0	50	−50
5	50	52.5	−2.5
10	100	55	45
15	150	57.5	92.5
20	200	60	140
25	250	62.5	187.5
30	300	65	235
35	350	67.5	282.5

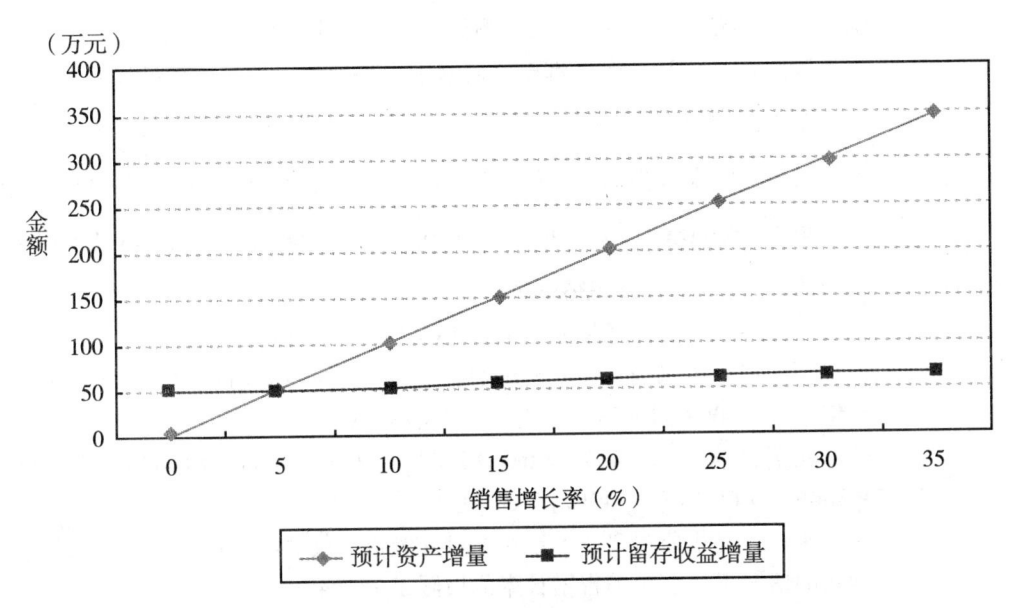

图 5-1 销售增长率与外部融资需求的数量关系示意图

从图 5-1 可以看出，伴随销售增长，预计资产增长速度将远远快于预计留存收益增长速度。即当销售收入增长更快时，公司必须投入更多资产才能满足增长的需要。在图中，两条线之间的夹角区域，即为公司的外部融资需求。图 5-1 还表明，当销售增长率约低于5%时，其外部融资需求为负，表明公司不需要外部融资，增加的留存收益足以满足新增资产需要，并有结余用于偿还债务；而当销售增长率约大于5%之后，外部融资需求将大于零并不断扩大，此时公司若欲继续扩充市场、追求增长将必须借助于对外融资。

二、增长率与公司财务政策

从公司增长、留存收益与外部融资需求的关系图中可以看出，公司增长一方面依赖于留存收益的增长，另一方面依赖于外部融资，尤其是负债融资的增长。为此，人们会提出一系列这样的问题：假定公司单纯依靠留存收益增加及自然负债增加作为再投资总额，则公司的增长率会有多大？进一步的，如果公司保持资本结构不变，则在有留存收益及相配套的负债融资情况下（不发行新股或追加新的权益资本投入），公司极限增长速度到底有多高？

这就是内部增长率和可持续增长率规则与管理的问题。

（一）内部增长率

内部增长率（internal growth rate）是指公司在没有外部融资情况下的预期最大增长率，即外部融资额为零时的销售增长率。公司增长必然伴随着额外的资金投入，内部增长率就是要解释和确定公司完全依靠内部留存收益的再投资及自然负债融资的增加来支持所需增加的资金时，公司可实现的最大增长率是多少。

例 5-4 请依据例 5-1 数据,测算光华公司的内部增长率。

解:根据式(5.2),令外部融资需求量为零即可求得,计算过程如下:

$$外部融资需求 = (A \times S_0 \times g) - (B \times S_0 \times g) - S_0 \times (1+g) \times P \times (1-d)$$

令外部融资需求量为零,g 为内部增长率,将已知数据代入上式,则可得到:

$$0 = (40\% \times 500\,000 \times g) - (10\% \times 500\,000 \times g) - 500\,000(1+g) \times 6\% \times (1-40\%)$$

整理移项求得:$g = 13.636364\%$

所以,光华公司内部增长率为 13.636364%,约为 13.64%。

验算:光华公司 20×5 年的销售增长率为 13.636364% 时,

销售增量 = 500 000 × 13.636364% = 68 181.82(万元)

外部融资需求量 = (40% × 68 181.82) − (10% × 68 181.82) − 500 000(1 + 13.636364%) × 6% × (1 − 40%) = 0(万元)

这意味着,光华公司 20×5 年在不对外融资、仅靠内部留存收益增长和自然负债融资增长的情况下,公司销售增长率的极限是 13.64%。

进一步分析,令公司自然负债融资额为零、外部融资需求量为零,根据式(5.2),得:

$$外部融资需求 = (A \times S_0 \times g) - S_0 \times (1+g) \times P \times (1-d) = 0$$

移项整理可得到:

$$g(内部增长率) = \frac{P \times (1-d)}{A - P \times (1-d)} \tag{5.3}$$

如果将式(5.3)进行变换,即在该公式分子、分母上同乘以基期销售收入,然后上下同除以基期资产总额,便可得到内部增长率的另一个常用公式,即:

$$g(内部增长率) = \frac{ROA \times (1-d)}{1 - ROA \times (1-d)} \tag{5.4}$$

上述公式的字母含义不变。其中:ROA 代表总资产报酬率(税后)。

例 5-5 请依据例 5-3 资料,根据式(5.3)和式(5.4)分别测算汇成公司的内部增长率。

解:(1)根据式(5.3),由于 $P = 5\%$,$d = 50\%$,$A = 50\%$,则该公司的内部增长率为:

$$g = \frac{5\% \times (1-50\%)}{50\% - 5\% \times (1-50\%)} = 5.26\%$$

(2)根据式(5.4),该公司内部增长率为:

$$g = \frac{\dfrac{2\,000 \times 5\%}{1\,000} \times (1-50\%)}{1 - \dfrac{2\,000 \times 5\%}{1\,000} \times (1-50\%)} = 5.26\%$$

这意味着，汇成公司 20×5 年在不对外融资、不存在自然负债增长仅靠内部留存收益增长情况下，公司销售增长率的极限是 5.26%。

> 由于通货紧缩，光明公司不打算从外部融资，而主要靠调整股利分配政策、扩大留存收益来满足销售增长所需资金需求。历史资料表明，该公司资产、自然负债与销售总额之间存在着稳定的百分比关系。现已知资产占销售百分比为 60%，自然负债占销售百分比为 15%。若计划下年度销售净利率为 5%，不进行股利分配，那么该公司下年度可实现的销售增长为多少？

（二）可持续增长率

可持续增长率（Sustainable Growth Rate）是指公司在维持某一目标或最佳债务权益比率（Debt-to-Equity Ratio, D/E）的前提下，不对外发行新股融资时的最高增长率。公司可持续增长率的测算分析步骤为：

(1) 由于销售增长所带来的新增留存收益额为 $S_0(1+g) \times P \times (1-d)$，且该部分留存收益将直接增加股东权益总额。

在增加留存收益的情况下，如果不相应追加负债融资，公司不可能维持目标资本结构不变（它将使公司未来的资产负债率趋于降低）。

(2) 为维持目标资本结构，允许公司追加部分负债融资，以使其与销售增长带来的留存收益增长（它属于股东权益）之间保持数量上的匹配。即：

新增的负债融资额 = 新增留存收益 × 目标债务/权益比率
      = 预计销售收入 × 销售净利润率 × (1 − 现金股利支付率) × 目标债务/权益比率
      = $S_0(1+g) \times P \times (1-d) \times D/E$

(3) 在不考虑新股融资情况下，上述两项资本来源应等于销售增长对资产的增量需求。销售增长对资产的增量需求 = 资产占销售百分比 × 增量销售 = $A \times S_0 \times g$。由此可得出以下等式：

$$S_0(1+g) \times P \times (1-d) + S_0(1+g) \times P \times (1-d) \times D/E = A \times S_0 \times g$$

对上述等式进行变换可求得可持续增长率 g：

$$g = \frac{P(1-d)(1+D/E)}{A - P(1-d)(1+D/E)} \tag{5.5}$$

同样，如果将式 (5.5) 进行进一步换算，即在该公式的分子、分母上同乘以基期销售收入，然后同除以基期资产总额，即可得到可持续增长率的另一公式，即：

$$可持续增长率 = \frac{ROE \cdot (1-d)}{1 - ROE \cdot (1-d)} \tag{5.6}$$

公式中的字母含义不变，其中，ROE 代表净资产收益率。

这就是著名的可持续增长率公式。由式 (5.6) 可以看出，影响可持续增长率的关键因素是净资产收益率和现金股利支付率，而净资产收益率的高低取决于销售净利率、资产周转率和权益乘数,所以影响可持续增长率的因素为销售净利率、资产周转率、权益乘数(或债务权益比率)和现金股利支付率(或留存收益率)。

说明:在式(5.6)的推导过程中,假设报告期和基期的经营效率(销售净利率和资产周转率)以及财务政策(债务权益比率和现金股利支付率)保持不变。

例5-6 依据例5-3资料,请根据式(5.5)和式(5.6)分别测算汇成公司的可持续增长率?

解:(1)根据式(5.5),由于 $P=5\%$, $d=50\%$, $A=50\%$,且最佳债务权益比 $(D/E) = 550/450 = 1.2222$,因此该公司的可持续增长率为:

$$g = \frac{5\% \times (1-50\%)(1+1.2222)}{50\% - 5\% \times (1-50\%)(1+1.2222)}$$
$$= 12.5\%$$

(2)根据式(5.6),也可测算出该公司的可持续增长率为:

$$可持续增长率 = \frac{\frac{2\,000 \times 5\%}{450} \times (1-50\%)}{1 - \frac{2\,000 \times 5\%}{450} \times (1-50\%)} = 12.5\%$$

它表明,汇成公司20×5年在不对外发行新股,并保持经营效率、现金股利支付率不变,维持现有资本结构情况下,最高可达到12.5%的销售增长率。

例5-7 依据例5-3资料,并假定汇成公司20×5年的销售净利润率、资产周转率和股利支付率与20×4年相同,但为了满足销售增长20%的资金需要,公司采取了不发行新股增加借款的财务政策,债务权益比增加到1.353(690/510),请测算该公司20×5年的可持续增长率?并进行分析。

解:(1)计算汇成公司的资产周转率

汇成公司20×4年的净资产收益率 $ROE = 2\,000 \times 5\%/450 = 22.22\%$

因为,净资产收益率=销售净利率×资产周转率×权益乘数

所以,汇成公司20×4年的资产周转率 $= 22.22\%/(5\% \times 1\,000/450) = 2$

或者:汇成公司20×4年的资产周转率=销售收入/期末总资产 $= 2\,000/1\,000 = 2$

(2)计算汇成公司20×5年的可持续增长率

由已知可得:汇成公司20×5年的销售净利润率=5%,资产周转率=2,现金股利支付率=50%,权益乘数 $= 1\,200/510 = 2.353$(数据见表5-4)

根据式(5.6),可测算出该公司20×5年度的可持续增长率为:

$$可持续增长率 = \frac{5\% \times 2 \times 2.353 \times (1-50\%)}{1 - 5\% \times 2 \times 2.353 \times (1-50\%)} = 13.33\%$$

(3)分析:汇成公司20×4年的可持续增长率为12.5%,若20×5年仍保持20×4年的经营效率和财务政策不变,且不发售新股,则20×5年的可持续增长率将保持12.5%不变,公司处于平衡增长状态。但该公司20×5年拟实现销售增长20%,并且无法提高经营效率(保持销售净利率和资产周转率不变)。公司为了满足资金增长需要,提出了增加借款改变资本结构、保持股利支付率不变的财务政策。由于权益

乘数提高，使得20×5年的可持续增长率上升到13.33%。如果公司认为改变后的资本结构是公司最佳的资本结构，那么公司未来的可持续增长水平应为13.33%；如果公司认为20×4年的资本结构为最佳资本结构，那么20×6年公司应将负债水平降到增长前的水平即债务权益比为1.22，则可持续增长率可回落到12.5%，注意这是建立在假设其他三个财务比率（销售净利率、资产周转率和股利支付率）不变的情况下。

> 请依据例5-3的数据、例5-7的分析，编制出汇成公司20×6年的简化资产负债表，并测算20×6年的实际销售增长率。对比汇成公司20×4~20×6年三年报表数据，想一想，影响可持续增长率的因素有哪些？各因素变动对可持续增长率的影响是什么？可持续增长率与实际销售增长率之间的关系如何？

（三）内部增长率与可持续增长率间的关系

内部增长率与可持续增长率之间存在何种关系？图5-2较好地说明了这一问题。

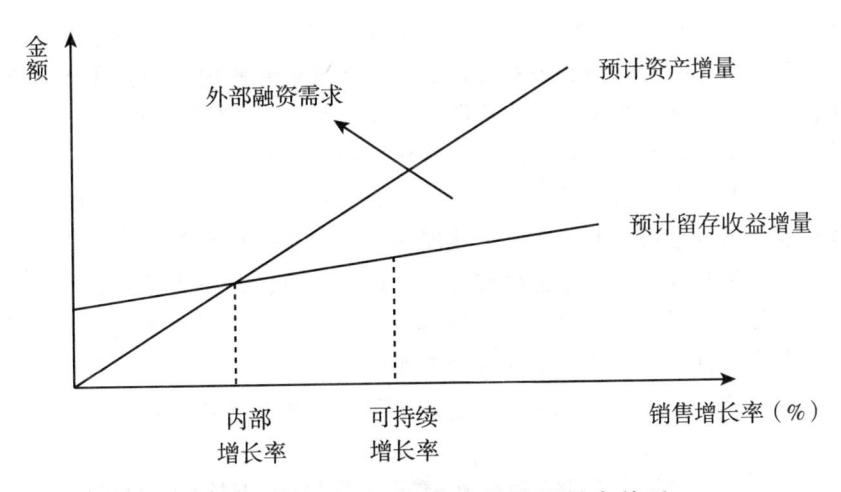

图5-2 内部增长率与可持续增长率关系

图5-2表明，当公司不使用任何外部资金时，其增长空间较小，如图中交叉点内部增长率的左侧区域；而当公司"有条件"引入负债资金时，其受限的增长率较完全不使用任何外部资金的内部增长率为大，称为可持续增长；若公司的经营效率无法再提高、财务政策已为最佳政策无须改变，即销售净利率、资产周转率、债务权益比和现金股利支付率已到极限无法再提高，此时只能依靠新股融资来推动增长，这种增长称为超常增长，即为图5-2中可持续增长率的右侧部分。

另外，从上述两个增长率公式可以看出，降低现金股利支付率（d）、提高销售净利率水平（P）、提高资产周转效率和提高负债水平等，都是提高公司增长速度的主要驱动因素。而上述驱动因素一旦受限，则会成为制约公司增长的关键因素。管理者在确定公司增长目标（选择内部增长、可持续性增长或是超常增长）时，应仔细审视目前的财务政策和现有条件，以保持公司健康有序增长。

> **相关链接**
>
> **罗伯特·C·希金斯谈可持续增长率**
>
> 许多财务人员凭直觉感到需要用钱去赚钱，销售收入的快速增长要求应收账款、存货和固定资产等形式的资产也相应地增加，这就要求在资产上进行投资。他们也懂得，如果公司的资金不敷此用，增长就会受阻。可持续增长公式将这些直观的认识清晰地表达了出来。
>
> 银行家和其他外部分析人员经常运用可持续增长率来估计一家公司的信用可靠度，他们借助复杂的计算机软件来开展这一工作，计算机软件对公司过去的财务业绩做详细的分析，包括其每年的可持续增长率。
>
> 银行家运用这一信息有好几种方法，将公司的实际增长率与可持续增长率进行比较，可以很快地了解企业最高管理层的财务安排会出现什么样的问题。如果实际增长率高于可持续增长率，管理当局将面临从何处取得资金来支持增长的问题，这样，银行家就可以预先确定其融资品种的利息。反之，如果可持续增长率高于实际增长率，银行家最好是准备提供投资品种，因为这种情况下企业管理当局的问题将在于如何处置其不断积聚的现金。
>
> 银行家还发现可持续增长公式有助于向缺乏管理经验的小企业主和过于乐观的企业家说明，从企业长远利益考虑，保持增长与盈利的适当平衡是必要的。
>
> 最后，将实际增长率与可持续增长率相比较还有利于银行家了解贷款申请人为什么需要资金，这种需要将持续多久。有一个例子，一位申请人要求贷款10万美元支付给坚持要收取现金的供应商，并承诺有一些即将到期的应收账款很快能够收回，他可以在几个月内偿还这笔贷款。一份可持续增长的分析却表明，该企业目前的增长率已经高达可持续增长率的4~6倍，并且在可以预见的将来，这种状况很可能还会持续下去。这就使得银行家产生警惕，那个没有耐性的供应商只是一个征兆，它表明企业的过快增长存在着许多根本性弊病，10万美元的贷款最终很可能只是今后数年更多的贷款额的一个底数而已。
>
> 注：罗伯特·C·希金斯是华盛顿大学的财务学教授，他率先将可持续增长率运用于财务分析。
>
> 资料来源：[美] 斯蒂芬·A·罗斯等著，吴世农等译：《公司理财》（第9版），机械工业出版社2013年版。

三、可持续增长率与增长管理

公司增长受限于可持续增长率。当公司实际增长率超过可持续增长率时，会面临资金需要和融资压力；而当公司实际增长低于可持续增长时，表明市场在萎缩，公司必须调整自身的经营战略。因此，如何面对各种不同的情况，从财务上实施有效的管理，是财务规划必须面对的问题。

从影响可持续增长率的各种因素不难分析并得出，各种不同的增长模式都会有其自身的经营政策与财务策略相对应。图5-3列出了各种不同情形下的经营政策与财务策略。它为公司增长管理提供了一个可行的框架。

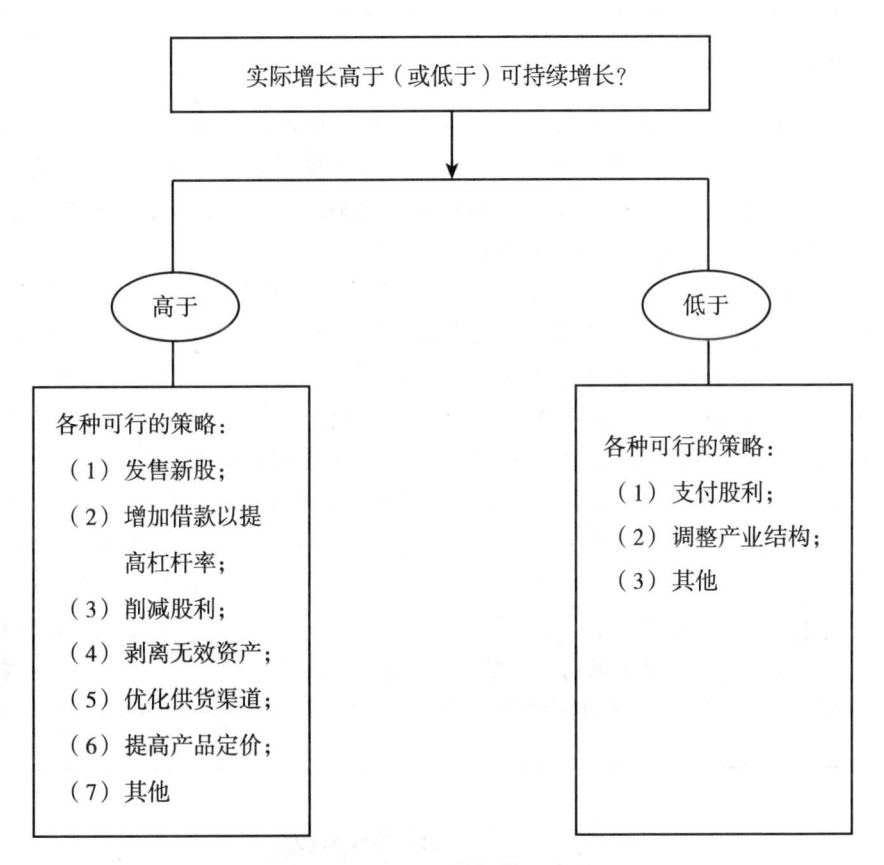

```
                    ┌─────────────────────────────┐
                    │  实际增长高于(或低于)可持续增长?  │
                    └──────────────┬──────────────┘
                                   │
              ┌────────────────────┴────────────────────┐
              │                                         │
           ( 高于 )                                  ( 低于 )
              │                                         │
┌─────────────────────────┐              ┌─────────────────────────┐
│ 各种可行的策略:          │              │ 各种可行的策略:          │
│ (1) 发售新股;           │              │ (1) 支付股利;           │
│ (2) 增加借款以提         │              │ (2) 调整产业结构;        │
│     高杠杆率;           │              │ (3) 其他                │
│ (3) 削减股利;           │              │                         │
│ (4) 剥离无效资产;        │              │                         │
│ (5) 优化供货渠道;        │              │                         │
│ (6) 提高产品定价;        │              │                         │
│ (7) 其他                │              │                         │
└─────────────────────────┘              └─────────────────────────┘
```

图 5-3　公司增长管理框架

四、财务规划模型的局限性

财务规划模型是一个非常简化的模型,它基于一系列相关假设。事实上,任何公司的销售净利率都不可能不变。如,随着销售规模扩大或产量提高,公司成本结构也会随之改变,从而销售净利润率也可能随之改变。其次,从公司生产经营特点来看,资产增长和负债自然增长与销售增长之间并不完全呈正向同比变动关系,但这种做法显然是为了简化模型,它并不完全符合实际。资产增长通常具有区间性,当资产处于某一销售收入区间内时,资产增长的幅度可能并不大,而当超出某一区间时,资产增长的幅度可能很大。最后,该财务规划模型并非总是得出正确的结论,它属于静态模型,主要原因在于其依赖于会计关系而不是财务关系,而且没有考虑公司价值的三个基本决定因素,即现金流量的规模、风险和时间价值。

理论总是构建在简化的假设基础上的。尽管财务规划模型存在这样或那样的问题,但它仍然是人们从事财务管理、预测和控制公司增长速度的一种有效工具。

相关链接

现代财务规划的价值导向以及环境不确定性程度的加剧使得传统财务规划表现出越来越不能适应环境所要求的动态性的需要。对动态规划要求的研究集中体现于《公司战略计划——大败局的分析》(Henry Mintzberg,2002),作者认为,传统财务计划是静态的,它不能适应不断变化着的环境需要。

传统财务规划缺乏动态性的最直接表现是其静态性,具体包括:①前提的静态性。传统财务计划前提是稳定的环境——未来的可预见性大(概率分析也属于确定性)。②执行中的静态性。以计划要求责任单位或责任人,而不是反过来。③对环境的变化及其影响重视不够。传统财务规划虽然在理论上也包含反馈机制,但究竟如何及时地将实际与计划的差异反映到财务规划模型中来研究不够。亨利·明茨伯格(Henry Mintzberg,2002)对此进行了深入的描述,即五年计划是在业已批准的政策和计划指导下预测成本和收入的具体化,而不是考虑新政策和新计划并做出决策的方法;④对战略决策的动态性反映不足。企业资本决策不仅金额巨大、对企业发展具有战略意义,且具有投入的不可撤销性,因而对资本投资决策必须非常谨慎,有时就得采取"摸着石头过河"的态度。但传统财务规划并没有反映这种决策对财务规划的需要,从而体现了决策刚性。

资料来源:吴中春,《企业动态财务规划系统研究》,载《会计研究》2009年第4期。

本章小结

本章主要介绍了财务规划的基本原理及所涉及的相关财务模型。其要点包括:(1)任何公司的增长是有条件的。如果不考虑外部市场变化及公司内部产品结构、经营模式调整的话,限制公司增长的主要因素是财务资源可得性,即内部融资量与外部融资量。(2)财务规划的目的是要建立起公司销售增长与融资需求量之间的逻辑关系。(3)销售百分比法是财务规划的一种基本方法。在实务中,销售百分比法分为销售总额确定法和销售增量确定法两种具体方法。(4)人们可以借助于销售百分比法所确定的财务规划模型[式(5.2)],测算出公司仅依靠内部融资情况下可能实现的最高增长极限,即内部增长率。(5)人们也可借助可持续增长率计算模型[式(5.6)],测算出在维持公司经营效率和财务政策不变且不发行新股情况下可能实现的最高增长极限,即可持续增长率。(6)可持续增长率为公司增长管理提供了非常重要的依据。

■ 关键词汇

财务规划(financial planning)
资产需要量(asset requirements)
预计资产负债表(pro forma balance sheet)
内部增长率(internal growth rate)
可持续增长率(sustainable growth rate)

销售预测(sales forecast)
外部融资需求(external funds needed,EFN)
财务规划模型(financial-planning model)
债务权益比率(debt-to-equity ratio)

小组讨论

请每组选择一家上市公司，下载其近期且不短于 5 年的财务报表，利用所学知识测算该公司每年的销售净利率、资产周转率、权益乘数、现金股利支付率、可持续增长率和实际销售增长率。根据计算结果和公司相关资料：

1. 阐述该公司可持续增长率的变动情况，分析导致可持续增长率变动的原因；
2. 通过对各年实际销售增长率与可持续增长率的比较，分析该公司是否存在增长陷阱，并给出你们小组关于公司增长管理的建议。

思考题

1. 什么是财务规划？
2. 销售增量法确定外部融资需求的基本公式是什么？你是如何理解的？
3. 如何理解增长这一概念？请从内部增长、可持续增长和超常增长等方面进行分析。
4. 你是如何理解财务规划模型的不足的？
5. 请由式（5.3）推导出式（5.4）。
6. 请由式（5.5）推导出式（5.6）。

练习题

1. 某公司的股利支付率为 60%，债务/权益比为 50%，净资产收益率为 16%，总资产周转率为 1.75。根据上述资料，要求：

（1）测算该公司的可持续增长率；
（2）要实现可持续增长率目标，其销售净利率必须达到多少？

2. 甲公司是一家汽车零配件生产企业。该公司管理层通过对过去十年的报表分析，发现公司销售收入（S）与下述项目间的关系分别是：

流动资产 $= 50 + 0.25S$

固定资产 $= 100 + 0.5S$

流动负债 $= 10 + 0.15S$

税后净利 $= 0 + 0.08S$

已知该公司 20×4 年销售收入是 1 000 万元，其年底的简化资产负债表如下：

项目	金额（万元）	项目	金额（万元）
流动资产	300	流动负债	160
固定资产	600	长期银行借款	290
		实收资本	350
		留存收益	100
合计	900	合计	900

该公司管理层通过市场分析还发现，公司未来年度的销售增长将与市场增长保持同步。

假定市场增长率为40%,且假定公司现金股利支付率保持50%不变。要求:

(1) 编制该公司20×5年度预计资产负债表。
(2) 确定该公司20×5年度的外部融资需要量。
(3) 计算该公司的内部增长率。
(4) 计算该公司的可持续增长率(假定现有的债务/权益比为最佳,即1:1)。
(5) 你认为该公司应采取何种经营政策和财务策略以实现其销售增长目标?

3. 甲公司是一家生产和销售家用电器的企业。20×4年度的主要财务数据如下:

项　　目	金额(万元)
销售收入	70 000
税前经营利润	5 075
利息支出	700
税前利润	4 375
所得税	875
税后利润	3 500
股利分配	1 750
本期收益留存	1 750
期末股东权益	28 000
期末总负债	28 000
资产(投资资本)总计	56 000

其他有关资料:20×4年年末流通在外普通股1 000万股,每股市价30元;所得税税率20%。要求:

(1) 假设该公司20×5年可以维持20×4年的经营效率和财务政策,并且不准备增发股票;不断增长的产品能为市场所接受,不变的销售净利率可以涵盖不断增加的利息;可以按20×4年的平均利率水平在需要时取得借款,所得税税率不变。请确定20×5年的预期销售增长率、可持续增长率、期初税前资产报酬率以及加权平均资本成本(计算加权平均资本成本时,假设目标资本结构为股东权益和负债各占50%)。

(2) 假设公司打算保持前述的销售净利率(可以涵盖增加的利息)、资产周转率和股利支付率,并且不增发新股;20×5年预期销售增长率为8%,公司拟通过增加负债筹集增长所需的资金,请问20×5年年末负债额和期末权益乘数各是多少?

(3) 假设公司打算保持前述的资产周转率、权益乘数、股利支付率并且不增发股份;20×5年的预期销售增长率为10%,公司拟通过提高销售净利率获取增长所需的资金,请问销售净利率(可以涵盖增加的利息)应提高到多少?

本章推荐阅读资料

1. Stephen A Ross, Randolph W Westerfield, Jeffrey F Jaffe, Corporate Finance, Mc-Graw Hill, 8th, 2006.
2. Rappaport A. Creating Shareholder Value：The New Standard for Business Performance. New York：Free Press 1986.
3. ［美］斯蒂芬·A·罗斯等著，吴世农等译：《公司理财》（第9版），机械工业出版社2013年版。
4. 王斌主编：《财务管理》，高等教育出版社2009年版。
5. 中国注册会计师协会编：《财务成本管理》，中国财政经济出版社2014年版。
6. 吴中春：《企业动态财务规划系统研究》，载《会计研究》2009年第4期。

第6章

资本结构决策

学习提要与目标

作为企业财务管理的重要内容之一,资本结构决策关系到企业财务目标的实现。本章将从筹资决策的价值角度入手,以资本成本、筹资风险和资本结构为主线,以普通股和长期负债两种筹资方式为对象,展开资本结构决策的讨论与分析。

通过本章的学习,应能够:
- 掌握资本成本的含义及基本估计方法;
- 了解 MM 理论的基本思想;
- 了解静态均衡理论、优序筹资理论的基本思想;
- 理解资本结构管理框架;
- 掌握资本结构决策的实际做法。

第一节 资本成本及其计量

一、资本成本概念及其属性

资本成本是指企业为取得和使用资本而支付的各种费用或代价。从价值分析看，它可看成是投资者（或证券购买者）应得的必要报酬。资本成本决定于资本市场，它与拟筹资本的投资项目的风险程度、企业现有资产状况以及企业资本结构密切相关。一般而言，企业风险越大，投资者应得的必要报酬就越高，从而资本成本也就越高。

资本成本还可看作是投资项目的最低报酬率。如果投资项目所取得的报酬率（内涵报酬率 IRR）大于资本成本，则企业价值就会提高；反之就会降低，从而不利于财务目标实现。

(一) 加权资本成本概念

加权资本成本是各单项筹资方式资本成本的加权平均数，它比单项资本成本的计算更重要。原因在于：其一，它是净现值法下确定投资项目可行性的主要参数，即贴现率；其二，它又是内涵报酬率法下据以比较的贴现率。为便于后面的计算分析，首先定义以下字母含义：

R_f——无风险报酬率（它等于短期国库券利率）；
K_d——债务的税前成本率；
K_i——债务的税后成本率；
K_p——优先股成本率；
K_e——普通股成本率；
WACC——加权资本成本率（或边际成本率）；
P_o——证券的市价；
P_n——证券销售所得筹资净值（即扣除筹资费用后的筹资量）；
P_f——企业优先股的市场价值；
B——企业负债的市场价值；
E——企业普通股权益的市场价值；
R_m——市场组合下的期望收益率；
β——某企业股票的"贝塔"系数；
T——所得税税率。

1. 企业加权资本成本计算模型

根据定义它可以表达为：

$$WACC = \frac{E}{E+B+P_f} \times K_e + \frac{B}{E+B+P_f} \times K_d(1-T) + \frac{P_f}{E+B+P_f} \times K_p$$

如果 A 公司的普通股、负债及优先股的税后资本成本分别为 13.2%、4.8% 和

8.1%，且三者的目标资本结构（即目标权数）分别是47%、51%和2%，则加权资本成本等于：

47% ×13.2% +51% ×4.8% +2% ×8.1% =8.81%

2. 加权资本成本的实质：投资与筹资分离原则

在实际经济生活中，企业一般是在某一时点按某一方式筹集资金，用于某项投资。如用银行借款筹资 100 万元投资于某一项目，该项目的预期投资收益率（即息税前利润除以投资额）为12%，而银行借款的资本成本率是5%。是否意味着该项投资可行？反过来说，如果该项目是用13%的普通股成本率筹资的，是否意味着该投资项目不可行？在这里，投资项目的预期报酬率均没有变动，而变动的只是筹资方式。对此问题，财务上认为不能将投资决策与单项筹资决策结合起来，或者说投资项目的决策并不取决于投资所用资金是如何具体筹集的，而必须将投资收益率与该企业的某一资本结构（可能是目标资本结构）下的加权平均资本成本结合起来，综合考虑。假定负债与权益资本的比例关系是 50∶50，且单项资本成本不变，则上述例子的加权成本率应为：50% ×5% +50% ×13% =9%，它低于12%的投资收益率，财务上即认为该项目是可行的。这就是加权平均资本成本的实质所在：在观念上要求投资与具体筹资决策相分离。

同样的道理，分离原则并不要求企业在进行某项具体投资方案决策时考虑负债、优先股或普通股的具体筹资数额和实际权数，而要求按照企业长期的目标资本结构来确认权数。

? 如果企业新投资的项目与原有企业经营业务不同，那么在进行新项目投资决策时是否仍用当前企业的加权平均资本成本作为项目折现率？为什么？

（二）资本成本与风险

按照风险—收益对应关系，资本成本作为投资者的必要报酬，其决定必须考虑风险因素。如第 1 章所述，证券风险一般由变现力风险、到期风险、违约风险以及其他风险因素组成，因此，对于发行证券进行筹资的企业，其资本成本应由两部分组成，即无风险报酬加上风险溢酬，其关系表达如图 6 - 1 所示。

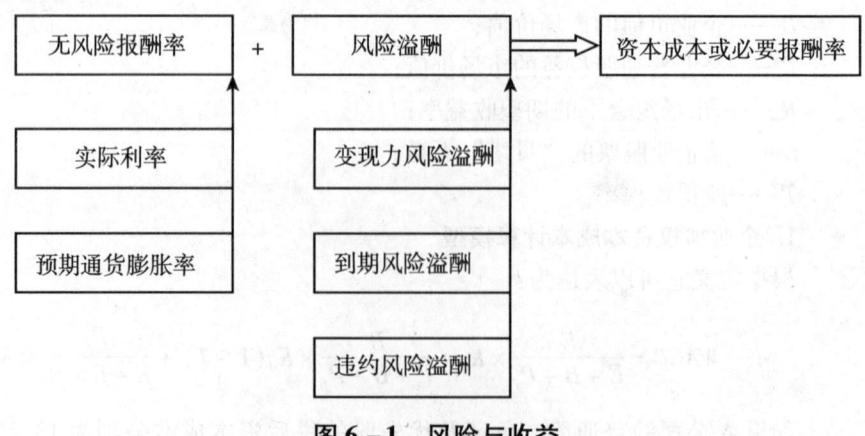

图 6 - 1 风险与收益

因此，风险与收益的一般均衡结果，表现为图 6-2 中的证券风险与收益率（成本率）关系。

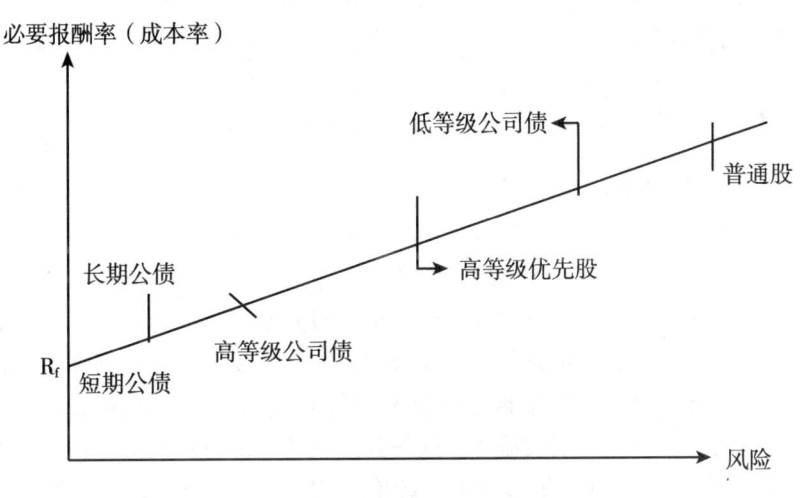

图 6-2 风险与筹资成本间的关系

以上阐述表明：公司的资本成本率等于在资本市场上投资者应得的与其风险程度相对应的均衡收益率。

二、个别资本成本的估算

个别资本成本是针对具体筹资方式而言的，它是构成加权资本成本的基础。按筹资方式不同，个别筹资成本分别包括债务成本、优先股成本和权益资本成本等项目。由于公司计算成本是为了确定资本支出项目的贴现率，因此，从逻辑上可以看出：（1）资本成本中的资本是指将用于投资项目的筹资总量，资本成本也就成为新增投资项目的边际成本和预测成本；（2）公司历史加权资本成本与将用于投资决策的边际资本成本关系，视拟投资项目与现时资产项目间的相关性而定，有时相关，有时则完全无关；（3）用于决策用的资本成本属于预测成本，其预测期必须体现未来筹资的市场状态，一般以半年为跨度。

如何具体预测未来年度的各项个别资本成本呢？

（一）债务成本

公司的债务成本也就是债权人的必要报酬率。如债券发行，其成本率（K_d）应等于债券持有人到期所得的必要报酬率，因此：

$$P = \sum_{t=1}^{n} \frac{I_t}{(1+K_d)^t} + \frac{M}{(1+K_d)^n}$$

在这里，I_t 为年息，M 为票面金额，通过上式进一步求出债券的税后成本率（也即债券投资的内涵报酬率），即公式为：

$$K_i = K_d \times (1-T)$$

例如，某公司销售 100 万元，为期 20 年，年利率为 7.8% 的债券，每张面值 1 000 元的债券扣除发行费用后，筹资净额为 980 元，利用上述公式可求得：

$$P_n = 980 = \sum_{t=1}^{20} \frac{78}{(1+K_d)^t} + \frac{1\,000}{(1+K_d)^{20}}$$

求出 $K_d = 8\%$

从而：$K_i = K_d \times (1-T) = 8\% \times (1-25\%) = 6\%$

同样的方法适用于银行借款筹资方式下的成本计算。

用这种方法确定债务成本比较准确，特别是对那些刚刚发行债券的公司，在估计其债券成本率时，更是如此。如果公司现时并未发行债券，那么如何估计其资本成本呢？方法有两个：(1) 根据公司过去发行的债券，观察其债券市价及债券票面利率和持有期，计算其到期收益率，这一到期收益率即可作为边际债券成本的一种估计值（注意，它是税前的概念）；(2) 或者，观察那些与公司自身风险相类似的其他公司债券的成本率，以作为公司自身债券成本率的估计值。"相类似"意味着相同的信用等级。

（二）优先股成本

优先股成本是投资者购买公司优先股股票而应得的必要报酬，由于优先股股息是固定且永久性的，因此，其成本率可通过计算求得：

$$K_p = \frac{D_p}{P_n}$$

例如，某公司刚发行了 300 万股优先股，每股的年股息为 4.05 元，发行价格为每股 52 元，每股发行费用 2 元，因此，其成本率 $= 4.05/(52-2) \times 100\% = 8.1\%$。由于优先股息在税后支付，因此，它没有节税功能。值得注意的是，随着金融工具的不断创新，越来越多的优先股被加上了可赎回条款和固定到期日，因此，这类优先股非常类似于债券，其成本率的估计也与一般债券没有差异。

（三）权益资本成本

权益资本成本是公司普通股股东的投资必要报酬，公司增加权益资本有两条途径：一是通过留存收益（即内部积累）；二是通过新股发行（外部筹资）。上述两种方式都存在资本成本，第二种方式无须解释，而第一种方式下的资本成本，则可看作是留存收益投资于同等风险下其他企业的投资报酬，因此它属于机会成本。两者的差别就在于内部积累性的筹资成本相对于外部新股发行较低，原因在于筹资费用为零。

权益资本成本的估算有多种方法和模式。其中，股利估价模式、资本资产定价模式最为重要。

1. 股利估价模式

股利估价模式也称折现模式。普通股的股利估价模型可写成：

$$P_0 = \sum_{t=1}^{\infty} \frac{D_t}{(1+K_e)^t}$$

在这里，P_0 为股票现值或市价，D_t 为 t 期所得股利，K_e 为投资者必要报酬率，我们可用 P_0 和 D_t 来求出 K_e，但在实际经济生活中，这两个变量本身很难估计，从而使得该模型缺乏普遍适用性。为简化上述模型，我们可以假定公司未来的每股股利将按不变的增长率（g）增长，因此，可将上式进一步改写成（数学推导过程从略）：

$$P_0 = \frac{D_0(1+g)}{K_e - g}$$

在这里，D_0 是 $t=0$ 时（即现时）的股利，D_1 为下期股利，且 $K_e > g$。该模型中的 g 被认为是公司收益、股利及股票价格的增长率，也就是说，如果公司股利支付率不变，则股利增长即意味着公司收益必须同步增长；同时，如果市场没有噪音和干扰项，则股利增长将意味着股票价格也将同步增长。在这样的推理下，g 也就意味着股票价格的年增值率。由于股东投资收益率（K_e）由股票价格年增值率和股利收益率两部分组成，因此，g 不可能大于 K_e，它仅仅是 K_e 的组成部分之一。在这一模型下，普通股的成本可写成：

$$K_e = \frac{D_1}{P_0} + g$$

由于发行费用存在，K_e 实际上又写成：

$$K_e = D_1/P_n + g$$

其中，$P_n = P_0 \times (1-f)$（f 即发行费用率）。例如，假定 A 公司现时普通股的发行价格是每股 22 元，其现时股利 $D_0 = 0.96$ 元，预计长期的股利增长率 $g = 8.5\%$；假定新股发行价为 21 元，每股发行费用为 1 元，则新股的预计成本率可计算为：

$K_e = 0.96 \times (1 + 8.5\%)/(21-1) + 0.085$
　　$= 0.137$ 或 13.7%

公司利用上述模型确定成本率所遇到的最大问题是如何确定增长率（g），这一增长率并不是公司自定的，而是反映市场对公司发展的预期，因此，它是由市场上的众多投资者共同预期确定的结果，它包括对公司利润增长的预期、股利增长的预期以及股票升值的预期；而投资者对公司增长率的预期是基于公司过去已实现的增长率、现时的盈利能力和水平、留存比率及公司在市场中的状况等的综合判断，因此，市场分析家们的预测增长率可被看作公司增长率，公司可利用分析家们的资料，据以确定自身增长（g 的解释在长期财务规划时已经涉及，具体测算见第 5 章有关内容）。

2. 资本资产定价模式

资本资产定价模式（CAPM 模式）以定量方式正式地确定了风险—收益均衡关系，表达为 $K_j = R_f + \beta_j \times (R_m - R_f)$，在这里，$R_f$ 被定义为无风险收益，以 3~6 个月的国库券利率为依据（也可以采用长期国库券利率表示），R_m 被定义为市场均衡收益率。按美国的统计，1926~1993 年间的年均 R_m 为 12.3%，在此期间，如果以长期国库券利率为无风险利率的话,则($R_m - R_f$)即市场风险溢价平均为7.2%;如果用短期国库券利率为无风险收益率的话,则($R_m - R_f$)为8.6%。用CAPM法确定权益资本成本,还涉及另一变量,即β。如果β已知(如A公司$\beta_A = 0.95$),$R_f = 5.5\%$,则该公司的普通股成本率可估计为:

$$K_e = 5.5\% + 0.95 \times 8.6\% = 13.67\%$$

应该看到,用CAPM模式进行成本估算,有时很难,原因在于:(1)所估算的成本是未来的,而β值是基于过去和现在的数据确定的,过去和现在在很大程度上不能替代未来;(2)市场风险溢价($R_m - R_f$)随不同的时间序列而不同,在估算上难以达成共识;(3)β值是不是解释风险—收益对等关系的唯一变量尚处于争议中。尽管如此,这种方法仍不失为估算普通股成本的科学方法之一。

> 结合我国股票市场实际数据,我国企业在运用CAPM模型估算权益资本成本时,R_m应该取多少?

三、加权或边际资本成本的实际作用

前述的内容很容易看出这样一个假定,即假定个别资本成本都是单一成本,如果企业追加发行证券(如股票或债券),而追加发行的增量成本又不相同,则加权资本成本的估算将必须进一步修正。案例分析如下。

假定M公司正在为未来年度确定资本支出计划,其资本支出项目计划有关内容如表6-1所示。假定这些项目与现有资产具有相同的经营风险。

表6-1

项 目	所需资本额(百万元)	内涵报酬率(IRR)
A	4.0	13.8%
B	18.0	13.0%
C	6.0	11.05%

已知:

(1)公司现时资本结构(即目标资本结构)包括40%的负债、10%的优先股和50%的权益资本,其资产负债表如表6-2所示。

表6-2　　　　　　　　　　M公司的资产负债表　　　　　　　　单位:百万元

流动资产　100 固定资产　30	流动负债　50 长期负债　32(40%) 优先股　　8(10%) 普通股　　40(50%)
合计　　　130	合计　　　130

(2) M 公司在 5 百万元范围内能按税前 9% 成本负债筹资，而当负债筹资额超过 5 百万元后，将使债务成本上升到 10%。

(3) 优先股成本为 10%。

(4) M 公司的所得税率为 40%（为简便起见）。

(5) 该公司期望未来年度将有 10 百万元的内部留存用于投资，M 公司现时的股利（D_0）是每股 2 元；其普通股现时售价为每股 25 元，而未来新股发行价定为每股 24 元。假定该公司收益及股利增长率为 7%，公司股利支付率也将保持不变。

根据上述资料，可估算 M 公司未来年度的加权资本成本。计算步骤如下：

第一步，计算个别资本成本。由本例资料可得到：

债务成本 $K_i = K_d \times (1-T) = 9\% \times (1-40\%) = 5.4\%$（0～5 百万元）

或 $= 10\% \times (1-40\%) = 6\%$（5 百万元以上）

优先股成本 = 10%（已知）

普通股权益成本：

内部留存成本 $K_e = 2 \times (1+7\%)/25 + 0.07 = 15.6\%$

外部发行新股成本 $K_e' = 2 \times (1+7\%)/24 + 0.07 = 15.9\%$

第二步，计算每一筹资增量的加权资本成本（即边际资本成本）。按题意，公司必须按目标资本结构先从个别资本成本最低的筹资方式中确定其组合，因此，它们应该是留存收益、优先股和第 1 个 5 百万元负债的筹资组合方式。当这些来源渠道用完之后，公司才会考虑更高成本的筹资方式，即发行新股、超 5 百万元的负债筹资及优先股组合。

① 为保持原有资本结构，在 5 百万元债务资本全部筹集的情况下，其总筹资量是多少？按题意，其筹资总量为（X）= 成本最低的债务筹资量/资本结构中的债务比重 = 50/4 = 12.5（百万元）。在这里，12.5 百万元代表第一间断点，在此筹资范围内，12.5 百万元的总筹资额将由 5 百万负债、1.25 百万的优先股（12.5×10%）、6.25 百万元的留存收益（12.5×50%）构成，此时的加权资本成本率（WACC）计算为：

$WACC(12.5) = 40\% \times 5.4\% + 10\% \times 10\% + 50\% \times 15.6\%$
$= 10.96\%$

② 在 10 百万元的内部留存全部筹集完的情况下，新的筹资间断点（X）应该是：10/50% = 20 百万元，因此，新增的筹资量（20 - 12.5）= 7.5 百万元将由负债（7.5×40% = 3 百万元）、优先股（7.5×10% = 0.75 百万元）、内部留存（7.5×50% = 3.75 百万元）组成，因此，边际筹资后的加权资本成本为：

$WACC(20) = 40\% \times 10\% \times (1-40\%) + 10\% \times 10\% + 50\% \times 15.6\%$
$= 11.2\%$

③ 超过 10 百万元的内部留存，再需要筹资只能借助于发行新股，在资本结构不变的条件下，发行新股后边际上的加权资本成本应为：

$$WACC(>20) = 40\% \times 6\% + 10\% \times 10\% + 50\% \times 15.9\%$$
$$= 11.35\%$$

上述边际资本成本可用图 6-3 来表示。

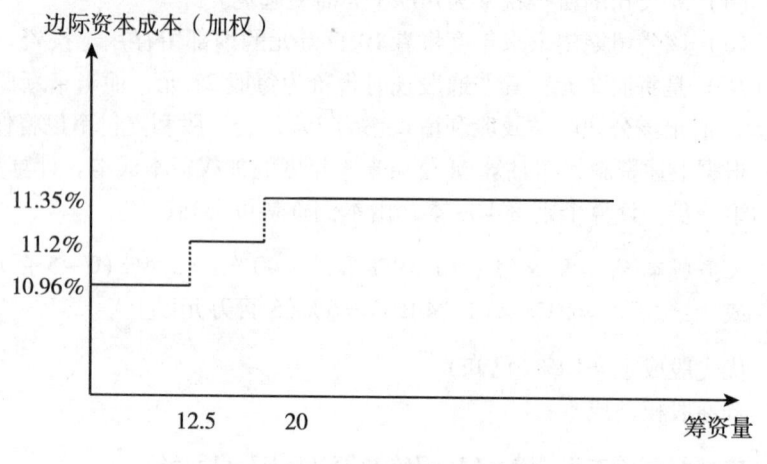

图 6-3 边际资本成本线

如果用边际资本成本作为投资项目判断依据，并据以分配所筹资本的话，我们可以发现，本例中 A、B 两个项目的收益率均大于最高的边际资本成本（11.35%），故都可行；而项目 C 的收益率（11.05%）低于成本率，从而应予舍弃。

第二节 资本结构与公司价值

一、资本结构的含义

资本结构被定义为公司资产负债表右边各长期资本（长期负债与权益资本）间的比例关系。也有人将永久性短期负债列作长期负债而一并考虑。与它相对应的另一概念是财务结构，它指所有各项资金来源的结构比例关系，可见，财务结构的含义更为广泛。在没有严格限定的情况下，这两个概念可以相互替代使用。

资本结构决策主要涉及如何选择债务与权益资本间比率问题。由于这一决策事关公司价值高低变化，因此，大多数财务理论与实践都将其作为筹资决策的核心。从公司价值角度，如果将公司价值定义为负债（B）和所有者权益（E）价值之和，即公司价值 V = B + E，则资本结构决策主要回答以下问题，即：使公司价值（V）最大化的负债—权益比是多少？

二、资本结构理论

资本结构与公司价值间存在密切关系，这种关系通过资本成本而体现。一般认为，加权资本成本最低时的资本结构，也是公司价值最大时的资本结构，财务上将之定义为最佳资本结构。在最佳资本结构状态下，公司所反映出的负债总额可以看成是公司的负债能力极限，超出这一极限，资本结构就不会是最佳的，因为它引起边际资本成本的增加，企业价值变小。

(一) 资本结构分析的起点

为便于资本结构分析，必须假定公司资产收益能力不随资本结构的变动而变动，也就是说资产负债表左边反映的资产盈利能力并不受其右边资金来源结构变动的影响，此所谓筹资与投资的分离原则。这一原则是展开资本结构分析的逻辑起点。资产盈利能力以一定规模资产所实现的息税前利润（$EBIT$）来考察，即财务学上所定义的资产报酬率（$ROA = EBIT \div A$），其中 A 代表总资产。分离原则无非表明，资本结构变动仅仅影响经营收益（$EBIT$）在不同权益所有者间进行的分配。

但是，分离原则并不意味着投资收益及其变动风险不对资本结构及其收益分配产生影响，事实上：(1) 收益能力总是越强越好，做大了的"蛋糕"总是有利于利益的公平分配的；(2) 资产收益能力的变动性（即经营风险）只有与筹资风险相匹配，才能从整体上降低企业风险，因此资本结构及其筹资风险必须考虑资产收益能力及经营风险，只有这样才能使企业整体风险下降，从而使企业更安全，更稳健；(3) 不同筹资来源，确实会对公司治理产生一定的影响，并在一定程度上影响到投资收益。如，负债融资会限制自由现金流量的低效使用，从而有助于提高投资效率和资产整体使用效益。

(二) 资本结构几种理论

资本结构理论是关于资本结构（负债/总资产或负债/权益资本）、资本成本及公司价值三者间关系的理论描述，它是公司财务理论的重要组成部分，也是使公司财务学融入现代微观经济学的重要基石。资本结构理论主要包括 MM 理论和均衡理论两种，其他理论（如信号理论等）则起补充作用。

1. 无税下的 MM 理论（命题 1 和命题 2）

财务学家莫迪里昂尼（Franco Modighiani）和莫顿·米勒（Merton Miller）基于一系列假设，在其论文《资本成本、公司财务及其投资理论》（1958 年）中首次提出，公司的资本成本与公司价值和资本结构安排无关。这就是著名的无关理论。其假设体系包括：①没有所得税（公司和个人）；②买卖证券没有任何交易成本；③市场有足够的买方和卖方，从而单个投资者对证券价格不产生重大影响；④投资者都能免费得到相关信息；⑤所有投资者均能按同一利率借入或贷出，或者说，个人能以与公司相同的利率借入或贷出，且借贷利率相等。同时，MM 理论还假定所有投资者是理性的，且对公司盈利水平具有相同的预期。

在无税的状态下，如果按照上述假定，债务成本和公司加权资本成本是不变的，它并不会由于资本结构的变动而改变这种不变的属性。也就是说，当公司提高其负债比时（B/E），权益资本成本（K_e）将随着筹资风险的加大而相应提高，提高了的权益资本成本正好抵销掉负债筹资的低成本好处，从而使得加权资本成本不随着 B/E 的改变而改变。同理，由于公司的市场价值表现为未来经营收益的折现值（贴现率为加权资本成本率），从而公司价值也不会随着资本结构的改变而改变，上述资本结构与资本成本的关系可用图6-4表示。

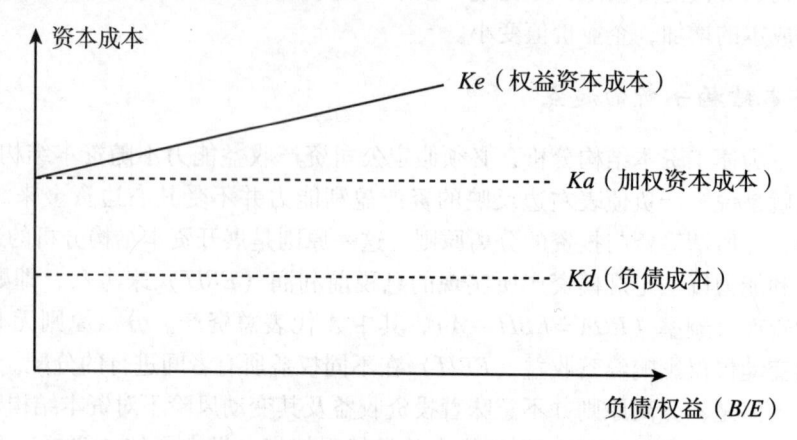

图6-4　资本结构与资本成本的关系

用具体例子来说明。假定U公司为无负债公司，而L公司为有负债公司。两个公司的资本结构及相关财务数据如表6-3所示，并假定U公司和L公司经营风险相同。

表6-3　U公司与L公司相关财务数据（无税情形）

有关资本结构的项目数据：	U公司（无杠杆公司）	L公司（杠杆公司）
（1）总资产	1 000	1 000
（2）负债	0	500
（3）净资产市场价值	1 000	500
（4）负债利率	10%	10%
（5）每股市价	20	20
（6）流通在外股票	50	25
有关收益的项目数据：		
（7）总资产报酬率（ROA）	15%	15%
（8）息税前收益（EBIT）	150	150
（9）利息	0	50
（10）息后收益（即净收益）	150	100
（11）净资产收益率（ROE）	150/1 000 = 15%	100/500 = 20%
（12）每股收益（EPS）	150/50 = 3	100/25 = 4

表 6-3 中的数据表明，U、L 两个公司的其他财务数据相同，所不同的只是资本结构。这两个公司中，哪一家公司的资本结构是最好的？通过计算结果及直觉告诉我们，有债务的 L 公司可能好些，原因在于它的每股收益（EPS）为 4，而 U 公司为 3。

这一结论对吗？MM 无税理论认为，公司无法通过改变其资本结构的比例来改变其流通在外证券的总价值。即，不同的资本结构下其公司总价值不变，结论是资本结构与公司价值无关，这就是著名的 MM 命题 1（无税）。其证明方法如下：

（1）假如你是一位投资者，并有 200 元的个人资本（个人的资源禀赋）。

（2）策略 A：你可能会先买下 L 公司 40% 的发行在外股票，共 10 股，投资总额为 $10 \times 20 = 200$ 元。由于 L 公司的 EPS=4，则你的投资净收益将是 $10 \times 4 = 40$ 元。

（3）策略 B：如果你能从银行或其他人手中借入 200 元（利率为 10%），连同自有个人资本 200 元，共计 400 元，则此时你就能买入 U 公司发行在外的 40% 的股票，共计 20 股，投资总额为 $20 \times 20 = 400$ 元。你在买入 U 公司股票时，由于自制杠杆（个人总投资 400 元中，自有资本为 200 元，借入资本 200 元），其投资净收益 $= 20 \times 3 - 200 \times 10\% = 40$ 元。

（4）计算表明：两种投资策略所取得的净收益是相等的。其结论是：在其他条件不变的情况下，无论 U 公司和 L 公司的资本结构是如何不同，但对股东财富而言并没有任何影响。进一步的推论是：如果股东无法从公司的财务杠杆中获利，则他也就不可能从其自制杠杆中获利。正如表 6-3 中所说明的，U 公司的价值（即所有者权益）为 1 000 元，而 L 公司的价值也为 1 000 元（500 元的净资产 + 500 元的负债）。

为什么会出现这种情况？MM 理论认为：原因在于投资者的自制杠杆与套利行为以及市场有效性。

现在假定：无论何种原因，L 公司价值实际上要高于 U 公司价值，比如为 1 200 元（其中净资产市值为 700 元，即每股市值等于 700/25 = 28 元；负债不变，为 500 元）。在这种情况下，作为投资者，采用策略 A 的成本要高于策略 B。因为，策略 A 下要购入 10 股的话（占 40% 股份），必须多付 $10 \times (28 - 20) = 80$ 元，而收益未变。在这种情况下，理性的投资者都会进行这样的投资：尽量用自己的信用能力借入款项投资于 U 公司，其每年可获得的净收益与 L 公司相同，但成本将更小。但是，市场是有效的，这种机会并不只是针对某一个投资者，而是针对大量的投资者的。如果杠杆企业的价值较高，理性的投资者将不会投资于该企业，任何投资者都可以通过借入款项，自制杠杆来购入无杠杆企业的股份，从而用较便宜的成本获得相同的投资回报。市场的有效性及最后的均衡结果是：有杠杆企业的价值下跌，而无杠杆企业的价值上涨，直到它们的价值相等。

关于无税下 M-M 命题 2。从本章第一节的资本成本计算中我们得知，如果不考虑优先股和所得税（T=0），则公司的加权资本成本（WACC）等于加权平均债务成本加上加权平均普通股成本，即用公式表示为：

$$WACC = K_d \times B/(B+E) + K_e \times E/(B+E)$$

根据这一公式，沿用上例分别计算 U、L 两公司的加权资本成本如表 6-4 所示。

表 6-4 　　　　　U、L 两公司的相关财务数据（无税情形）　　　　　单位：万元

项　　目	U 公司（无杠杆）	L 公司（杠杆）
债务市值（B）	0	500
股票市值（E）	1 000	500
债务占总资本的比例 B/(B+E)	0	0.5
股票占总资本的比例 E/(B+E)	1	0.5
K_d	10%	10%
K_e	150/1 000 = 15%	100/500 = 20%
WACC	15%	15%

表 6-4 的计算表明，在无税的情况下，U、L 两公司的加权资本成本是相同的，它们与资本结构无关（都是15%）。这一现象还表明，由于债务的存在，杠杆公司的权益资本成本要大于无杠杆公司权益资本成本，在上例中，即市场对 L 公司的期望收益（20%）要高于市场对 U 公司的期望收益（15%）。原因就在于杠杆公司的债务风险，使得其股东期望得到更高的收益率或必要报酬率。这两类公司间的权益资本成本间的关系可用下述公式描述，即：

杠杆公司权益资本成本 = 无杠杆公司权益资本成本 +（无杠杆公司权益资本成本 - 负债资本成本）× 负债/权益

这就是 MM 命题 2（无税）。这一命题的结论是：权益成本随财务杠杆而增加，原因是权益的风险随财务杠杆而增大。用上述数据即验证为：

L 公司的权益资本成本(20%) = U 公司权益资本成本(15%) +（U 公司权益资本成本 15% - 负债资本成本 10%）× 负债/权益(500/500)

无税状态下的 MM 理论及其解释至少说明：资本结构调整与企业价值无关。进一步说明了：企业如果试图用债务来代替权益进行筹资，尽管负债成本比权益成本更便宜，但企业的加权资本成本不变。这是因为，当企业增加债务时，作为剩余索取权拥有者的股东承担的风险加大了，因此股东会相应提高其权益成本，这种提高了的权益成本正好抵消了因低成本债务筹资而获得的好处，两者抵消，从而企业价值、加权资本成本与财务杠杆无关。

2. 有税下的 MM 理论

MM 理论模型的最大贡献之一是发展了一套方法论，即经济体系中的纯粹性（无税、无交易成本、市场有效等），以及投资者的理性套利行为和自制杠杆等。然而，

现实中的无税状态是少有的。MM 在放宽无税假定后,沿用其原有的思辨方法,发展有税状态下的 MM 理论。其基本结论是:在有税条件下,由于负债利息的减税作用会增加公司价值。

用案例分析如下:

假定某企业的所得税率为 40%(为了简化起见),且每年的息税前收益为 200 万元,税后收益全部用于支付股利。该企业有两个资本结构方案(U 和 L),U 方案无债务,而 L 方案有债务(B)400 万元,利率为 10%。有关财务数据计算如表 6-5 所示。

表 6-5　　　　　　　　财务数据分析(有税情形)　　　　　　　单位:万元

项　　目	U 方案	L 方案
息税前收益 EBIT	200	200
利息($r \times B$)	0	(40)
税前收益($EBT = EBIT - rB$)	200	160
所得税($T = 40\%$)	80	64
税后收益($EAT = [(EBIT - rB) \times (1 - T)]$)	120	96
股东与债权人的所得收益的总现金流量[$EBIT \times (1 - T) + TrB$]	120	96 + 40 = 136

要注意的是,表中税后收益中 U 方案比 L 方案多,是否意味着没有财务杠杆的股东比有财务杠杆下的股东收益更高?当然不是。因为 U 方案发行在外流通股相对比 L 方案要多,因此有财务杠杆的每股收益比无杠杆下的每股收益要高;同时,最后一栏中的总现金流量[$EBIT \times (1 - T) + TrB$],是通过股东股利($EBIT - rB$) × (1 - T)加上债权人的利息收入 rB 归纳化简得来的。

在表 6-5 中,总现金流量是指股东所得股利的现金流加上债权人所得利息的现金流。两个方案比较发现,L 方案比 U 方案的现金流量要高 16 万元(136 - 120),这一差额正好等于 L 方案比 U 方案所多交的所得税(80 - 64 = 16 万元)。这在财务理论上被称之为债务资本的税盾作用(tax shield effect)。这一差异可计算为:

差异 = $T \times r \times B$ = = 40% × 10% × 400 = 16(万元)

假定现金流是永续的,因此可以用现金流量贴现模式来确定 U、L 两方案各自在有税情况下的公司价值。对于 L 方案来说,股东与债权人所得收益的税后现金流量由两部分组成,即 $EBIT \times (1 - T) + TrB$,其前项 $EBIT \times (1 - T)$ 恰好等于 U 方案的税后现金流,而 U 方案的公司价值等于 $Vu = EBIT \times (1 - T)/r_0$($r_0$ 被定义为 U 方案的资本成本或现金流量贴现率);后一部分 TrB 是税盾额,其现值 = TrB/r,r 为债务成本率。因此,L 方案的公司价值 $V_L = EBIT \times (1 - T)/r_0 + TrB/r = Vu + TB$,用文字表达即:

$$杠杆公司价值 = 无杠杆公司 + 税率 \times 杠杆公司债务总额$$

这就是有税下的 M-M 命题1。

与此相对应，M-M 理论还发展了有税下 M-M 命题2，即：

$$杠杆公司权益成本 = 无杠杆公司权益成本 + (无杠杆公司权益成本 - 债务成本) \\ \times 负债/权益 \times (1 - T)$$

小结：M-M 有税下的资本结构理论表明，在没有破产成本情况下，企业价值是财务杠杆的增函数。这一结论暗含着：企业应采用几乎全部由债务组成的资本结构。但这一暗含的结论与现实生活也不尽相符，因为一般企业都会采用一个适度的债务水平。为什么会产生这种理论与现实的背离，考虑破产成本和代理成本下的均衡理论为此做了进一步的解释。

3. 考虑所得税、破产成本及代理成本下的资本结构理论：均衡理论

考虑所得税、破产成本及代理成本下的公司价值与资本结构间的关系可写成下式：

$$有债公司价值 = 无债公司的市场价值 + 税盾收益现值 - 破产成本现值 - 代理成本现值$$

（1）破产及相关成本。从实际经营看，公司不可能通过无限制地负债筹资取得税盾效应，随着负债比率的提高，企业面临的破产及相关成本也将加大。这些成本包括：首先，随着负债比率的提高，债权人的高利息报酬相应加大了公司成本，债权人甚者会因风险考虑而拒绝提供债务资本，从而使公司不得不放弃可接受的投资方案和项目，导致机会成本损失；其次，随着债务比率提高，公司会面临现金支付不足（偿债能力不足）问题，在实施财务重整时会导致法律和会计成本的发生；第三，公司的客户（包括潜在的）会因负债过高而对公司的持续经营能力产生怀疑，从而转向其他企业使公司失去市场，这种机会成本的发生也属于破产及相关成本；最后，一旦公司被迫清算变现，其资产会按低于市场价值而出售，由此发生的资产损失也构成破产及相关成本。美国学者奥特曼（Altman）将破产成本分为两类，一类是用于支付债权人及债务重整中的直接成本，另一类是与失去客户和供应商、失去员工和高级管理者等有关的间接成本，他发现，对于濒临破产的公司，其直接成本大约占公司价值的 6%，在临近破产的前 3 年，其直接成本加间接成本平均占公司价值的 12.1%，而当公司处于破产时，这些成本占公司价值的 16.7%。可见，破产成本是相当大的，正因为如此，人们发现对于那些易于破产的中小企业，其资本结构中均安排较低的负债比率。

（2）代理成本。如前所述，在大的公司组织中，证券投资者（债券和股票投资者）并不直接从事公司日常投资、筹资及运营管理，他们均委托其代理人参与管理事务，从而形成委托—代理关系。在负债或股票筹资决策选择中，债权人被视为委托人而股东被视作代理人，这是因为股东可以通过选举董事会和雇佣总经理的方式来直接参与筹资与投资决策，因此债权人与股东间的代理关系构成公司治理结构中委托—代理关系很重要的一方面。债权人与股东间的利益冲突缘于财富的转移，即当公司资本结构中安排负债的话，普通股东有充分的激励来从事有损于债权人而有利于自己的行为，如利用负债资本从事高风险项目投资，赔了是债权人的，而赚了则属于自己的；又比如，在不受限制的条件下，股东会在资本结构中安排过多的新债从而冲淡对原有债权人的利益保护。股东的这些行为直接导致公司信用等级的降低，从而使债权人的债务市值锐减。毫无疑问，债权人对股东的这种财富转移行为不会熟视无睹。委托代理理论认为，债权人会提高其预期利率报酬来补偿这类预期的财富转移，继而，为减少这些代理问题会相应产生监控及签约成本，这些成本的发生旨在通过保护性条款来减少债权人权益的损失。然而，限制性条款越多、越严，其监控成本也就越高；另外，过严的限制条款会减少公司自主经营的程度，并由此带来管理者的低效率和机会成本发生，最终使股东及债权人的利益两败俱伤。公司处于这样一个权衡境地，要么对债权人的权益没有保护条款，从而导致高利率、低监控成本并对管理者较少干预；要么公司的所有决策都置于债权人的审查中（这显然是不可行的）。因此，实施监控和签约活动的均衡点只能是：债权人的利率减少额正好等于额外的监控和签约成本。

可见，代理成本是资本结构中负债比率的增函数，基于均衡点考虑，公司不可能像 M－M 理论分析的那样通过 100% 的负债来安排其资本结构，负债比率必须低于 100%。综合破产及相关成本和代理成本，可以看出，最佳资本结构在理论上是存在的，它是税盾价值（收益）与破产及代理成本价值（成本）间的均衡点。这一点即图 6－5 中所示的 B/E 点，按均衡模式所确定的最佳资本结构通常被称之为静态均衡理论（由 Stewart C Myers 提出）。这一理论意味着，由于财务破产成本和代理成本能在一定程度上被减少但不可能完全消除，因此公司不可能全部用债务来进行融资，公司会选择最大化其价值的债务—权益比。

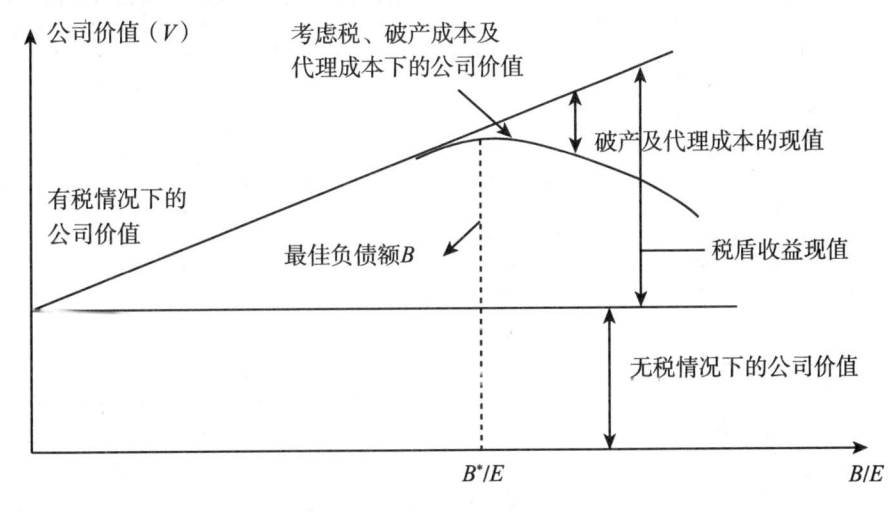

图 6－5　静态均衡理论

同样，我们还能构建出资本结构与资本成本间的关系，这种关系可描述如图 6－6 所示。

4. 资本结构的其他理论

有关资本结构的理论，除了上述理论外，还有其他一些理论解释，如行业效应、

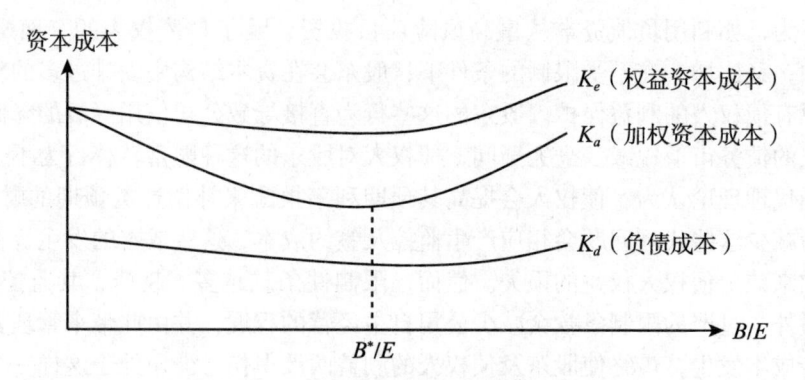

图 6-6 资本结构与资本成本间关系

信号理论及管理者偏好等因素。

（1）行业效应。大量研究表明，不同国家间的资本结构差异较大，根据 OECD 的统计（1995），美国、日本、德国、加拿大、法国和意大利等主要经济大国，其平均的负债/权益比率分别为：48%、72%、49%、45%、58%、59%；而且不同行业间的资本结构也相差较大，研究发现，未来投资机会大的高增长型行业，如制药、电子等，其负债水平趋于较低。如凯斯特（Kester）等人的研究发现，造纸业的负债/权益比（B/E）为 1.36，而制药行业的 B/E 则为 0.079。凯斯特发现，盈利越高的行业其负债率越低。表 6-6 列示了美国一些非金融公司的资本结构比率。

表 6-6　　1997 年美国一些行业的资本结构比率（中位数）

项目	债务占权益和债务的市场价值百分比（%）
高杠杆行业：	
房屋建造	60.2
旅馆及住房	55.4
机场	38.8
初级金属	29.1
纸业	28.2
低杠杆行业：	
药物和化学物品	4.8
电子	9.1
管理服务	12.3
计算机	9.6
健康服务	15.2

资料来源：转引自：斯蒂芬·A·罗斯等著，吴世农等译：《公司理财》第 16 章，第 325 页，机械工业出版社 2000 年版。

（2）信息不对称性及信号理论。上面的讨论中我们一直隐含的假定是，所有投资者均能得到有关公司盈利前景的相关信息，然而这一假定并不完全有效，事实上，信息不对称随处存在，内部控制人拥有外界投资者不具备的相关信息，因此，公司筹资、投资和股利分配决策的改变在实质上都意味着一种信号，一种对投资者有用且关于管理者评价公司预期收益、市场价值的市场信号。就像信号理论的首倡者斯蒂芬·A·罗斯（Stephen A. Ross）教授所指出的，公司新证券发行即意味着向市场传递了关于公司盈利前景或管理者拟采用何种管理行动的信号。研究表明，资本结构改变及新股发行将对股市产生消极影响，而新债发行不会对股市产生重大影响，相反，股票回购将对股市产生积极影响；提高负债比率的行动将对股市产生积极作用，反之则相反。信号理论表明，当公司改变资本结构时必须考虑其潜在的信号作用，即要么传递公司未来前景信息，要么传递经营者的管理意图。与此相应，沙阿（Shah）的研究也表明，股票价格随财务杠杆的增加而上升，随财务杠杆的减少而下降（这与债务产生的税收优惠是一致的）；同时，债务的增加可能为未来高现金流量和高价值提供一个市场信号。

（3）管理者偏好理论及效应。按照梅耶斯（Myers）的观点，任一公司可能并不存在最佳或目标资本结构，相反，公司资本结构的变动是随着内部现金流量、净现金股利支付和可行的投资机会三者关系的改变而改变的。也就是说，当投资机会所需现金超过内部现金流量时，公司会发行新债而使负债比率提高；反过来，盈利较高而投资机会又有限的公司，将趋于低负债比率。在这种情况下，公司实际上是建立一种财务弹性区间或称财务宽松区间（financial slack），即根据流动性资产和未使用的负债能力来安排弹性区间，以便当有利的投资机会出现时，公司能够利用这一弹性区间而左右逢源。管理者偏好理论表明，首先，与外部筹资（发行新证券）相比，公司偏好于内部筹资（如留存收益再投资），它主要基于以下三点考虑：第一，与外部筹资从而发生筹资费用相比，内部筹资相对成本较低（外显成本）；第二，内部筹资能避免外部筹资所引起的监督与控制，从而成本较低；第三，股利具有黏性，因此许多公司并不情愿调整其支付政策，而只是采用渐进式股利调整方式以反映其投资机会，从而公司并不愿意新股发行。其次，如果外部筹资确实必需，管理者会偏好于新债发行，这是因为，新债的筹资成本低于新股筹资成本；另外按照信号理论，新股发行的市场信号将对股市产生消极影响，而新债的信号作用将不影响股市。最后，如果新债发行过量而外部筹资又必需，则公司倾向于发行可转换债券，作为最后一招，才可能涉及新股发行。上述管理者的偏好理论，循着内部筹资、新债及新股发行的顺序筹集资本，并安排其资本结构，这一顺序在理论上被称之为优序融资理论（Myers，1984）。

优序融资理论的决策含义可能是：公司在经营好的期间会将其现金流量大量地贮存于企业，以备未来不景气时之急需；或者在好的经营期间内使用少量的债务，以便在不景气时期或有重大投资机会时能借到所需的资金。

> **相关链接**
>
> ### 我国上市公司的融资偏好
>
> 在我国上市公司中，人们普遍认为存在股权融资偏好现象，即融资顺序首选股权融资，其次选择债务融资，最后选择内部融资；在债务融资顺序中，上市公司更加偏好短期负债融资而非长期负债融资。一些研究表明，导致我国股权融资偏好的主要原因有：(1) 我国股权融资成本低廉；(2) 我国公司债券市场没有得到应有的发展，金融机构并不偏好向公司提供长期贷款；(3) 公司治理机制不完善，股权融资并不能对上市公司管理层构成强有力的治理约束，而银行贷款或发行债券对资金投向的约束具有较强的刚性。
>
> 资料来源：刘星等，《我国上市公司融资顺序的实证研究》，载《会计研究》2004 年第 6 期。

三、资本结构理论的管理含义及其分析框架

到目前为止，理论界还没有提出一个适用于所有公司的资本结构决策模型，而现实中，很多企业却在不同程度上决策着自身的"最佳"资本结构。它们在决策其资本结构时，大都依据于其所考虑的因素而随机而动，这些因素可概括为以下四方面：(1) 税收。税收的抵免作用可增加公司价值，因此，只要公司能从经营中产生利润，债务的使用都是合理的。(2) 资产类型。资产的专用性越强，采用债务融资给债权人带来的损失可能越大（在破产时），因为专用性资产的清算价值较低；反过来，资产专用性越小，给债权人带来的损失可能越小。因此，不同行业、不同的资产专用属性，都在一定程度上影响着负债融资决策，也影响着债权人本身是否将其资本贷出。(3) 经营收入的不确定性。当公司经营风险较大，经营收入不稳定性越强时，其财务破产的可能性也越高，因此为了避免破产，公司主要考虑采用权益性融资方式（如电子行业等），反之，如果经营收入稳定，现金流量较大，则采用债务融资可能是最好的选择之一。(4) 其他因素，如管理者的风险态度、企业现实的融资能力等。

资本结构理论是现代企业财务管理理论的核心内容，它至少可以给管理者以下启示：(1) 资本结构决策是管理决策的重要内容，资本结构的变动会影响公司价值，因此，作为管理者必须将资本结构决策置于重大决策事项范围，明确其决策主体——股东大会及其董事会。(2) 负债筹资确实存在税收的屏蔽及抵免作用，直到增加负债所带来的破产成本和代理成本抵销其负债筹资收益为止，因此负债要有限额，而不能无节制。(3) 最佳资本结构的确定受公司面临的经营风险的影响，对于经营风险较高的企业，保持适度或较低的负债比率和财务风险也许是必要而可行的。(4) 当公司试图改变其资本结构时，这种改变事实上是在向市场及投资者提供关于公司未来发展、未来收益及其公司市场价值的一种（组）信号，信号的潜在作用与反作用不能低估，公司管理与决策当局必须谨慎从事。

> 海澜之家（600398）是一家在上海证券交易所上市的大型服装企业，2014年中报显示，该公司有息负债金额为0，请根据相关理论分析该公司的资本结构决策。

资本结构理论对筹资决策及资本结构管理的影响可归纳为如下一个基本框架，这一框架以股东价值最大化为目标，基于实际资本结构与最佳资本结构间的关系比较，选择优先资本结构的各种途径和策略，具体思路见图6-7。

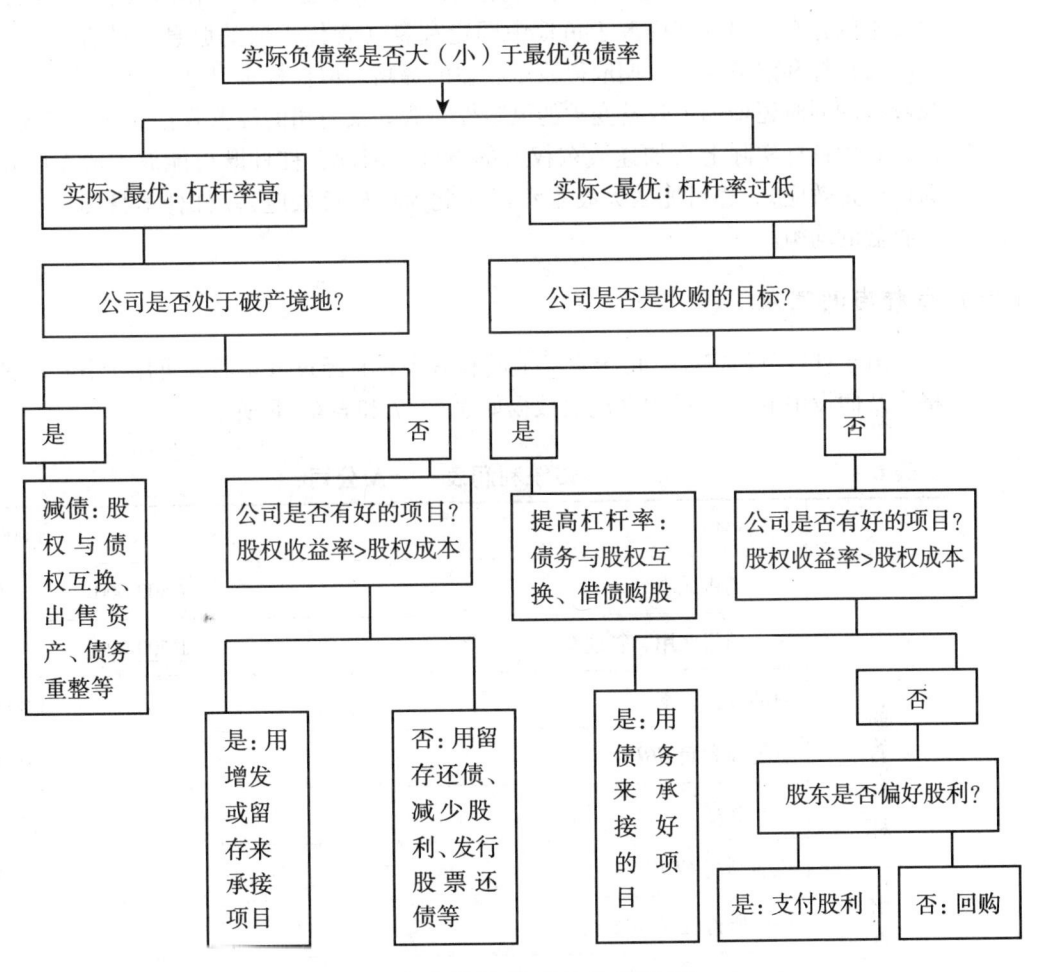

图6-7 资本结构管理的分析框架

资料来源：阿斯瓦斯·达摩达兰著，郑振龙译：《应用公司理财》，第9章，第442页，机械工业出版社2000年版。

第三节 筹资风险与资本结构决策

负债率过高或过低的判断主要借助于风险—收益关系分析。为便于实践中的资本结构决策，财务上有各种不同的分析工具可供使用。这些分析方法当中，经营杠杆与财务杠杆分析、EBIT—EPS分析及现金的偿债性分析等，都有助于经营者在选择负债筹资时做出风险与收益间的权衡。

一、财务风险与资本结构决策：杠杆分析法

从已有知识中得知，杠杆通常被定义为公司利用资产和负债中固有的固定成本属性而提高股东潜在收益能力的一种作用装置。其中，经营杠杆作用缘于资产项目中固定成本的存在，财务杠杆源于负债中固定利息（含优先股的股息）的存在。公司利用经营杠杆和财务杠杆以期取得股东收益的提高。但杠杆本身是一把双刃剑，它在增长收益的同时还增加了收益变动的风险性。假如某公司的经营收益不抵固定成本和费用，利用杠杆实际上会加速股东权益的下降。因此，杠杆既可能放大股东收益（此为杠杆正效应），也可能放大股东亏损（此为杠杆负效应）。杠杆本身即意味着风险与收益的均衡。

（一）杠杆与利润表

由于杠杆分析需要，传统意义上的利润表只有经过修正后方可用于分析。两者的格式及假设中的A公司的利润表数据如表6-7和表6-8所示。

表6-7　　　　　　　　　传统利润表——A公司

经营杠杆——财务杠杆	销售	5 000 000
	——销售成本	2 500 000
	——销售费用、管理费	1 500 000
	总的经营成本	4 000 000
	息税前利润 EBIT	1 000 000
	——利息	250 000
	税前利润 EBT	750 000
	——所得税（40%）	300 000
	税后利润 EAT	450 000
	——优先股利	150 000
	普通股收益	300 000
	每股收益	3.00

两个表相比，会发现杠杆分析用利润表对成本费用的处理完全有别于会计上的成本费用分类，它将经营杠杆中的作用按成本习性分为变动成本和固定成本两部分；而在财务杠杆中，将利息和优先股利则分列为固定费用支出，以体现其固定费用的杠杆

作用属性。

表6-8　　　　　　　　　杠杆分析用利润表——A公司

经营杠杆——财务杠杆	销售	5 000 000
	——变动成本	3 000 000
	——固定成本	1 000 000
	总的经营成本	4 000 000
	息税前利润 EBIT	1 000 000
	——利息	250 000
	税前利润 EBT	750 000
	——所得税（40%）	300 000
	税后利润 EAT	450 000
	——优先股利	150 000
	普通股收益	300 000
	每股收益	3.00

（二）经营风险与经营杠杆

如前所述，经营杠杆以其固定经营成本的存在为杠杆作用支点，也就是说，当经营固定成本存在时，销售收入的变化会被杠杆作用放大，从而导致息税前利润的更大变化，这种源于固定经营成本的乘数效应被称之为经营杠杆率（DOL）。

按照定义，经营杠杆率（DOL）可看成是息税前利润变化率与一定销售量情况下销售增长率的倍数。用公式表示即为：

$$销售为 X 时的 DOL = \frac{EBIT \text{ 的变化率}}{销售的变化率} = \frac{\Delta EBIT/EBIT}{\Delta S/S}$$

由于不同的销售量有不同的杠杆率，从而在计算时必须明确其销售点。如果沿用表6-8的资料，并假定其成本线 $y = 0.6s + 1\,000\,000$，则在销售由5 000 000元增加到5 500 000元时（增幅为10%），其有关资料又是如何，表6-9反映了这种变化情况。

从表6-9数据中我们可以计算出当销售为5 000 000元时的经营杠杆率：

$$DOL = \frac{1\,200\,000 - 1\,000\,000}{1\,000\,000} \div \frac{5\,500\,000 - 5\,000\,000}{5\,000\,000} = 2$$

或从表6-9中得出 20% ÷ 10% = 2

DOL 为2意味着基于5 000 000元的销售水平，在销售增长1%的情况下 *EBIT* 将按2倍的变化率与销售同向增长，如本例中，当销售增长10%时，*EBIT* 将按 2×10% = 20% 的增长率同向增长。可见，*DOL* 系数越大，它对 *EBIT* 的放大作用也就越大。

表6-9　　A公司销售增长10%对EBIT及EPS的影响效应

	原来（1）	增长后（2）	变化率[(2)-(1)]/(1)
销售	5 000 000	5 500 000	+10%
——变动成本	3 000 000	3 300 000	+10%
——固定成本	1 000 000	1 000 000	0%
总成本	4 000 000	4 300 000	8%
EBIT	1 000 000	1 200 000	20%
——利息	250 000	250 000	0%
税前利润	750 000	950 000	27%
——所得税（40%）	300 000	380 000	27%
税后利润	450 000	570 000	27%
——优先股利	150 000	150 000	0%
普通股收益	300 000	420 000	40%
每股收益EPS（100 000股）	3.00	4.20	40%

经营杠杆率还可以用其他方法来求出，其变通的公式有：

$$\text{销售为} x \text{的} DOL = \frac{\text{销售} - \text{变动成本总额}}{\text{息税前利润}} = 1 + \frac{\text{固定成本}}{\text{息税前利润}}$$

上述公式表明，当息税前利润等于零时，销售为 x 的 DOL 没有意义，而息税前利润等于零即意味着保本点，本例的保本点可计算为 $EBIT = x - 0.6x - 1\,000\,000 = 0$，得 $x = 2\,500\,000$ 元；而当息税前利润小于零（即低于保本点销售时），DOL系数是负值，负值的经营杠杆率意味着，随着销售增长1%，经营亏损将数倍于1%的速度降低。某一公司的经营杠杆实质上表现为生产过程的函数，当公司采用资本密集型组织生产时，由于固定成本较高而变动成本较低，从而其杠杆系数较高；反之，劳动密集型的生产组织，其杠杆率相对较低。

（三）财务风险与财务杠杆

1. 财务风险

它是指由于债务筹资引起每股收益（EPS）或权益净资产收益率（ROE）的变动性以及由于债务筹资而到期不能还本付息的可能性。从财务风险的概念可以看出，筹资风险包括两方面：一是EPS的变动性风险；二是偿债风险。其中，偿债风险是由于债务筹资引起的，没有债务筹资（或称固定成本式筹资，如借款或优先股票等），就没有偿债压力和风险，从而EPS的变动性也就减小。在无债状态下，EPS变动完全取决于 EBIT 的变动。

企业使用固定收益筹资方式主要出于提高净资产收益率的需要,债务的使用及其财务杠杆使得公司 EPS 增长快于 EBIT 的增长,EBIT 与 EPS 间的关系可用图 6-8 表示。

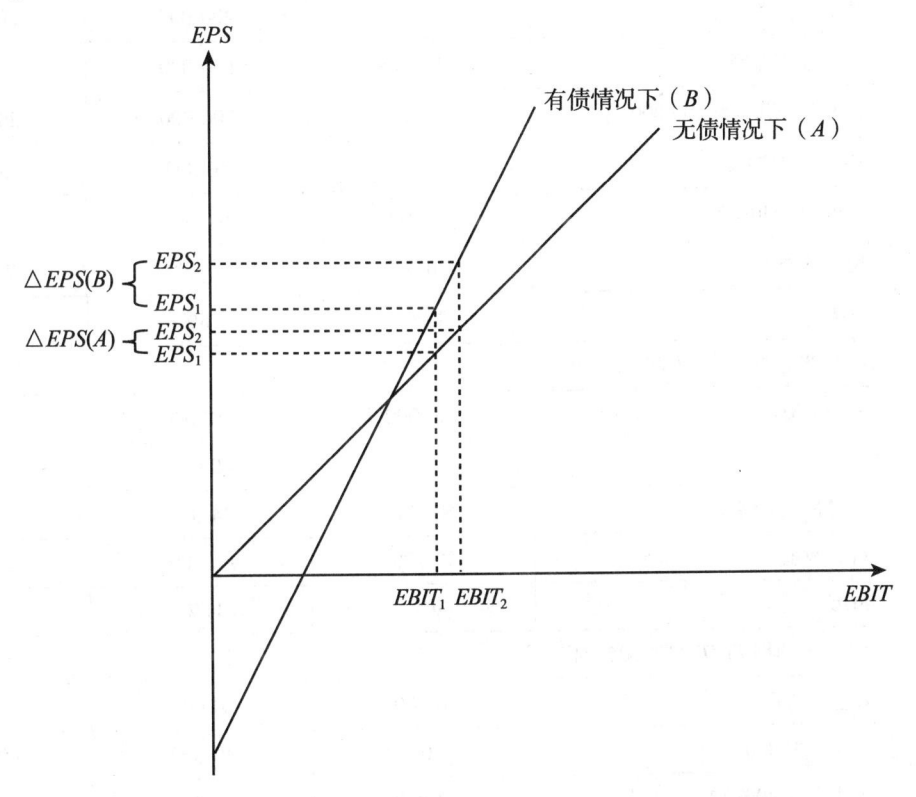

图 6-8 息税前利润（EBIT）与每股收益（EPS）的关系

公司利用财务杠杆是为了提高股东收益,但股东收益的提高以相应提高其财务风险为代价,这就是风险与收益间的均衡。公司资本结构管理的首要目标就在于找出这样一种筹资组合,以使得风险一定下的股东收益最大化。风险与收益间的对等关系,可以从模拟 B 公司的有关数据及表 6-10 看出。

表 6-10 揭示了：

(1) 在 EBIT 不变的情况下 (如第 1 种情形),资产报酬率保持不变 ($ROA = 20\%$),随着负债/总资产比重由 0% 上升到 40% 和 80%,我们看到其净资产收益率 (ROE) 由 12% 提高到 16% 和 36%,资产报酬率 (ROA) 与净资产收益率间存在某种函数关系,其变量为负债/权益资本,这种关系可用公式表示为：

$$\text{期望净资产收益率}(ROE) = \left[\text{期望资产报酬率}\,ROA + \frac{\text{负债}(B)}{\text{资本}(S)} \times \left(\text{期望资产报酬率}\,ROA - \text{负债利率}\,R\right)\right] \times (1 - \text{税率})$$

表 6-10　　　　　　　　　　　　财务杠杆（债务/总资产）

	0%	40%	80%
总资产	1 000 000	1 000 000	1 000 000
其中：债务	0	400 000	800 000
权益资本	1 000 000	600 000	200 000
(1) 当 EBIT 为 200 000 时	200 000	200 000	200 000
利息（10%）	0	40 000	80 000
所得税（40%）	80 000	64 000	48 000
税后收益	120 000	96 000	72 000
ROE	12%	16%	36%
(2) 当预期 EBIT 下降 25% 时			
期望 EBIT	150 000	150 000	150 000
利息（10%）	0	40 000	80 000
所得税（40%）	60 000	44 000	28 000
税后收益	90 000	66 000	42 000
ROE	9%	11%	21%
(3) 当预期 EBIT 下降 60% 时			
期望 EBIT	80 000	80 000	80 000
利息（10%）	0	40 000	80 000
所得税（40%）	32 000	16 000	0
税后收益	48 000	24 000	0
ROE	4.8%	4%	0%

即：

$$ROE = [ROA + B/S \times (ROA - R)] \times (1 - T)$$

验证公式（用负债/总资产 = 40% 的资料）：

$16\% = 20\% + 400\,000 \div 600\,000 \times (20\% - 10\%) \times (1 - 40\%)$

(2) 随着 EBIT 由原来的 200 000 元下降到 150 000 元和 80 000 元（下降 25% 和 60%），ROE 也将由原来的 16% 分别降至 11% 和 4%，它反映出负债筹资的另一作用，即由于固定财务成本的存在（利息），股东收益也会随资产收益能力的波动而波动，从而导致收益变动风险。

预期净资产收益率 = 基期净资产收益率 × (1 + 变动率)
　　　　　　　　　= 16% × (1 − 31.25%) = 11%

2. 财务杠杆率及其确定

财务杠杆以其固定的资本成本为支点,当固定的资本成本存在时,息税前利润的变化会被财务杠杆所放大,从而导致每股收益的更大变化,这种源于固定资本成本的乘数效应被称之为财务杠杆率(DFL)。财务杠杆率被定义为每股收益变化率与息税前利润变化率的关系,与经营杠杆相同,它也是基于EBIT为x前提下计算的变化率关系,用公式表示即:

$$EBIT 为 x 时的财务杠杆率(DFL) = EPS 的变化率 \div EBIT 的变化率$$
$$= \frac{\Delta EPS \div EPS}{\Delta EBIT \div EBIT}$$

按照表6-9的资料,我们很容易计算出当EBIT为1 000 000时的财务杠杆率:

$$DFL = \frac{(4.20 - 3.00) \div 3.00}{(1\,200\,000 - 1\,000\,000) \div 1\,000\,000} = 2.0$$

它表明,基于EBIT为1 000 000时其增长率为1%,将会导致2×1% = 2%的EPS增长。由于上述公式计算涉及两期EBIT和EPS值,计算起来较烦琐,为简化计算,可用下述公式:

$$EBIT 为 x 时的 DFL = \frac{EBIT}{EBIT - I - D_p \div (1 - T)}$$

式中,D_p为优先股利,由于它从税后支付,为便于比较,一般采用税前数据,因此固定性优先股利应调整为$D_p \div (1 - T)$。用上述公式同样可以计算得到当EBIT = 1 000 000时的DFL值,即:

$$EBIT 为 1\,000\,000 时的 DFL = 1\,000\,000 \div [1\,000\,000 - 250\,000 - 150\,000 \div (1 - 40\%)]$$
$$= 2.0$$

如果公司没有优先股,则上述公式可直接写成

$$DFL = \frac{EBIT}{EBIT - I} = \frac{EBIT}{EBT} = 1 + \frac{I}{EBIT - I}$$

公式表明,当EBIT = I,即公司没有税前利润时,DFL无法定义;而当EBIT < I,即公司资产收益小于利息支付额时,DFL实际上小于1。

与经营杠杆率相同,DFL的高低取决于公司固定资本成本的大小,而固定资本成本的大小又取决于公司资本结构中负债及优先股筹资所占比例,比例越高,DFL越大,财务风险也越高;反之则相反。基于这种判断,DFL系数也成为判断公司财务风险的重要标志之一。

3. 联合杠杆率

当经营杠杆与财务杠杆共同作用并导致销售变化对EPS变化的影响时,我们将其称为联合杠杆(DCL),它所表明的是DOL和DFL间的联动作用,其计算公式为:

$$DCL = \frac{\Delta EPS \div EPS}{\Delta S \div S} 或 = DOL \times DFL$$

或 $$= (S - V_c) \div [EBIT - I - D_p \div (1 - T)],(其中 V_c 为变动成本总额)$$

用表 6-9 中的资料，我们可以得到：

销售为 5 000 000 元的 $DCL = \dfrac{(4.20 - 3.00) \div 3.00}{(5\,500\,000 - 5\,000\,000) \div 5\,000\,000}$

$= 4.0$

或 $= (5\,000\,000 - 3\,000\,000) \div [1\,000\,000 - 250\,000 - 150\,000 \div (1 - 40\%)] = 4.0$

或 $= 2.0 \times 2.0 = 4.0$

联合杠杆的作用特征告诉我们，欲保持 DCL 一定水平而 DOL 又较高时，降低 DFL 最为可行；同样在 DFL 较高时降低 DOL 似乎也非常必要。事实上，如果以联合杠杆率作为企业总风险的代名词，而 DOL 和 DFL 分别代表经营风险及财务风险的话，那么，保持企业风险在一定的水平，要求经营风险与财务风险保持一种互补性，即从资产经营和资本结构安排来看，经营风险高的行业应当采用低财务风险，从而低负债率的财务策略；反之，对于财务风险较高的行业，降低其资产经营风险并分散经营风险，是非常必要的。

（四）杠杆作用与股东财富

公司在利用杠杆作用从而提高 EPS 值和股东财富时，总是会受到限制的，这是因为杠杆的利用意味着高风险，公司资本的提供者在预期其较高风险时，总是以提高必要报酬率为补偿的。风险越高，投资者的必要报酬率也会相应提高。因此，公司超常性地利用财务杠杆将会付出较高的资本成本（包括债务成本和优先股成本），而这种成本的提高反过来又会抵销掉由于利用杠杆而产生的收益。超常性的负债经营并不总是意味着公司价值会相应提高，而当达到某一均衡点后，公司价值反而会下降，这一均衡点所代表的即是最佳资本结构。

二、资本结构决策：EBIT—EPS 分析法

（一）EBIT—EPS 分析原理

资本结构决策在很大程度上是依据 EBIT、EPS 等分析变量来确定的，这是因为公司的财务目标是使股东财富或企业价值最大化，在资本市场有效的情况下，EPS 可以作为衡量股东财富的主要替代变量（非股份公司则可利用资本利润率 ROE 指标来替代）。因此，在实际经济决策中，EBIT—EPS 分析（或者 EBIT—ROE）常常被用于资本结构决策。

举例说明，A 公司现时资本结构中仅有普通股 35 百万股，假如该公司正考虑其资本支出计划且所需资本 300 百万元，有两个方案：（1）全部用权益筹资，这意味着要发行另外 15 百万股（每股市价 20 元）；（2）用债务筹资，这意味着要发行 300 百万元，年利率为 10% 的长期债券。

采用 EBIT—EPS 分析法有助于我们理解这两个方案各自的优点，在假定不同的 EBIT 水平上，能计算出不同的 EPS 值（见表 6-11）；同时由于 EBIT 与 EPS 之间存在线性关系，因此也可以通过二维空间来描述其间的关系（见图 6-9）。在本例中，

如果以 EPS 作为唯一的决策指标,我们将发现当 EBIT < 100 百万元时,采用权益筹资更为合理;相应的,当 EBIT > 100 百万元时,采用债务筹资可能更佳,100 百万元被称之为 EBIT—EPS 分析无差异点。其求法用公式:EPS(债务)= EPS(股权),扩展改写成:

$$\frac{(EBIT - I_d) \times (1 - T) - D_p}{N_d} = \frac{(EBIT - I_e) \times (1 - T) - D_p}{N_e}$$

式中:I_d、I_e 分别代表债务筹资和股本筹资方式下各自的利息支付总额;

N_d、N_e 分别代表债务筹资和股本筹资方式下各自的发行在外普通股数;

D_p 代表优先股的股息总额;

T 代表税率(假定为40%)。

根据上述公式,我们可以求得:

$$\frac{(EBIT - 30) \times (1 - 40\%) - 0}{35} = \frac{(EBIT - 0) \times (1 - 40\%) - 0}{(35 + 15)}$$

得 $EBIT = 100$(百万元)。

表6-11　　　　　　　　　不同 EBIT 下的 EPS 值　　　单位:百万元(除 EPS 外)

	EBIT = 75	EBIT = 125
方案1:		
EBIT	75	125
利息	0	0
EBT	75	125
税(40%)	30	50
EAT	45	75
发行在外普通股数	50	50
EPS	0.90	1.50
EBIT 的变化率%	+66.67%	
EPS 的变化率%	+66.67%	
方案2:		
EBIT	75	125
利息	30	30
EBT	45	95
税(40%)	18	38
EAT	27	57
发行在外普通股数	35	35
EPS	0.77	1.63
EBIT 的变化率%	+66.67%	
EPS 的变化率%	+112%	

EPS

权益筹资优势区　负债筹资优势区

负债筹资线

权益筹资线

EBIT

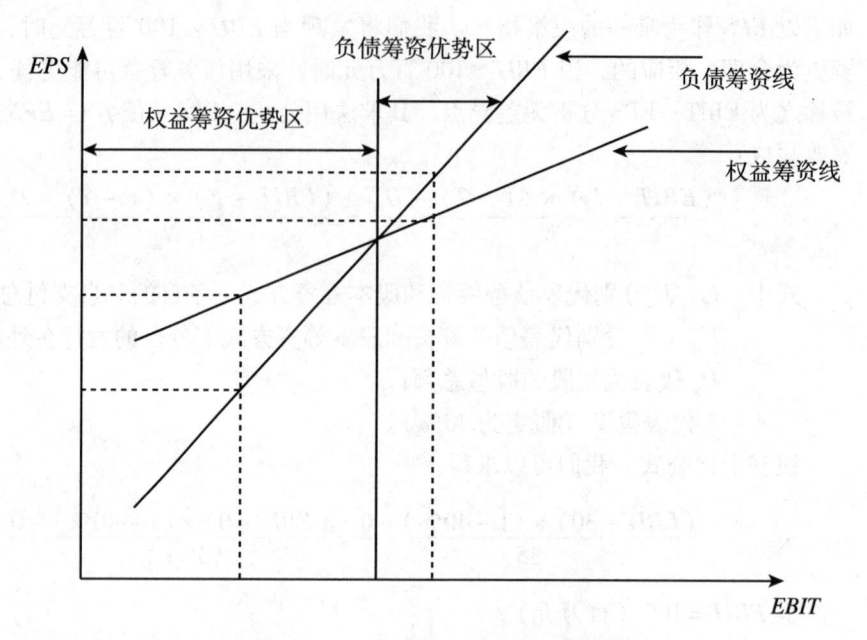

图 6-9　EBIT—EPS 分析图

从本例的分析中，还可以看出负债筹资的风险性是如何与其收益性对应的。①在权益筹资方案中，*EBIT* 由 75 增至 125，增长率为 66.67%，其 *EPS* 由 0.90 增至 1.50，其增幅也为 66.67%，财务杠杆率为 1.0。②在债务筹资的方案 2 中，*EBIT* 增长 66.67% 的后果是导致 *EPS* 增长 112%，财务杠杆率为 1.67；同样，*EBIT* 的锐减会导致 *EPS* 按 1.67 倍的比率锐减。这种 *EPS* 的变动性，按照前述的定义，即表现为财务风险，可见，负债比率的提高会直接引起企业财务风险的加大。

（二）EBIT—EPS 分析法与资本结构决策

EBIT—EPS 分析法及资本结构理论，对帮助财务经理做出适当的资本结构决策大有裨益。按照西方财务实践，用 EBIT—EPS 分析法进行决策，其过程大致分为五个步骤：(1) 计算和预测 *EBIT* 的水平；(2) 判断预期 *EBIT* 值的变动性（变动风险）；(3) 计算负债筹资与权益筹资两种方案下的无差异点（*EBIT* 值）；(4) 根据企业愿意承担的风险程度判断分析 *EBIT* 的变动状况并决定方案是否可以接受；(5) 检查和确定公司预定的资本结构是否可行。举例说明：

假定 B 公司现时的资本结构中没有负债，但公司正计划进行资本扩张，需要大量资本来源，公司设想利用负债筹资满足其资本支出，它将企业长期负债/资产比率由现在的 0% 上升到 30%，且每年债息额为 100 000 元。按照上述五步骤，分析其负债率提高到 30% 的可行性。决策分析如下：

(1) 计算和预测 *EBIT* 的水平。根据过去的经验及其他因素，在正常经营环境下该项目的预期 *EBIT* = 500 000 元/年。

(2) 判断预期 *EBIT* 的变动性。根据过去业绩及公司所在的行业周期性表明该公司年度 *EBIT* 的变动性可用标准差（σ）来表示，且 σ = 200 000（本例假定 *EBIT* 的变动服从统计上的正态分布)。

（3）计算无差异点。即根据前述原理求得负债与权益筹资的无差异点，假定本例的计算结果是 $EBIT = 300\,000$ 元。

（4）根据公司愿意承担的风险程度判断方案是否可接受。假定该公司财务经理认为任一年度的 $EBIT$ 低于无差异点 300 000 元的概率为 25% 是可容忍的；并认为任一年度的 $EBIT$ 低于利息（100 000 元）的概率为 5% 是可接受的。那么，我们可以根据正态分布图及概率密度函数，来判断方案的可行性。本例中，$EBIT$ 的均值为 500 000 元，而 $\sigma = 200\,000$ 元，按数学知识，我们知道 $EBIT \leqslant 300\,000$ 的概率为 15.87%（根据 $Z = (300\,000 - 500\,000) \div 200\,000 = -1.0$，查正态分布表），显然 15.87% 小于公司 25% 的可容忍极限，故可行。另外，对利息的分析我们同样得知，$Z = (100\,000 - 500\,000) \div 200\,000 = -2.0$，查表得 $EBIT \leqslant 100\,000$ 元的概率为 2.28%，小于 5% 的接受度极限。根据管理者的标准，显然，30% 的负债方案是可行的。上述正态分布状况可见图 6-10。

（5）在公司接受了自评估后，要根据外部市场及行业负债率标准（平均数）等，来检查和评估所确定的资本结构方案到底是否可行。一旦结论得出，资本结构决策即告完成。

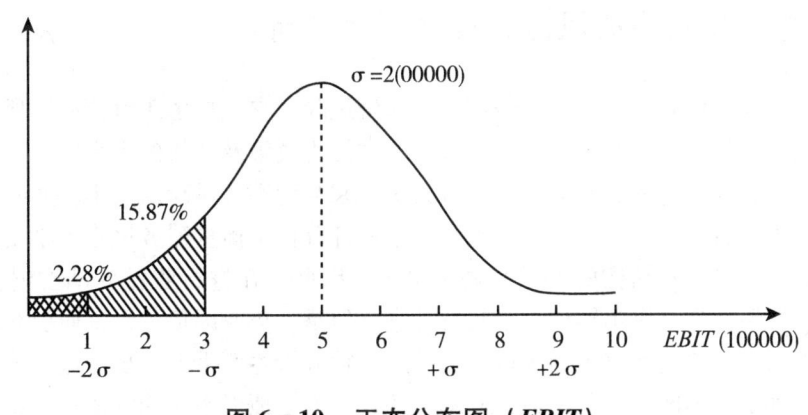

图 6-10 正态分布图（$EBIT$）

（三）EBIT—EPS 分析法与股票价格的关系

EBIT—EPS 分析法所确认的观念之一就是，当 $EBIT$ 达到或超过无差异点后，负债筹资是有利的，它会带来 EPS 的提高。但问题是这种提高是否完全意味着股东财富的增长，抑或说，它是否引起股票价格的提高。按照第 2 章中所述的股票定价模型，我们可知股票价格 = $EPS \times P/E$，P/E 代表市盈率，股票价格决定于市盈率，而市盈率又是股票市场对不同筹资方案的预期反应，因此，对负债筹资而言，它一方面提高了 EPS 值，但另一方面，风险加大后会相应提高资本成本率（必要报酬率），从而导致市场预期市盈率的降低。市盈率与每股收益间的反向变化，对股票市场会造成轻微的影响。就像前面例子（A 公司）中所表明的，当采用权益筹资时，其 $EPS = 1.5$，假定市场预期的市盈率为 10，则股票市价将为 15 元；而当采用债务筹资时，其 $EPS = 1.63$，而市场预期的市盈率为 9.8，则股票市场将可能为 $9.8 \times 1.63 = 16$ 元。

结论：由于负债筹资使 B/E 提高，从而加大企业财务风险，使得股本成本率（Ke）提高，市盈率降低，同时带来 EPS 的提高。实证分析表明：在有税的情况下，EPS 提高的幅度会高于市盈率的降低幅度，从而导致股价可能会提高。作为财务管理者，在进行资本结构决策时，其实同样面临着一种权衡，即权衡负债筹资带来的较高的收益（EPS）与同时带来的较高的股本成本间的关系。从实际运用看，EBIT—EPS 分析法仅仅为资本结构决策提供了一种分析的工具，但并不是资本结构决策的全部。

三、资本结构决策：比较资本成本法

资本结构决策实务中，有时也采用比较资本成本法来确定最佳资本结构。其决策逻辑是：从资本结构看，股东财富或企业价值最大化无异于各资本结构状态下其资本成本的最低化，因此，对于可供选择的各筹资组合或资本结构方案，我们可以通过测定各组合的加权资本成本，然后比较并选择其中最小的成本所对应的结构方案，该方案即为要确定的资本结构目标。由于比较资本成本法较为简单，本书在此不再举例说明。

四、负债筹资及其偿债风险：现金流量分析

在前述的内容中，我们已经定义了筹资风险，它包括由于负债筹资所带来的 EPS 的波动性及偿债风险两项内容，而且从资本结构决策及分析的内容中，我们已经明确可以采用财务杠杆率、EBIT—EPS 分析法等来判别筹资风险的大小。实际上，杠杆的作用加大了收益的不稳定性，因此借助于杠杆分析来衡量财务风险大小是前述内容的本意，但它与资本结构的关系又密不可分，因此，在进行收益变动型财务风险分析时，一般不将它与资本结构决策割裂开来。但是，企业因债务筹资而引起的到期不能偿债的财务风险是能够单独进行分析的，这种分析主要借助于现金流量分析法。用现金流量评估偿债能力强弱是最合适不过的，因为偿债形态所用的就是现金。现金作为一般交换媒介，具有两种基本的财务属性，一是非收益性；二是支付性。应该说这两者是相互矛盾的，现金管理的目标就是要调和及解决这对矛盾。从某一时点看，偿债能力强弱主要借助两类指标分析，如短期性的速动比率指标和长期性的利息保障倍数，但这两类指标只是从静态上描述企业偿债能力和偿债风险，很难从动态上得出关于某一企业偿债风险的大小。因此，从动态的角度来分析和描述财务风险，即从现在与未来现金净流量（而非仅指现在时点上现金余额）上来反映其债务筹资的风险，可能更为适用、恰当。一些学者，如唐纳森（Donaldson）认为，公司的固定支付（如利息股息、偿债基金义务等），以及公司的债务筹资能力等，均依赖于公司在最坏境况下现时及未来现金流量的情况，用最坏境况下的现金流量来分析其筹资风险更具稳健性，为此，他们提出了以下基本模式，即：

$$CBr = CBo + FCFr$$

其中，CBr 指某公司境况最坏时期的净现金余额，CBo 是指公司最坏境况之初的

现金及其等价物的余额，$FCFr$ 指在该境况持续期内可望取得的自由现金流量（FCF），自由现金流量是指总现金流中能被用来支付额外债务、普通股利及其他工程项目投资的那部分现金，用公式表示为：$FCF = CF - I(1-T) - D_p - P_f - B - Y$，式中，$CF$ 代表税后的经营现金流，I 为税前利息支付额，D_p 为优先股利支付，P_f 为优先股票的赎回部分，B 为债务偿还部分，Y 为保持现时现金流量而进行的长期资产投资部分。

例如，某公司在某年期初的现金净额（CBo）为154万元，假定在该年内（境况不佳之年）预期的自由现金流量（$FCFr$）为210万元。现时的资本结构中含有32%的负债。如果该公司管理当局想调整其资本结构并将引起额外的280万元的税后利息及偿债基金支付，那么在这年内，该公司的 CBr 应等于：$CBr = 154 + 210 - 280 = 84$（万元）。在这种情况下，该公司经营者必须决定这84万元的预计现金净额是否足以抵挡该年的现金支付风险。如果不能，那么从偿债风险看这种资本结构的改变就是不现实的；反之则相反。那么，如何判断84万元的现金净额是否合适？它需要借助于数学分析。假定自由现金流量（$FCFr$）服从正态分布，中值为210万元（本例已知），且 $FCFr$ 的标准差 $\sigma F = 140$ 万元。那么，按统计可知，使 $FCFr$ 为零的标准差数 $Z = (0-84)/140 = -0.60$，查表可知与 $Z = -0.60$ 对应的概率值为27.43%，它意味着在本年度用光所有现金的概率为27.43%。据此，经营者可以判断其风险性有多大（即与自己的预期相比）。

反过来，如果经营者认为用光所有现金的概率值最多不超过5%（这是他们自身的风险偏好与预期），那么，可以据此来计算确定本年度最高的额外利息与偿债基金支付的极限，从而判断其资本结构调整的幅度是多少。按照5%的概率值，我们能查表得偏离中值的标准差数为 -1.65，这即意味着：$Z = -1.65 = (0 - CBr)/140$，得 $CBr = 231$ 万元，这231万元即表明本年度可增加的最大利息和偿债基金支付的极限是133万元（$154 + 210 - 231$），虽然231万元的利息等支付所对应的债务总额及资本结构中的负债比率比原方案要低得多（原方案为280万元）。

用现金流量分析偿债风险并用于资本结构决策，是较为稳健的方法，它能给管理者以如下启示，即：公司能够承担多大的由于现金不足而导致的财务风险？在预期财务风险（现金支付风险）一定的条件下，公司额外负债的最高极限有多大？同样，这种最高限量下的资本结构调整又该如何进行？当然，用光所有现金及其所暴露出的现金支付风险性，还取决于许多其他因素，如银行贷款限度、新股发行的可能性及其在最糟糕情况下公司减少股利支付及变卖现有资产的程度，等等。

本章小结

本章致力于从价值方面来阐述筹资决策。它涉及理论分析，又具有价值判断与管理决策的特点，它力图从公司的经营风险、公司税收环境等方面来考虑资本结构决策。资本结构决策过程从本质上看，是筹资风险与筹资效益相均衡的过程。负债筹资带来财务风险，表现为股东收益（如 EPS 或 ROE）的不稳定性和到期不能偿还债务两方面,但其效应也是明显的,即税收的屏蔽作用及其对公司价值的积极影响。如何进行资本结构决策,从理论必须认识到 MM 理论的内在含义,同时还必须从实践中阐明资本结构决策涉及的各种变量及决策方法。

■关键词汇

资本成本(cost of capital)
加权平均资本成本(weighted average cost of capital, WACC)
边际资本成本(marginal cost of capital, MCC)
经营杠杆率(degree of operating leverage)
财务杠杆率(degree of financial leverage)
总杠杆率(degree of combined leverage)
资本结构(capital structure)
税盾作用(tax shield effect)
破产成本(bankruptcy cost)
财务困境成本(financial distress cost)
代理成本(agency cost)
信号理论(signaling theory)
优序融资理论(pecking-order theory)

小组讨论

中国第四大航空公司海南航空 1999 年的资产负债率低于同行业平均水平,大约为 68.68%。此后,海南航空的资产负债率持续上升,2003 年遭遇 SARS 冲击,海南航空亏损 12.69 亿元人民币,资产负债率高达 91.95%,高于同行业上市公司近 10 个百分点。海南航空的负债主要为长短期借款。

海南航空的借款主要用于购买飞机和相关设备,包括直接买入、买断后售后租回或直接融资租赁。截至 2004 年 11 月,海南航空及其控股或参股的其他航空货运公司,共拥有 103 架飞机,其中海南航空本身有 76 架飞机。在 2001~2003 年期间,海南航空共引入各类飞机 28 架左右,涉及金额 100 多亿元。2004 年初,海南航空宣布 2004 年将引进 26 架飞机,涉及金额 40 亿元。海南航空对新华航空等 8 家公司的控股以及对美兰机场等 23 家公司的参股也花费了其大量资金。

自 1999 年到 2004 年 9 月 30 日,海南航空平均借款净额为 180 167 万元,比购置固定资产支出平均值 175 416 万元,只差 4 750 万元。自 1999 年到 2004 年第 3 季度,海南航空的固定资产与主营业务收入的差值越来越大,由 1999 年的 11 亿元扩大到 2004 年第 3 季度的 109 亿元。海南航空 2004 年第 3 季度的财务数据与其 2002 年比较(因 2003 年 SARS 疫情对航空运输业的意外影响,未使用 2003 年数据),固定资产增长 41%,主营业务收入只增长了 22%,经营活动产生的现金流量净额增长率只有 29%,而固定资产与主营业务收入的差值却增长了 55%。

资料来源:《海南航空:降低资产负债率 提高企业内部财务安全》,载《上海证券报》2005 年 1 月 13 日。

要求:

(1) 讨论航空业的经营风险。

（2）收集海南航空更多的相关期间资料，向海南航空的管理层出具一份资本结构调整的建议报告，包括如何调整以及应考虑的主要因素。

（3）分析海南航空迄今为止资本结构的实际变化及其影响，说明还存在哪些问题。

思考题

1. 如何理解筹资与投资的分离原则？
2. 什么是财务风险与财务杠杆、经营风险与经营杠杆？
3. 理解 MM 理论的基本含义。
4. 资本结构的均衡理论及优序融资理论的内容是什么？你是如何看待这一理论的？
5. 如何在实务中进行资本结构决策？

练习题

1. A 公司年初的市场价值资本结构被认为是目标资本结构，资料如下（单位：元）：

债务（无短期负债）	30 000 000
普通股权益	30 000 000
总计	60 000 000

公司计划筹资 3 000 万元投资新项目。将按面值发行公司债，利率为 8%；发行普通股，发行价格是 30 元，公司每股净得资金 27 元，股东要求报酬率为 12%；股利支付率为 40%，预期持续增长率为 8%；公司当年的留存收益预计为 300 万元；边际税率为 40%。

要求：

（1）维持现有的资本结构，公司需要新增多少普通股权益额？
（2）新增普通股权益中内部融资额和外部融资额各是多少？
（3）计算普通股权益中的各部分资本成本。
（4）计算公司的加权平均资本成本。

2. 某公司年销售收入为 900 万元，单位售价 1 000 元，单位变动成本 800 元，固定成本为 200 万元。

要求：

（1）计算在该销售收入水平上的 DOL，并解释其含义。
（2）如果下年销售收入预计提高 11%，公司的息税前利润会发生多大的变动？

3. 某公司年销售收入为 300 万元，变动成本率为 40%，固定成本为 100 万元。全部资本 500 万元，负债比率为 30%，利率为 8%。

要求：

（1）编制公司该年的利润表。
（2）计算在该销售收入水平上的 DOL、DFL 和 DCL，解释各系数的含义。
（3）如果下年销售收入预计提高 4%，公司的息税前利润和每股收益会发生多大的变动？

4. 公司 U 没有负债，权益成本为 10%。公司 L 有债务 1 000 万元，利率为 5%。其他方面两家公司都相同,预期息税前利润为 200 万元。假定 MM 理论假设都存在。

要求:

(1) 计算两家公司的价值。

(2) 计算公司 L 的权益成本和加权平均资本成本。

(3) 如果所得税税率为 25%,重新计算要求(1)和(2)的数据。

5. 某公司有 3 000 万元债务,利率 10%,在外发行的普通股股数为 800 万股。该公司准备上一条新产品生产线,需要投资 4 000 万元。目前公司的息税前利润为 1 600 万元,该生产线投产后预期给公司增加息税前利润 400 万元。现有两个融资方案:一是按 11% 的利率发行债券 4 000 万元。另一个是按每股 20 元的价格发行普通股。

要求:

(1) 计算两种融资方案下的每股收益额,确定应采用哪种方案。

(2) 计算两种融资方案下的融资无差异点。

(3) 绘制两种融资方案的 EBIT—EPS 关系图。

(4) 如果生产线可以提供 1 000 万元至 4 000 万元的新增息税前利润,在不考虑财务风险的情况下,公司应如何确定应纳的融资方案?

本章推荐阅读资料

1. [美]斯蒂芬·A·罗斯等著,吴世农、沈艺峰等译:《公司理财》,第 13 章、15 章和 16 章,机械工业出版社 2000 年版。

2. Chew. D 所编的论文集:The New Corporate Finance:Where Theory Meets Practice,New York:McGraw Hill,1993。该论文集中有一个专题,收集了最重要的有关资本结构的开拓性论文。

3. [美]阿斯瓦斯·达摩达兰著,郑振龙等译:《应用公司理财》,第 9 章,机械工业出版社 2000 年版。

4. [美]James. C. Van Horne 等:《现代企业财务管理》,第六篇:"资本成本、资本结构与股利政策",经济科学出版社 1998 年版。

5. 王斌主编:《财务管理》,高等教育出版社 2007 年版。

第 7 章

股利政策

学习提要与目标

企业所创造的税后利润在弥补亏损、提取公积金后,可以向股东进行分配,作为其投资的报酬之一。公司是否需要分配股利,分配多少,以及以什么形式分配都是企业股利分配决策的重要内容之一。本章主要介绍股利分配的形式、程序、股利分配理论、股利政策决策等。

通过本章的学习,应能够:
- 了解股利分配的内容及支付程序;
- 掌握股利分配的基本理论;
- 了解影响公司股利政策制定的各种因素;
- 了解股票回购和股票分割的相关内容。

第一节　股利分配形式及程序

一、利润分配的程序

股利分配是将公司利润分配给公司股东的行为。股利分配是利润分配的重要组成部分。在涉及股利分配的具体内容之前，首先介绍公司利润分配的程序。

我国《公司法》第一百六十六条规定："公司分配当年税后利润时，应当提取利润的百分之十列入公司法定公积金。公司法定公积金累计额为公司注册资本的百分之五十以上的，可以不再提取。公司的法定公积金不足以弥补以前年度亏损的，在依照规定提取法定公积金之前，应当先用当年利润弥补亏损。公司从税后利润中提取法定公积金后，经股东会或者股东大会决议，还可以从税后利润中提取任意公积金。公司弥补亏损和提取公积金后所余税后利润，有限责任公司依照本法第三十四条[①]的规定分配；股份有限公司按照股东持有的股份比例分配，但股份有限公司章程规定不按持股比例分配的除外。股东会、股东大会或者董事会违反前款规定，在公司弥补亏损和提取法定公积金之前向股东分配利润的，股东必须将违反规定分配的利润退还公司。公司持有的本公司股份不得分配利润。"

从上述法律规定可以看出，公司当年税后利润的分配程序为：(1) 弥补以前年度亏损；(2) 提取法定公积金；(3) 提取任意公积金；(4) 向股东分配利润，即股利分配。

其中，法定公积金与任意公积金统称为公积金，它们是企业在弥补以前年度亏损后从税后利润提取的用于防范和抵御风险、弥补公司资本的重要资本来源。法定公积金的计提比例及计提方法由《公司法》统一规定（见前文），任意公积金的计提比例及计提方法由公司自行决定。根据《公司法》第一百六十八条的规定，公司的公积金可用于弥补公司的亏损、扩大公司生产经营或者转增公司资本。但是，法定公积金转为资本时，所留存的该项公积金不得少于转增前公司注册资本的25%。

二、股利分配形式

如前所述，公司所创造的税后利润在弥补亏损、提取公积金后，可以向股东分配，作为其投资的报酬之一，即股利分配。

公司发放股利的形式一般有现金股利、股票股利、负债股利和混合股利等四种[②]。在我国，公司发放现金股利、股票股利，以及混合股利的较多，负债股利的发

[①] 《公司法》第三十四条规定，股东按照实缴的出资比例分取红利；公司新增资本时，股东有权优先按照实缴的出资比例认缴出资。但是，全体股东约定不按照出资比例分取红利或者不按出资比例优先认缴出资的除外。

[②] 实际上，财产股利也是股利分配形式之一，但由于这种以公司非现金财产（如公司产品）支付股利的形式目前已不多见，所以在本书中没有将其包括在股利分配形式中。

放则很少见。

（一）现金股利

现金股利（cash dividend）是指完全用现金支付股利，即将公司的现金财产发给股东作为其投资的报酬。现金股利又称为红利，是最常见的股利分配形式。现金股利发放对公司现金流的要求较高，所以，一般来说，当公司现金充裕，即现金流入超出现金流出的余额较多时，会发放较多的现金股利；而当公司现金紧张时，为了应对意外情况的发生，公司往往不愿意发放过多的现金股利。

现金股利操作简便，易于为股东接受，也不会改变企业原有的股权结构。但现金股利也存在如下缺点：

（1）一旦宣布现金股利发放，即形成公司偿付义务，从而会潜在增加公司财务风险。如果预料到将支付大量现金，公司为此应根据现金流情况进行合理运作，以保障现金股利支付，避免偿付风险。比如，如果股利支付之前有现金流入，可将其暂时存入银行或投资于流动性很好、风险较小又有一定短期收益的有价证券；如果预计股利支付之后不久有现金流入，则可采用短期借款方式来筹集支付股利所需资金；如果目前现金不足，短期内又没有现金流入，则应采用长期融资方式筹集资本。

（2）发放现金股利，股东需要缴纳个人所得税，从而减少了股东净收益。

（二）股票股利

股票股利（stock dividend）是指用公司股票作为股利支付给股东，即将公司的股权份额发给股东以增加其在公司股东权益中的份额，并以此作为股东的投资报酬。股票股利通常又称为红股[①]。股票股利的发放并不增加公司股东财富，也不会增加公司价值。这是因为股票股利的宣布及发放，既不构成公司的负债，又没有现金流出，而只是将股东权益中留存收益的一部分转入股本及资本公积账户，它只会导致股东权益内部结构的变化，而不影响公司价值。

例 7-1 假设 A 公司发行在外的普通股股数为 100 000 股，每股面值为 1 元，每股市价为 6 元，股权结构如表 7-1 所示。现该公司决定发放 20% 的股票股利，每持有 5 股股票，就能收到 1 股增发的股票，即增加 20 000 股的普通股。那么，随着股票股利的发放，留存收益中有 20 000 元转入股本[②]。但该公司的股东权益总额并未发生变化。

[①] 股票股利是一种送股的形式，有时公司也会向股东配股，即发给股东一定的认股权证，而且往往和送股同时进行，如"10送3配2"。这种配股行为不等同于股票股利，虽然它与股票股利一样都能在不改变公司股权结构的情况下（以股东行为为前提），增加公司股票总数，但股票股利是一种股利分配形式，不会增加股东权益；而配股是一种融资方式，它将增加股东权益。

[②] 股票股利的会计处理方法主要有两种。当增发的股份数少于之前发行在外股份数的 20% 时，应采用公允价值法，按该类股票的公允价值，借记"利润分配——未分配利润"，按股票面值贷记"股本"，两者之间的差额记入"资本公积"；当增发的股份数占之前发行在外股份数的 20% 以上时，应采用面值法，按发行股票的面值借记"利润分配——未分配利润"，贷记"股本"。我国目前采用面值法。

表 7-1　　　　　　　A 公司发放股票股利前后的股权结构　　　　　　　单位：元

发放股票股利前		发放股票股利后	
股本（每股面值 1 元；100 000 股）	100 000	股本（每股面值 1 元；120 000 股）	120 000
资本公积	600 000	资本公积	600 000
留存收益	800 000	留存收益	780 000
股东权益合计	1 500 000	股东权益合计	1 500 000

注：现行每股市价为 6 元人民币。

分配股票股利后，股东所持的股份数虽然有所增加，但由于股票股利是按照股东的持股比例来分配的，故股东在公司中所占权益的比重没有发生改变，股东财富并没有增加。此时，分派股票股利导致公司的股票数量增加，而股票价格却有相应幅度的下降。

假设发放股票股利前公司股票价格为 P，公司现在每股股票发放 x 股的股票股利，则：

$$发放股票股利后公司股票价格 = P/(1+x)，$$
$$股票价格的下跌额 = P - P/(1+x) = P[1 - 1/(1+x)]$$

如表 7-1 中的 A 公司，发放股票股利后，由于流通在外的股数增加了 20%，那么，公司每股收益也会按比例减少。假设公司税后利润为 600 000 元，则发放股利之前每股收益为 600 000/100 000 = 6 元，而在发放股利之后每股收益为 600 000/120 000 = 5 元。股票市价也会随之降低，A 公司股票在除权日后市场价格应降至 5 元（6/1.2）。如果某股东原有 100 股普通股，每股市价为 6 元，那么其持有股票的总价值为 600 元。20% 的股利发放以后，股票价格虽然下跌了 1 元，但由于其持有的股票数量上升到 120 股，所以其持有股票的总价值仍为 600 元（120×5）。

发行股票股利虽然不能增加股东财富，也不会增加公司价值，但它仍会给股东和公司带来好处。这主要表现在：

（1）能达到节约现金支出的目的。较之现金股利，股票股利既可以实现股利分配的目标，又可以不增加企业的现金流出量，这对于处于高速成长期、现金流较为短缺的公司尤为有利。

（2）有助于公司把股票市价维持在希望的范围内。有些公司不希望股票市价过高，因为这可能使一些投资人失去购买能力。对于这类公司，可利用分配股票股利的办法，把股价维持在希望的范围内。

（3）与现金股利配合使用，以增加股东财富。如果公司在发放股票股利之后，维持现金股利的发放，则对股东有利。假设公司每股现金股利为 3 元，对于拥有 100 股股票的股东来说，可得现金股利 300 元；但如果先发 20% 的股票股利，同时发放现金股利，则股东可得到现金股利 360 元。

（4）有时公司发行股票股利后，股价并不成同比例下降，这样便增加了股东的财富。因为股票股利通常由成长中的公司所采用，投资者可能会认为，公司盈余将会有大幅度增长，并能抵销增发股票所带来的消极影响，从而使股价稳定不变或略有上升。

当然，也有一些投资者会认为企业发放股票股利是传递了一个坏信息，即公司现金支付能力不足，公司面临一定的财务风险，所以，如果企业长期发放股票股利，会使投资者对企业失去信心，导致企业股票市价大幅下跌，从而为廉价收购者提供了可乘之机。

？ 结合现金股利和股票股利特点，讨论股票股利是真正的股利吗？

（三）负债股利

负债股利是指用公司一定的债权作为股利支付给股东，从而在未来期间，股东作为债权持有者可以向公司索取债权及获得相应的利息收益，以作为其投资的报酬。可供采用的负债股利形式包括公司债券股利、票据股利等。负债股利的支付方式在我国企业股利分配的实务上并不多见。

（四）混合股利

混合股利是指上述三种股利分配形式的结合，最常见的就是"部分现金部分股票"的股利形式，也就是说，公司支付给股东的股利，一部分以现金支付，另一部分以股票支付。这种股利分配方式兼顾了现金股利与股票股利的优点，企业既可以节约现金流，又向投资者传递了公司现金支付能力充足的信息，所以许多企业乐于采用这种股利分配方式。

对于上述几种股利分配方式，公司应该根据自身的具体财务状况，选择适当的股利支付形式。如果公司的现金比较充裕，分派股利后其资产的流动性仍能保持一定的标准，而且公司的筹资渠道比较广泛，则可考虑主要向股东分派现金股利；如果公司的现金不足，或者需要追加公司资本时，可考虑主要向股东发放股票股利；如果公司现金不足，同时又不准备追加公司资本时，可考虑用其他形式向股东分派股利，如在一定条件下向股东发放负债股利等。

◎ **相关案例**

云南云天化股份有限公司的"混合股利"分配方案

2004年11月9日，云南云天化股份有限公司公布了公司2004年度中期利润分配方案：按每10股派送红股3股，共计派送红股115 456 960股；按每10股派现金0.75元（含税），共计分配股利28 864 240.05元。剩余未分配利润为338 928 025.87元结转下年度。

在上述资料中，云南云天化股份有限公司2004年中期利润分配方案是每10股派现金0.75元送红股3股，属于混合股利，也就是"部分现金部分股票"的股利分配方式。

资料来源：云南云天化股份有限公司2004年度中期利润分配实施公告

我国上市公司的股利分配形式经历了较大变化。在我国资本市场刚建立的头几年，上市公司较多采用股票股利和混合股利的形式分配利润，如1994年，我国290

家分配股利的上市公司中，有 60 家公司派发股票股利，99 家公司派发混合股利[①]，而支付现金股利的为 130 家。但随着时间的推移，发放股票股利和混合股利的公司越来越少，而支付现金股利的公司逐年增加。到 2011 年，在 1 566 家分配股利的上市公司中，有 977 家支付现金股利，而只有 4 家发放股票股利，491 家发放混合股利。

三、现金股利支付的程序

公司通常在年末计算出当期盈利之后，才决定向股东发放股利。公司支付现金股利必须遵循法定程序，一般先由董事会提出股利分配预案，然后提交股东大会决议，股东大会决议通过后，向股东宣布股利分配方案，并确定股权登记日、除息日和股利发放日，进行股利支付。

在现金股利的支付过程中，需要明确几个重要的日期。股利支付中的日期概念，主要是为了明确哪些人有权领取宣告发放的股利，以解决由于股票自由交易可能带来的混淆问题。这些重要的日期包括：

（一）股利宣告日

股利宣告日（declaration date）是指董事会公布公司具体股利政策的日期。在公告中，公司将宣布每股支付的股利、股权登记期限、除去股息的日期及股利支付日期等。

（二）股权登记日

股权登记日（record date）是指公司规定的能获取此次股利分派的股权登记的最迟日期。在股权登记日，公司将停止股权转让的登记，并编制到该日为止的股东一览表，据以发放股利。在股权登记日时，公司股东名册上的股东将获得最近一期股利，而股权登记日后获得股票的股东则无权获取此次股利。

（三）除息日

除息日（ex-dividend date）是指获取股利的权利脱离股票的日期。在除息日当天或以后购买股票的股东无权获取最近一期的股利。自除息日（含除息日）起，公司的股票交易称为除权交易，这种股票称为除权股。所以，如果一个新股东想取得最近一期的股利，必须在除息日之前购买股票，否则无权领取本次股利。显然，除息日以前的股票交易，其成交价格中包括即将取得的股利，而除息日及以后的股票交易中则不包括，故除息日股票价格会因除权而下降，下降的金额通常约等于股利金额。

除息日一般为股权登记日的前 2 个或前 3 个工作日。这主要是由于股票交易后，办理过户手续往往需要数天时间，公司无法保证能够及时获得除息日之后、股权登记日之前购买股票的股权转移通知。但是，目前先进的计算机交易系统为股票的交割过户提供了快捷的手段，在实行"T+0"交易制度下，股票买卖交易的当天即可办理

---

① 此处混合股利只包括同时发放现金股利和股票股利的公司。

完交割过户手续。在这种交易制度下，除息日则为股权登记日的下一个工作日。

（四）股利发放日

股利发放日（payment date）是指公司将股利正式发放给股东的日期，也称付息日。从这天开始的几天内，公司将向股东支付股利，并注销公司对股东的负债记录（公司账簿中的应付股利账户）。

一般而言，股利宣告日与股权登记日相隔2周至1个月，股权登记日与股利发放日相隔2~3周，股权登记日与除息日要隔2~3天。但随着现代证券交易的电子化，各个日期之间的相隔时间存在缩短的趋势。以我国为例，我国上市公司股利宣告日与股权登记日、股权登记日与股利发放日往往只隔一周，而除息日一般为股权登记日的第二天（工作日）。

◎ 相关案例

宝山钢铁股份有限公司的现金股利方案

宝山钢铁股份有限公司在2006年5月18日的《中国证券报》、《证券时报》、《上海证券报》上刊登了经2006年5月17日召开的2005年度股东大会审议通过的公司2005年度利润分配方案。

一、派息方案

2005年度派息方案为：向2006年5月24日在册的全体股东派发股利如下：每10股派发现金股利3.2元（含税），共计5 603 840 000元。

二、股权登记日、除息日及股利发放日

股权登记日：2006年5月24日

除息日：2006年5月25日

红利发放日：2006年5月31日

三、派息对象

2006年5月24日下午上海证券交易所交易结束后，在中国证券登记结算有限责任公司上海分公司登记在册的本公司全体股东。

四、派息办法

1. 持社会公众股的个人股东现金红利由本公司按其股息红利所得的50%计算个人应纳税所得额，依照现行税法规定的个人所得税20%的税率代扣个人所得税，扣税后实际派发现金红利为每股0.288元；持社会公众股的机构投资者不代扣所得税，实际派发现金红利为每股0.32元。

2. 社会公众股的红利委托中国证券登记结算有限责任公司上海分公司通过其资金清算系统向股权登记日登记在册并在上海证券交易所各会员单位办理了指定交易的股东派发。已办理全面指定交易的投资者可于红利发放日在其指定的证券营业部领取现金红利，未办理指定交易的股东红利暂由中国证券登记结算有限责任公司上海分公司保管，待办理指定交易后再进行派发。

3. 宝钢集团有限公司持有的国家股的现金红利由本公司直接派发。

如图 7-1 所示，在上述案例中，宝山钢铁股份有限公司 2006 年现金股利支付的股利宣告日为 5 月 18 日，股权登记日为 5 月 24 日，除息日为 5 月 25 日，红利发放日为 5 月 31 日。除息日，即 5 月 25 日后股价将下跌 0.32 元。

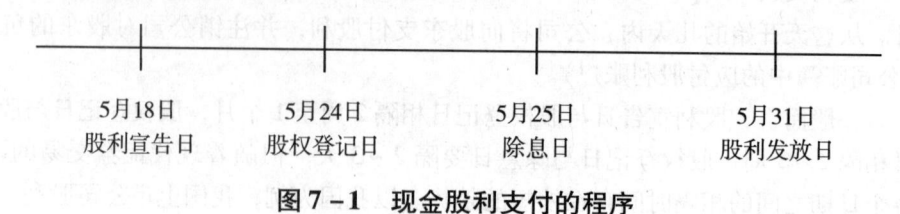

```
|—————————|—————————|—————————|—————————|
   5月18日     5月24日     5月25日     5月31日
  股利宣告日   股权登记日    除息日     股利发放日
```

图 7-1　现金股利支付的程序

资料来源：宝山钢铁股份有限公司 2005 年度分红派息实施公告。

第二节　股利理论

公司的财务目标是实现股东或企业价值最大化，公司股利分配必然也要服从于这个基本目标。股利理论主要讨论以下内容：（1）股利支付与股票价格及公司价值之间是否存在某种相关性；（2）公司如何在发放股利和未来增长之间达到某种平衡，确定最优的股利支付比例，以实现股票价格及公司价值的最大化；（3）如何解释现实中的股利分派行为及股利政策等。

根据股利分派对公司价值是否有影响，股利理论大致可以分为两种：股利无关理论和股利相关理论。

股利无关理论认为，股利政策不会影响公司股票价值；相反，股利相关理论则认为，股利政策对公司股票价值有相当大的影响。下面将对这两种理论分别进行阐述。

一、股利无关理论

米勒和莫迪格利安尼（M-M）在 1961 年的一篇论文中，开创性地提出了股利无关论（irrelevance theory of dividend）。其基本含义是：公司股利支付比例与股票市价无任何关系。其理由是：公司价值增加与否取决于公司的基本盈利能力和风险等级，它只能由公司的投资政策来决定，而与公司盈余是否划分为股利及留存收益无关。

MM 股利无关理论与资本结构无关理论是一脉相承的，它也是基于一系列假设而得出的，这些假设条件包括：①完全市场假设，即投资者是充分理性的，对公司未来的投资机会和收益及未来的股价和股利有完全的把握能力，不存在股票的发行成本和交易成本，相关信息可以免费获得，证券高度分散，任何投资者都不可能通过其自身交易影响或操纵市场价格；②不存在公司所得税和个人所得税，从而股票的资本利得和现金股利没有所得税上的差异；③公司有着既定的资本投资政策，不受股利分配的影响，对新投资项目的外部筹资也不会改变公司的经营风险；④股利政策对公司的权益资本成本没有影响。在这样一个简单的世界里,股利政策是无关的。也就是说,公司经理无论提高或降低现期股利都不能改变其公司的现行价值。在公司投资政策给定的条件下,股利政策不会对公司价值产生任何影响。

例7-2 假设D公司是一家已开业5年的全投资型(无债务)公司,公司发行在外的股票数量为10 000股。公司现任经理预期公司将在一年后解散,且假定在第0期,经理能够非常准确地预测公司未来的现金流量:预计公司将马上收到一笔50 000元的现金流;而且在下一年度公司还会收到50 000元的现金流。假设D公司没有其他净现值为正的项目。股东的必要收益率(折现率)为10%。

现在公司有两种股利政策:

(1) 股利政策A。在这种政策下,公司将每一时点收到的现金流全部用于发放股利(股利支付率为100%)。

(2) 股利政策B。在这种政策下,公司将在第0期发放40 000元现金股利,而将剩余的10 000元投资于某1年期项目。

根据上述两种政策,可分别计算出公司的相关数据。

解:D公司相关数据的计算结果见表7-2。

表7-2　　　　　　D公司不同股利政策下的公司价值　　　　　　单位:元

	股利政策A		股利政策B	
	第0期	第1期	第0期	第1期
现金流量	50 000	50 000	50 000	61 000
现金股利	50 000	50 000	40 000	61 000
每股股利	5	5	4	6.1
公司价值	95 454.55		95 454.55	
每股价值	9.55		9.55	

(1) 在政策A中,公司价值 = 50 000 + 50 000/(1 + 10%) = 95 454.55元,每股价值 = 5 + 5/1.1 = 9.55元。

假设除息日与股利支付日为同一天。第0期,股利支付后,股票价格将下跌至4.55元(= 9.55 - 5)。

(2) 在政策B下,公司在第0期只发放40 000元的股利,而将10 000元用于未来一年的某投资项目,且投资回报率为10%,则第1期收到的现金流为61 000元(= 50 000 + 10 000 × 1.1),该公司价值 = 40 000 + 61 000/(1 + 10%) = 95 454.55元,每股价值 = 4 + 6.1/1.1 = 9.55元。

上例数据显示,不管采用哪种股利政策,公司的价值均保持不变。

在逻辑上,人们也可以这样来理解股利无关论:股利政策不可能在提高某一时间每股股利的同时,保持其他所有时间的每股股利不变。股利政策只是某一时间的股利与另一时间股利的权衡。所以某一期股利的增加或减少并不能改变所有股利的现值。因此,股利政策是无关的。

二、股利相关理论

股利无关论在其严格的假说条件下有其合理性,但为更符合现实情况而放松这些假设条件时,股利政策就变得十分重要。人们发现,股利政策与股票价格及公司价值有着明显的相关性,这就是股利相关理论(relevance theory of dividend)。股利相关论认为,在不确定条件下,公司盈利在留存收益和股利之间的分配确实会影响股票价值。股利相关理论通常有以下几种观点。

(一)"在手之鸟"理论

"在手之鸟"理论("bird in hand" theory)认为,由于公司经营过程中存在着诸多不确定因素,因此股东对用何种方式获取其投资回报并不会无动于衷。一般来说,股利收入是一种有把握按时获得的收入,可消除股东的不确定感,更为可靠;而股价上涨所带来的资本利得则具有不确定性,风险较高,还可能存在一定的交易成本。因而,相对于资本利得而言,股东们更偏好股利。尤其对厌恶风险的投资者来说,股利是定期、确定的报酬,而未来的资本利得则缺乏确定性,因此,在其他因素相同的条件下,他们更愿意购买那些近期即可获得较高股利的公司股票,而公司的最佳股利政策就是尽可能多地支付股利。也正因为股利的支付可以降低投资者的不确定性,并使他们愿意按较低的必要报酬率来对公司的未来盈利加以贴现,因而使企业的价值得到提高。相反,不发放股利或降低股利支付率,则会提高必要报酬率,从而降低公司价值。所以,为了降低资本成本,公司应维持高股利支付率的股利政策。

(二)税差理论

该理论强调税收在股利分配中的重要作用,主要表现在:

(1)如果不存在资本利得税,而只有红利税,并且不同的股利收入对应的红利税税率不同,股利收入越高,适用的红利税税率也越高。在这种情况下,高税率档次的股东希望公司采取低股利支出甚至零股利支出的政策,而低税率档次的股东则希望更多地发放股利(因为对于他们来说,递延股利的机会成本较高)。因此,不同税率档次的股东将难以就公司的股利政策达成一致。

(2)如果存在资本利得税,且红利税税率高于资本利得税税率。在这种情况下,由于资本利得税可以等到股东实际出售股票时缴纳,所以,股东们将更愿意公司采取低股利政策,从而将公司未分配利润用于再投资,以获取较高的预期资本利得,并降低个人税收负担。

米勒和莫迪格利安尼也注意到了税收对股利政策的上述影响,他们认为,这种影响主要源于资本利得税与红利税之间的税率差异。而且,股利的这种税收劣势会产生"客户效应(clientele effect)",即低税率等级的投资者往往持有高股利公司的股票。因此,MM认为,企业有动机采用适当的股利政策,以最大程度地减少每个"客户"的税收。

（三）信号理论

信号理论认为，股利政策之所以会影响公司股票的价值，是因为股利能将公司的盈余状况、资金状况等信息传递给投资者。由于信息不对称的存在，使得外部投资者比管理层更少地了解公司真实的财务状况，因此，他们往往会通过公司所披露的各种信息，包括利润分配信息，来预测公司未来的盈利能力。而对公司未来盈利状况的预测，必然影响公司股价的走向，从而对公司价值产生直接影响。从长远来看，公司发放的股利是公司实际盈利能力的最终体现，而且这一目的无法通过对会计报表的粉饰来达到。因此，股利的发放最能增强股东对公司的信心，提高公司的财务形象，从而引起股价的上升。

当然，股利政策既可以向投资者传递好消息，又可以传递坏消息。比如一个公司的股利支付比率一直很稳定，今年该公司突然大幅度地降低股利支付比率，这会被投资者视为坏消息，他们会认为公司的财务状况或盈余情况发生了较大的负面变动，因而，股票价格也会随之下跌。又如，如果公司决定增加每股股利，则这一信息往往被投资者看做是好消息，因为每股较高的股利意味着公司在未来将有足够多的现金流量以维持较高的股利水平，这说明公司将有良好的发展前景，从而对股价产生有利影响。实证研究也表明，股利变动包含了公司管理当局对公司前景判断发生变化的信息，而且股利公布时往往包含了以前收益公布所没有反映的有用信息。所以，股利可以提供明确的证据，证明公司创造现金的能力，从而影响股票价格。

（四）代理理论

在代理理论中，企业被认为是一组契约的联结，诸多利益相关者之间明示或暗示的契约引导着企业的行为。当然，这些利益相关者之间由于目标的不同，产生了这样那样的冲突，尤其是存在委托—代理关系的情况下，这些冲突表现得尤为严重。作为公司重要理财活动之一的股利政策的选择不可避免地会受到这些利益冲突或者说代理问题的影响。与股利政策有关的代理问题主要有三种：一是股东与债权人之间的代理问题；二是股东与经理之间的代理问题；三是控股股东与中小股东之间的代理问题。

当企业发行风险负债时，能够使企业价值最大化（股东与债权人财富之和）的经营和财务决策却并不一定能够同时使股东财富和债权人财富最大化。因此，产生了股东与债权人之间的利益冲突，即股东会利用其控制权通过一些经营行为掠夺债权人的财富，而发放高额现金股利就是其手段之一。债权人往往能预知股东的这些手段，所以会在债务合同中规定限制性条款，对公司现金股利的发放进行限制。

现代企业制度下，公司的日常经营管理活动由经理负责，股东作为公司的投资者并不直接参与，这使得经理在进行经营决策时可以主要考虑如何实现自己的利益，而不是如何按照股东的委托行事，因此，股东与经理之间存在利益冲突，从而产生股东—经理代理成本。而股利可以减少股东—经理代理成本，提高公司价值。根据代理成本理论，公司经理一般不愿意将利润分配给外部投资者，而是更倾向于将其留在公司或投资于一些效率低下的项目以从中获得私人利益，而派发现金股利可以有效地降低这种代理成本，这是因为：一方面，通过分配股利，将公司盈利返还给了外部投资者，从而减少了经理利用公司资源谋取个人私利的机会；另一方面，派发股利减少了公司的留存资金，当公司在未来有好的投资机会而需要资金时不得不从外部资本市场进行融资，这样就给外部投资者提供了更多监督经理行为的机会。

在较为集中的所有权结构中，由于大股东在公司有更大的收益要求权，他有强烈的动机对经理进行监督，而相对集中的控制权也保证了大股东能够对公司决策行为施加足够的影响力，因此，当公司存在控股股东时，经理人员的利益侵占行为已经不再严重，公司主要的代理问题是控股股东与中小投资者之间的利益冲突。约翰逊、拉波尔塔、洛佩兹和施莱弗（Johnson, La Porta, Lopez and Shleifer, 2000）提出了"掏空"（Tunneling, 或译为"隧道"）假说，他们将"掏空"定义为控股股东按照自己的利益将公司的资产和利润转移出去的情形。而现金股利可以减少"掏空"对中小股东利益的损害，从而保护中小股东利益，因为现金股利减少了可供控股股东支配的资金。

实际上，代理理论将股利政策的选择看作是一个收益和成本权衡的过程。股利分派的收益表现在可以减少公司股东与经理、股东与债权人之间的代理成本。股东往往要求其投资获得较高的收益率，以补偿其可能由于代理问题而发生的损失，同时，股利的分派也是对经理行为的一种有效约束。股利分派的成本表现在由于股利分派而导致公司资金不足必须进行外部筹资时所产生的筹资成本。收益和成本权衡的结果说明公司存在着最优的股利政策，也就是使股利政策的边际代理成本和边际筹资成本的绝对值相等（两种成本的符号相反）时的股利政策为最优股利政策。

虽然上述各种理论从不同角度解释了股利政策与股票价格及公司价值的相关性，但无论哪种理论都有其局限性，它们都可能只从某一层面反映某一问题。比如，在红利与资本利得两种税的税率相同时，税收对股利政策的影响可能就不存在。如美国在税制改革后（1986、1990），这两种税的税率差很小。所以，在应用上述理论具体解释股利政策与股票价格及公司价值的相关性问题时，还需要结合公司以及国家的具体情况。

❓ 2002年5月15日，用友软件董事会发布了公司2001年度分红派息公告：每10股分配现金股利6元。而当年公司实际可供股东分配的利润平均到每股也是0.6元，也就是说，公司当年实现的利润大部分都用来发放现金股利了。自用友软件高现金股利政策发布后，公司股价大跌。请运用股利理论分析该现象，说明股利政策对公司价值的影响。

第三节　股利政策决策

股利政策主要是确定公司的利润如何在股东红利和公司留存之间分配。它与公司的投资决策、融资决策密切相关。股利政策有广义与狭义之分，广义的股利政策包括：（1）股利分配形式的选择；（2）股利支付比率的确定；（3）股利宣告日、股权登记日和股利发放日的选择。狭义的股利政策仅指股利支付比率的确定问题。股利分配形式的选择与股利宣布日、股权登记日和股利发放日的选择在前面中已讨论过,这里只讨论狭义的股利政策。

一、股利政策类型

股利支付率是指公司当期净利润中用于发放现金股利的比率,等于现金股利总额与净利润总额的比率,或者等于每股股利与每股收益的比率。股利支付率的高低及时间持续性不同产生不同的股利政策。下面分别按每股股利的稳定程度及股利支付率的高低对股利政策进行分类。

(一)按每股股利的稳定程度分类

按每股股利的稳定程度,可以将股利政策分为以下四种类型:

1. 定额股利政策

定额股利政策表现为每股股利支付额固定不变。其基本特征是,不论经济情况如何,也不论公司经营好坏,不降低年度股利的发放额,将公司每年的每股股利支付额固定在某一特定水平上并保持不变。如图 7-2 所示,不论每股收益如何变化,公司每年分派的每股股利均为 1 元。只有当公司管理当局认为公司的盈利确已增加,而且未来的盈利足以支付更多的股利时,公司才会提高每股股利支付额。稳定的股利政策的应用比较广泛。

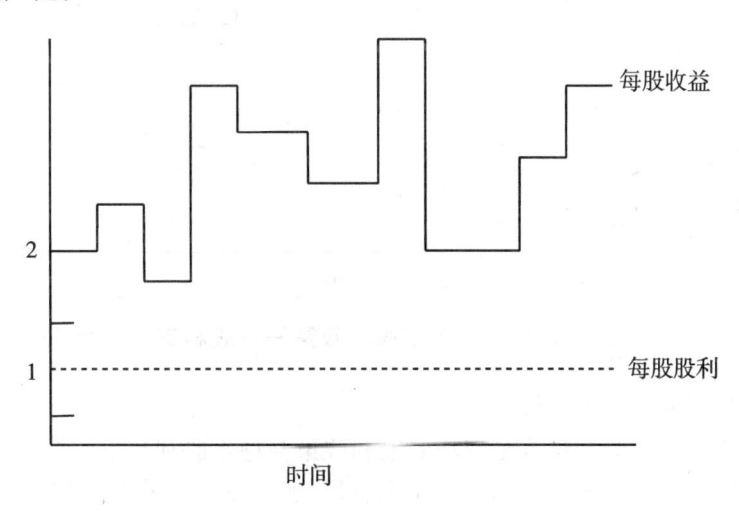

图 7-2 定额股利政策——每股股利 1 元

定额股利政策的优点是向证券市场传递了稳定的信息,有利于增强投资者的信心,树立公司良好的财务形象。特别是当公司盈余下降时,如果分派的股利并未减少,那么,投资者会认为公司未来的经营状况会有所好转。因此,一般的投资者都比较喜欢投资于定额股利政策的公司。同时,固定股利也使投资者对未来的收益有一个稳定的预期,有利于其更合理地安排收支,对于那些希望每期有固定数额收入的股东尤为如此。因此,许多公司都在努力促进其股利的稳定性。

定额股利政策的缺点主要在于，由于股利支付不能与盈余情况结合，盈余降低时也固定不变地支付股利，可能会导致公司资金短缺，财务状况恶化，影响其长远发展。

2. 定率股利政策

有些公司采用定率股利政策，即将每年盈利的某一固定百分比作为股利分配给股东。如图7-3所示，公司实行的是股利支付率为50%的股利政策，也就是说，在每股收益发生变化时，每股股利都将做相应的改变，但两者始终保持着固定的比例关系50%。这种股利政策的优点是能够使公司的股利支付和盈利状况相配合，在盈利状况好时，多支付股利；反之，则少支付股利。主张实行这一政策的公司认为，只有维持固定的股利支付率，才算真正做到公平对待每一股东。这一政策的问题在于，如果公司的盈利各年间波动不定，则其股利也将随之波动。而每股股利的频繁变动会影响股东对公司未来经营的信心，从而导致公司的股价也随之波动，不利于公司维持其股价的稳定；同时，这种政策向证券市场传达的关于公司前景的信息也并不真实，在某种程度上会干扰投资决策。总的来说，采用这种股利政策的公司较少。

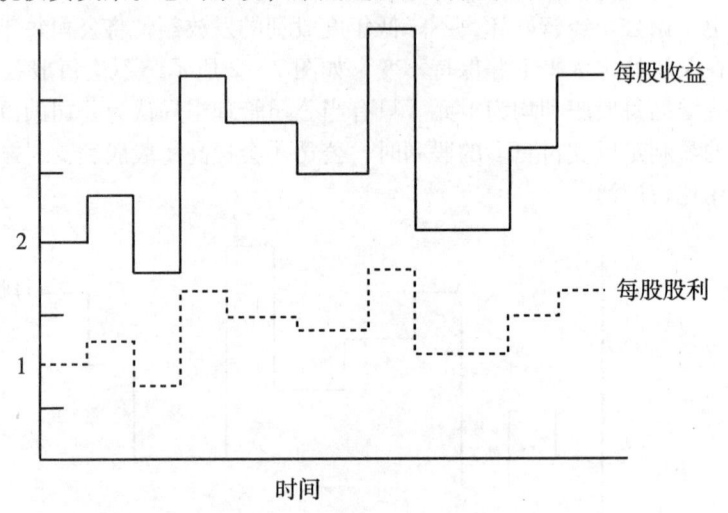

图7-3 定率股利政策——股利支付率为50%

3. 阶梯式股利政策

阶梯式的股利政策是变动的股利政策与稳定股利政策的综合政策，即分阶段采用稳定股利政策，一般而言，每个阶段为2~5年，在每个阶段中，公司保持股利稳定，而在每个阶段之间则采用股利有所变动的政策。公司一般每年都支付较低的固定股利，当盈余增长较多且相对稳定时，再加付额外股利。其操作要点是：只有在收益的增长已很明显并相对稳定之后，股利才能增加；股利已经增加之后，要尽量使其在一段时间内维持于新的水平上，即使收益可能有暂时的下降；如果收益下降的趋势已相当明显，而且回升的可能性很小，则要相应地调降股利。上述过程如图7-4所示。

这种政策既能保证股利的稳定性，又能做到股利和盈余之间较好的配合，兼具了变动股利政策与稳定股利政策的优点。其缺点主要是：每一阶段内的股利支付与盈余

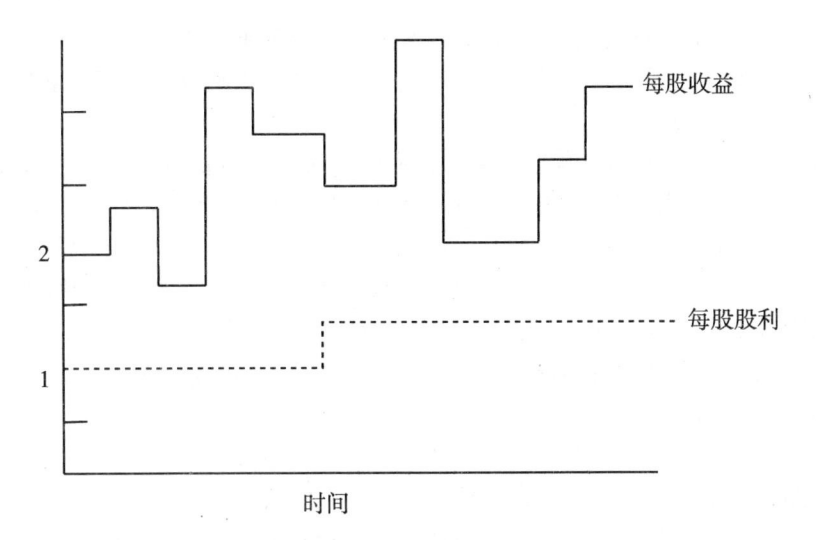

图 7-4 阶梯式的股利政策

无关，这就会造成该时期留存收益的大起大落。而且当盈余大幅度增加时，公司仍支付较低的股利会打击股东的投资积极性，影响股东对公司的信心；而当盈余大幅降低时，则会导致资金短缺，影响公司经营。

> 公司的股利政策是否应该保持稳定？稳定的股利政策是否会给投资者信心？作为公司股东，你希望公司实施稳定的股利政策吗？

4. 剩余股利政策

剩余股利政策（residual payout policy）主张，公司的盈余首先用于赢利性投资项目的资金需要，如果有剩余，公司才能将剩余部分作为股利发放给股东。其操作要点是：(1) 根据公司的目标资本结构确定项目投资所需要的股东权益金额；(2) 公司的税后利润首先满足项目投资所需要的股东权益金额；(3) 如果满足赢利性投资项目的资金需要后没有剩余，则不向股东分派股利，不足部分通过增发新股来解决；如果满足赢利性投资项目的资金需要后还有剩余，则作为股利分派给股东。如果公司将盈利再投资后所能得到的报酬率，超过投资者自行将盈利投资到具有类似风险的投资机会所能赚到的报酬率时，则大多数投资者倾向将盈利保存下来用于再投资，而不愿公司分配现金股利；如果投资者能够找到其他投资机会，使得投资收益大于公司利用保留盈余再投资的收益，则投资者更喜欢发放现金股利。可见，剩余股利政策反映了股利政策与公司投资、融资行为之间的关系。

剩余股利政策是以股利无关论作为理论基础的。它将股利分配完全作为公司可接受投资项目的被动剩余来处理，意味着股利分配与公司价值无关。其优点是可以最大限度地满足公司对再投资的权益资本需求，降低公司的筹资成本。它的缺点是忽视了不同股东对资本利得与股利的偏好，损害那些偏好现金股利的股东及其利益，从而有可能影响股东对公司的信心。此外，公司采用剩余股利政策是以投资项目的未来预期收益为前提的。由于公司管理层与股东之间存在信息不对称，股东不一定了解公司投资项目的未来收益水平，也会影响股东对公司的信心。

尽管现实中的大多数公司并没有采用完全的剩余股利政策，但是，剩余股利政策对各种形式的股利政策都产生了一定的影响，即股利政策制订的重要前提是要考虑公司的未来投资。

例 7-3 阳光公司是一家家具生产企业，公司发行在外的普通股股数为 100 万股。2013 年提取各项公积金后的税后净利润为 600 万元。公司目前的资本结构为股权资本 60%，债务资本 40%，该资本结构也是公司的目标资本结构。2014 年，该公司有一个很好的投资项目，需要资金 800 万元。该公司采用剩余股利政策，那么，阳光公司 2013 年可分配的现金股利是多少？

解：根据公司目标资本结构，投资项目所需的股权资本数额为：

800 × 60% = 480（万元）

2013 年，公司可用于分配的盈余为 600 万元，可以满足上述投资项目所需的股权资本数额并有剩余，剩余部分再作为股利发放。

所以，当年可分配的现金股利总额 = 600 - 480 = 120（万元）

每股股利 = 120 ÷ 100 = 1.2（元）

此外，在一些特殊情况下，还存在着一种"清算股利政策"，即公司所分派的股利中，包含着股东初始投资的返还额。这种股利政策适用于那些经营递耗资产的公司，如矿业、石油、森林等领域的公司，其经营规模会随着资源的不断开发而缩小，为此，公司的每期收益中均包含着资产消耗的回收额。这样，在公司所分派的股利中必然同样包含着股东初始投资的返还。当然，具体包含多少应在股利分配公告中加以说明，以便于股东缴纳个人所得税。

（二）按股利支付率的高低分类

按股利支付比例的高低，可以将股利政策分为以下四种：

1. 全部发放股利政策

这种政策是指将公司的盈余全部作为股利支付给股东，公司不留任何利润。这种股利政策在现实中的应用较少，除非公司的现金非常充裕而又没有好的投资机会，或者公司董事会已决定近期解散公司。

2. 高股利政策

这种政策是指将公司盈余的大部分（其标准一般为 60% 或 70%）作为股利支付给股东，公司所留的利润较少。采用这一股利政策的公司一般现金比较充裕，同时好的投资机会又比较少。

3. 低股利政策

这种政策只将公司盈余的小部分（其标准一般为 30% 以下）作为股利支付给股东，而将大部分盈余留存，用于公司再发展。采用这一股利政策的公司一般正处于成长阶段，其规模的扩张对资金提出了较为迫切的需求。

4. 不支付股利政策

这种政策是指将公司的盈余全部留存，而不向股东支付任何股利。采用这一股利政策的公司往往刚成立不久或者正处于高速发展阶段，也可能是由于公司经营风险太大导致外部筹资成本过高，不得已而为之。当然，这种政策只能在一段时期内采用，永远不支付股利是不可能的。

二、股利政策的影响因素

现实生活中,公司董事会在决定股利分配时,总是要考虑各种因素。理论上影响公司股利政策的因素主要有:法律、契约、公司内部因素和股东意愿等几个方面。

(一) 法律性限制

一般地说,法律并不要求公司一定要分派股利,但对某些情况下公司不能发放股利却作了限制。这些限制主要包括:

1. 防止资本侵蚀的规定

要求公司不能因支付股利而引起资本减少。其目的在于保证公司有完整的资本基础,保护债权人的利益。任何导致资本减少(侵蚀)的股利发放都是非法的。

2. 交付最低法定留利的规定

要求公司在支付股利之前必须按照法定程序提取各种公积金。如我国《公司法(2006)》规定,公司分配当年税后利润时,应按税后利润(减弥补以前年度亏损额)的10%提取法定公积金,并按照股东会或股东大会决议提取任意公积金,只有当法定公积金累计金额达到注册资本的50%以上时才可不再提取。

3. 无力偿付债务的规定

如果公司已经无力偿付到期债务或因支付股利将使其失去偿还能力,则公司不能支付现金股利。由于公司偿付到期债务的能力直接取决于资产的变现能力,因此,该规定要求公司不得在现金有限的情况下,为取悦股东而支付现金股利。该规定主要是从债权人利益保护方面考虑的。

近些年,为了保护中小股东权益,我国证监会发布了多项规定,将上市公司再融资与股利分配相联系,这无形中对公司股利政策的选择产生一定约束。如2006年5月证监会发布的《上市公司证券发行管理办法》第二章第八条规定,"公开发行证券公司最近三年以现金或股票方式累计分配的利润不少于最近三年实现的年均可分配利润的20%。"2008年10月9日证监会发布57号令:《关于修改上市公司现金分红若干规定的决定》,将上述规定修改为:"最近三年以现金方式累计分配的利润不少于最近三年实现的年均可分配利润的30%"。

(二) 契约性限制

当公司以负债方式向外部筹资时,常常应债权人要求,接受一些有关股利支付的限制条款。这些限制条款主要表现为:除非公司的盈利达到某一水平,否则公司不得发放现金股利;或将股利发放额限制在某一盈利额或盈利百分比上。确立这些契约性限制条款,限制股利支付,目的在于促使公司将利润的一部分按有关条款要求的某种形式(如建立偿债基金等)进行再投资,以扩大公司的经济实力,从而保障债款的如期偿还,维护债权人的利益。

(三) 行业

股利政策有着明显的行业特征。一般来说,在成熟的行业中,盈利公司趋向于将大部分利润作为股利分配。而处于新兴行业的公司正好相反,他们希望将大部分的利润用于再投资,因此,其股利支付率往往较低。公用事业公司都实行高股利政策,而信息技术企业却支付低股利。史密斯和瓦茨(Smith and Watts, 1992)、盖弗和盖弗(Gaver and Gaver, 1993)发现,受管制的公司(特别是公用事业公司)比不受管制的公司支付的股利要高。

表7-3、表7-4分别列示了1994~1995年美国几个行业的平均股利支付率和2013年我国各行业企业的平均股利支付率。如表7-3所示,美国各行业企业间的股利支付率差异显著,航空企业的股利支付率最低,只有4%,而发电企业的股利支付率却高达86%。但我国各行业企业平均股利支付率之间的差别却没有美国企业显著,最低的是建筑业企业,为18.90%;最高的是住宿和餐饮业企业,为39.02%。

表7-3 1994~1995年美国几个行业的平均股利支付率、股息率、市盈率

行业	股利支付率(%)	股息率(%)	市盈率
发电	86	6.7	12.9
基础化工	83	4.0	23.5
石油	80	4.0	20.7
炼油	71	5.0	14.3
天然气	61	4.9	13.7
电信	57	3.9	22.3
制药	47	2.9	19.0
电力设备	44	2.6	17.0
食品加工	42	2.2	24.3
银行	38	3.6	10.6
造纸与木材生产	37	2.6	17.0
居家用品生产	37	2.2	18.1
零售店	32	2.0	17.1
汽车与卡车生产	16	3.1	5.9
软件及服务行业	8	0.3	30.4
半导体	7	0.4	17.9
广播	7	0.3	24.7
计算机软件	7	0.3	32.5
医疗服务	6	0.3	28.0
健康保健	5	0.3	23.5
航空	4	0.3	24.2

注:股利支付率=每股股利/每股收益;股息率=每股股利/每股市价。
资料来源:William L. Megginson, 1997, "Corporate Finance Theory", Pearson Education Limited.

表7-4　　　2013年我国各行业企业平均股利支付率和股息率

行业代码	行业名称	股利支付率（%）	股息率（%）
A	农、林、牧、渔业	25.79	0.55
B	采矿业	26.97	1.01
C	制造业	35.78	1.10
D	电力、热力、燃气及水生产和供应业	31.01	1.92
E	建筑业	18.90	0.94
F	批发和零售业	24.84	1.50
G	交通运输、仓储和邮政业	31.05	1.43
H	住宿和餐饮业	39.02	1.08
I	信息传输、软件和信息技术服务业	29.10	0.67
J	金融业	31.52	1.36
K	房地产业	20.34	1.86
L	租赁和商务服务业	21.20	0.98
M	科学研究和技术服务业	26.70	0.82
N	水利、环境和公共设施管理业	31.18	0.82
O	居民服务、修理和其他服务业	23.95	1.02
P	教育	22.65	无数据
Q	卫生和社会工作	25.56	无数据
R	文化、体育和娱乐业	19.02	0.67
S	综合	25.96	0.65

注：股息率＝每股股利/每股市价，股息率根据2013年每股股利以及2013年12月31日的收盘价计算得出。

资料来源：锐思数据库。

（四）税负

正如上一节税差理论所阐述的，公司的股利政策会受其股东所得税状况的左右。在资本利得税税率低于红利税税率的情况下，个人所得税边际税率较高的富有股东，将倾向于多留盈利少派股利，这样可以给这些富有股东带来更多的资本利得收入，从而达到少纳所得税的目的。相反，如果一个公司绝大部分股东是低收入阶层，其所适用的个人所得税税率比较低，这些股东就会更重视当期的股利收入，因而，这类股东更喜欢较高的股利支付率。

（五）公司内部因素

公司资金的灵活周转，是公司生产经营得以正常进行的必要条件。因此，公司正常的经营活动对现金的需求便成为限制现金股利支付最重要的因素。归纳起来，公司内部因素可以划分为公司变现能力、投资机会、筹资能力、盈利的稳定性以及股权控制要求等各方面。

1. 变现能力

公司现金股利的分配应以不危及公司经营上的流动性为前提。如果一家公司的资产有较强的变现能力，现金来源较充裕，则它的股利支付能力也会强些。反之，如果公司资产变现能力差，即使其当期利润较多，公司的股利支付能力也会被削弱。可见，公司现金股利支付能力，在很大程度受其资产变现能力的影响。

2. 投资机会

公司的股利政策应以其未来的投资需求为基础加以确定。如果一个公司有较多的投资机会，那么，它往往较乐于采用低股利支付率、高盈利再投资比率的政策。尤其对于发展中公司而言，它们往往处于资金紧缺状态，其资金需要量大而紧迫，将较大比例的盈利留存下来用于公司再投资，不仅可以满足公司资金的需求，而且其资本成本远低于发行新股票筹资的成本。另外，将盈利留存下来还可以扩大公司的权益基础，有助于改善公司的资本结构，进一步提高公司的潜在筹资能力。相反，如果一个公司的投资机会较少，那么它就有可能倾向于采用较低的盈利留存比率和较高的股利支付率。

3. 筹资能力

公司股利政策受其筹资能力的限制。公司在评估其财务状况时，不仅考虑其筹资能力，而且还要考虑其筹资的成本以及筹资所需时间。一般而言，规模大、成熟型公司比一些正在快速发展的公司具有更多的外部筹资渠道，因此，它们都比较倾向于多支付现金股利，较少地留存收益。而对于新设的、正在快速发展的公司，由于具有较大的经营和财务风险，总要经历一段困难的时期，才能较顺畅地从外部来源取得长期资金，因而公司会把限制股利支付、多留存收益作为其切实可行的筹资办法。

4. 盈利的稳定性

公司的股利政策在很大程度受其盈利稳定性的影响。一般而言，公司盈利越稳定，则其股利支付率也就越高。盈利稳定的公司对保持较高的股利支付率更具有优势。因为收益稳定的公司由于其经营和财务风险较小，比起其他收益不稳定的公司，更能以较低的代价筹集负债资金。

5. 股权控制要求

股利政策也会受现有股东对股权控制要求的影响，因为高股利支付率会导致现有股东控制权的稀释。一般来说，以现有股东为基础组成的董事会，在长期的经营中可能形成了一定的有效控制格局，会将股利政策作为维持其控制地位的工具。特别是公司需要为有利可图的投资机会筹集资金，而外部又无适当的筹资渠道可资利用时，公司为避免增发新股票，影响现有股东控制格局，就会倾向于较低的股利支付率，以便从内部的高留存收益取得所需资金。

此外，股利支付率的高低还与公司规模及资产密度正相关。与小公司相比，大公司通常支付高股利。资产密集型的公司（有形资产占公司总资产比例较大）支付的股利较高，而无形资产比例较大的公司往往支付较低的股利。

第四节 股票回购与股票分割

一、股票回购

股票回购是指公司出资购回本公司发行在外的股票的行为。被购回的股票一般并不注销（但需要相应调整股本额），而是作为库藏股，有些公司在时机有利时会重新出售其股票。

在财务上，库藏股是指公司收回已发行且尚未注销的股票。它具有以下四个特点：(1) 该股票是本公司的股票；(2) 它是已发行的股票；(3) 它是收回后尚未注销的股票；(4) 它是还可再次出售的股票。因此，凡是公司未发行的、持有其他公司的及已收回并注销的股票都不能视为库藏股。此外，库藏股还具有以下特性：第一，库藏股并不享有与其他发行在外股票一样的权利，如：它不具有投票权、股利的分派权、优先认购权等；第二，库藏股有一定的库存期限（一般在一个会计年度之内），库存期限过长易被公司管理层所操纵（如公司为了操纵每股收益或出于管理层个人激励目的而有意回购股票）。

我国《公司法（2006）》第一百四十二条规定："公司不得收购本公司股份。但是，有下列情形之一的除外：(1) 减少公司注册资本；(2) 与持有本公司股份的其他公司合并；(3) 将股份奖励给本公司职工；(4) 股东因对股东大会作出的公司合并、分立决议持异议，要求公司收购其股份的。"对于第 (1) 项情形下收购的本公司股份应当自收购之日起10日内注销；对于第 (2) 项、第 (4) 项情形下收购的本公司股份应当在6个月内转让或者注销。对于公司依照第 (3) 项规定收购的本公司股份，不得超过本公司已发行股份总额的5%，而且用于收购的资金应当从公司的税后利润中支出，所收购的股份应当在1年内转让给职工。

（一）股票回购的理由

一般认为，公司实施股票回购的动机或理由主要有以下几种。

1. 用于企业兼并或收购

在收购或兼并的场合，产权交换的支付方式主要是现金购买或以股票换股票两种。如果公司有库藏股票，即可以使用公司自身的库藏股票来交换被购并公司的股票，由此可以减少公司的现金支出。

2. 满足可转换条款

在公司发行可转换债券情况下，公司通过回购股票，即可使用库藏股票来满足可转换债券持有人将可转换债券转换成普通股的要求，而不必另行发行新股票。

3. 改善公司的资本结构

当公司认为，其权益资本在其资本结构中所占的比例过大、负债对权益的比率失衡时，就有可能对外举债，并用举债所得资金回购其自身的股票，由此实现资本结构的合理化。

4. 分配公司超额现金

如果公司的现金超过其现有投资机会的需要量，但在未来又没有足够的赢利性投资机会可以使用这笔资金时，为了使股东利益最大化，公司就有可能通过股票回购，而不是现金股利的方式，将资金分配给股东。这样做的财务逻辑是：在盈利保持不变的情况下，股票回购可使公司流通在外的股数减少，由此提高每股收益和每股市价。假定市盈率保持不变，则股东持有股份的总价值将实现最大化。

5. 提升公司股价，减少被收购的威胁

当公司发行在外的股票数量过多，导致每股收益低下、股价上涨乏力，甚至被错误低估时，通过股票回购，可以减少公司流通在外的普通股股数，提高每股收益，从而使公司股价回升到比较合理的水平，同时也可以减少公司被收购的威胁。而且，通过股票回购，管理层也可以向投资者传递公司股价被低估的信号。回购价格超过现行股价越多，表明管理层认为公司股价被低估的程度越严重。

（二）股票回购的方式

公司在决定实施股票回购时，可以采取的方式主要有三种：要约回购（tender offer）、公开市场回购（open market repurchase）和私下协议回购（privately negotiated repurchase）。

1. 要约回购

要约回购是企业向股东发出回购要约以购买部分股票。根据认购价格的确定方法不同，又分为固定价格要约回购和荷兰式拍卖要约回购。（1）固定价格要约回购方式下，企业事先确定一个固定的认购价格，该价格通常高于现行市场价格，然后将该报价正式告诉股东。股东可自行决定是否以该价格出售股票。（2）荷兰式拍卖要约回购方式下，企业在事先只说明愿意回购的股票数量和愿意支付的最低、最高价格。通常，愿意支付的最低价格稍高于现行市场价格。接着，股东确定愿意出售的股票数量以及在企业给定的价格范围之内能够接受的最低出售价格；然后，企业根据股东的报价确定最终认购价格，并向报价低于或等于最终认购价格的股东回购股票。

2. 公开市场回购

公开市场回购也就是企业像其他投资者一样在股票市场上购买自己的股票。这种回购方式下的认购价格就是现行市场价格，所以，对企业而言，公开市场回购的交易成本小于要约回购的交易成本。但这种方式往往受到较严格的监控，因此，回购时间较长。

3. 私下协议回购

与要约回购不同，私下协议回购只是针对少数重要股东，它往往作为公开市场回购方式的补充。私下协议回购的价格经常低于当前市场价格，尤其是在卖方首先提出的情况下。但当企业向存在潜在威胁的非控股股东回购股票时，私下协议回购的溢价会相当丰厚。

但是，无论采用哪种方法，都不能触犯相关法律法规，并尽量减轻股票购回对股票市价的负面影响。

（三）股票回购与现金股利

股票回购一般适用于拥有大量现金的企业，因此常常将它与现金股利相提并论。当没有个人所得税与交易成本的情况下，股票回购与现金股利对股东财富的影响没有差异。股票回购减少了公司流通在外的普通股股数，从而使每股收益和每股股价增加，因此，从理论上来说，股票回购所带来的资本利得应等于分派的现金股利金额。

例7-4 假设B公司现有100 000元剩余现金，已发行在外股票为50 000股，公司当年税后利润50 000元，市盈率为10，现行股价为10元/股。如表7-5所示。

表7-5　　　　　　　　　　B公司现金股利与股票回购

现金股利策略		股票回购策略	
剩余现金（元）	100 000	剩余现金（元）	100 000
税后利润（元）	50 000	税后利润（元）	50 000
发行股数	50 000	回购前发行股数	50 000
每股收益（元）	1	回购后发行股数	41 667
每股股利（元）	2	回购后每股收益（元）	1.2
发放股利后每股市价（元）	10	回购后每股市价（元）	12
每股股东财富（元）	12	每股股东财富（元）	12

公司现有两种股利支付策略：

策略一：公司拟将其剩余现金全部用于发放现金股利，则每股股利为2元。那么股东每持有1股股票，可获得的股东财富为12元（10元股价+2元股利）。

策略二：公司还可将其剩余现金用于回购股票，回购价为12元，共回购8 333股B公司股票。

试比较分析这两种策略将对股东产生何种影响？

解：

（1）在策略一下，公司将剩余现金全部用于发放现金股利，则每股股利为2元。在这种情况下，股东每持有1股股票，可获得的股东财富为12元（10元股价+2元股利）。

（2）在策略二下，公司将剩余现金用于回购股票，回购价为12元，此时，公司共回购8 333股。股票回购后，该公司发行在外的股票减为41 667股，每股收益由1元升为1.2元（50 000/41 667）。在市盈率不变的情况下，该公司股价将升至12元，此时股东每持有1股股票，同样可获得12元的财富。

可见，在没有税收和交易成本的市场中，股东对股票回购与现金股利是没有偏好的。

需要注意的是，如果考虑税收因素，股票回购与现金股利对股东财富的影响则不同。如果资本利得税低于个人所得税率，则股票回购下的股东财富要多于发放现金股利下的股东财富,所以,在这种情况下股东会偏好股票回购;反之亦然。此外,现金股利可以连续发放,但股票回购不能经常为之,所以不能将股票回购看作是现金股利的等价物。

◎ 相关案例

搜狐公司的股票回购

2005年2月22日,搜狐,中国领先的互联网媒体、通信、电子商务及移动增值服务公司,宣布公司在2005年2月10日至2月17日期间,以平均每股15.66美元的价格回购了885 605股普通股股票,共计13 873 000美元,包括经纪人手续费每股3美分,从而完成了本项由董事会于2004年4月26日批准,并于2004年10月27日扩展的股票回购计划。公司曾在2004年11月回购了360 500股普通股股票,共计6 125 000美元。更早些时候,公司曾在2004年5月回购了1 000 000股普通股股票,共计17 752 000美元。

搜狐公司首席执行官兼董事会主席张朝阳先生解释说:"在过去10个月的3次股票回购中,我们共回购了2 246 105股普通股股票,占总流通股的6%。连续的回购股票表明了搜狐董事会和管理层对公司长远发展前景的信心,并且也向我们的股东传递了一个积极正面的信息。搜狐连续的股票回购计划,来源于管理层对把搜狐建设成为中国互联网'百年老店'的理念,搜狐将致力于建设中文世界最大的网络媒体平台,并将进一步提升搜狐的技术,让搜狐成为中国最优秀的搜索引擎。"

资料来源:根据sohu网上相关报道整理。

相关链接

我国企业的股票回购

从1992年到2013年年底,我国共有89家公司实施股票回购(见图7-5)。为了解决我国上市公司的"一股独大"问题,股票回购从20世纪90年代引入我国,但由于相关法律法规的限制,早期的回购主要是针对一些不能流通的国有股,因此,2005年之前我国上市公司进行股票回购的数量较少。2005年6月,随着《上市公司回购社会公众股份管理办法(试行)》的颁布,我国首次明确二级市场上的流通A股可被回购。2005~2006年,共有34家上市公司回购本公司股票,是股票回购的高峰期。2008年,为规范并鼓励股票回购的实践应用,证监会发布了《关于上市公司以集中竞价交易方式回购股份的补充规定》,进一步放松对上市公司回购股份的管制。这一时期我国股票回购以公开市场回购方式为主,回购公司数量稳中有升,但相比之前数量上有所下降。由此可见,在目前"全流通"时代背景下,我国上市公司股票回购活动仍然表现出规模小、次数少等特点。

资料来源:陈鲁翻,《我国上市公司股票回购问题研究》,载《特区经济》2013年第4期,经作者整理。

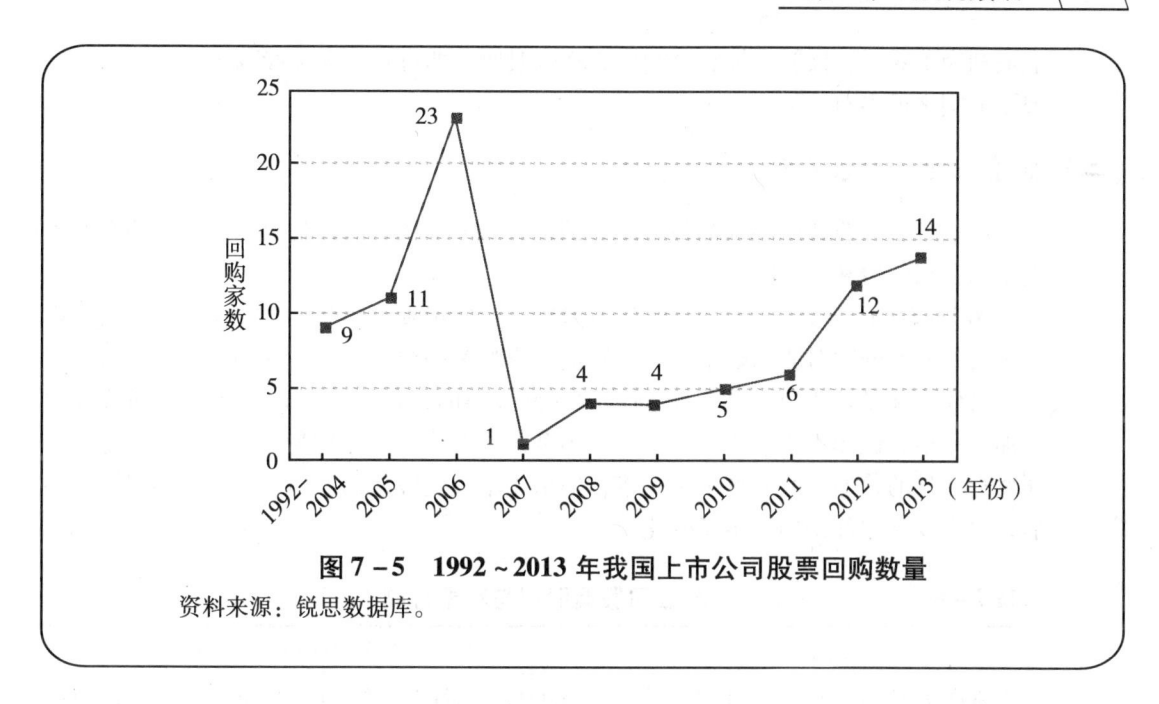

图 7-5　1992~2013 年我国上市公司股票回购数量

资料来源：锐思数据库。

二、股票分割

股票分割是指公司管理当局将某一特定数额的新股，按一定的比例交换一定数额流通在外的股份的行为。例如，两股换一股的股票分割，就是两股新股换一股旧股。股票分割后，公司股票面值降低，发行在外的普通股数量增加。

股票分割对企业的财务结构不会产生任何影响，但它会使发行在外股数增加、每股面值降低，并由此使每股市价下跌。从会计的角度，股票分割后资产负债表中股东权益各账户（股本、资本公积、留存收益等）的余额都保持不变，股东权益合计数也维持不变。所以，实行股票分割不会增加公司价值，也不会增加股东财富。

(一) 股票分割的目标

股票分割作为一种财务策略，是有其目的和动机的。主要表现在：

(1) 股票分割可使股票市价降低，并由此活跃其市场交易。这是股票分割的主要动机。当股票价格超过一定限度后，一些并不富有的投资人可能因价格过高而放弃投资。所以，一些大公司为了迎合这类投资者的心理，进行股票分割，以使公司股票数量增加，每股收益（EPS）减少，股票市价下跌，从而期望股票在市场上的交易更加活跃。

(2) 股票分割会给投资人信息上的满足。股票分割一般都是股价不断上涨的成长型公司所采取的财务行动。公司宣布股票分割，等于告诉投资人本公司的盈余还会继续大幅度增长。这一信息将会使投资人争相购买股票，引起股价上涨。

(3) 股票分割在某些情况下也会增加股东的现金股利。例如，某公司股票分割前每股股利为 3 元，某一股东拥有该 100 股股票，在不进行股票分割的情形下，投资者将收到现金股利 300 元。但是，如果公司宣布其股票一分为二，且分割后公司的每股股利为 1.6 元，该股东拥有分割后 200 股股票，即可获得现金股利 320 元，从而比股票分割之前多 20 元。

（二）股票分割与股票股利

股票分割与股票股利很类似，两者都能达到增加股票数量的目的，而且两者都不会增加公司价值和股东财富。

例 7-5 仍以例 7-1 中的 A 公司为例，A 公司发放 100% 股票股利和 1 股分拆成 2 股的股票分割对股东财富、公司价值的影响是一样的，不一样的是股东权益的明细，具体情况见表 7-6。股票分割通过降低股票的面值，使发行在外的普通股股数增加了一倍，但却不改变股东权益各项的金额；发放 100% 股票股利虽然同样使 A 公司发行在外的普通股股数增加了一倍，但由于不改变股票的面值，所以分派股票股利后，股东权益内部结构发生了变化。

表 7-6　　　　　　　　　　A 公司股票股利与股票分割

股票分割后		发放 100% 股票股利后	
股本（每股面值 0.5 元；200 000 股）	100 000	股本（每股面值 1 元；200 000 股）	200 000
资本公积	600 000	资本公积	1 100 000
留存收益	800 000	留存收益	200 000
股东权益合计	1 500 000	股东权益合计	1 500 000

由表 7-6 可见，除了会计处理不同外，股票股利与股票分割可以说基本相同。从实务上讲，两者之间的差别较小，一般根据证券监管部门的规定来加以区别。如美国纽约证券交易所规定，发行 25% 以上的股票股利都被认为是股票分割。

有些公司可能认为股票价格过低，要提高股价，就采取反分割办法。如某公司流通在外的股票为 200 000 股，每股面值 1 元，股票市价 5 元。现公司想提高股价，采用两股换成一股的反分割政策，则流通在外股票数量变为 100 000 股，每股面值增加为 2 元，在其他条件不变的情况下，股票价格将是 10 元。

本章小结

本章介绍了与公司股利分配相关的知识点。包括公司股利发放的形式、股利政策理论、公司股利政策的影响因素和现实选择，以及股票回购、股票分割等内容。主要包括：(1) 公司发放股利的形式一般有现金股利、股票股利、负债股利和混合股利等四种。(2) 在现金股利的支付过程中，需要明确股利宣告日、股权登记日、除息日和股利发放日等几个重要的日期。其中，除息日最为重要，因为在除息日后购入股票的股东不再享有获取股利的权利。(3) 股利政策理论可分为两种：股利无关论和股利相关论。股利无关论认为，股利政策不会影响公司的股票价值；而股利相关论则认为，股利政策对公司股票价值有相当大的影响。（4）根据每股股利的稳定程度不同，公司的股利政策可分为稳定股利政策、变动股利政策、阶梯式股利政策及剩余股利政策。法律、契约、公司内部因素和股东意愿等因素都会影响公司的股利政策。（5）股票回购是指公司出资购回本公司发行在外的股票的行为。当没有个人所得税与交易成本的情况下，股票回购与现金股利对股东财富的影响没有差异。（6）股票分割是指公司通过降低股票的面值而增加发行在外的普通股数量的行为。股票分割只会增加公司发行在外的普通股股数，但不会增加公司价值和股东财富。

■ **关键词汇**

现金股利（cash dividend）　　　　　　股票股利（stock dividend）
宣告日（declaration date）　　　　　　登记日（record date）
除息日（ex-dividend date）　　　　　　发放日（payment date）
股利无关论（irrelevance theory of dividend）　　股利相关论（relevance theory of dividend）
"在手之鸟"理论（"bird in hand" theory）　　客户效应（clientele effect）
掏空（tunneling）　　　　　　　　　　股利政策（dividend policy）
剩余股利政策（residual payout policy）　　股票回购（stock repurchase）
要约回购（tender offer）　　　　　　　公开市场回购（open market repurchase）
私下协议回购（privately negotiated repurchase）　　股票分割（stock split）

小组讨论

微软公司作为计算机软件行业巨头，自1986年6月上市以来，主业收入连年高速增长（1986年增长率为40.66%，1987年为75.12%，1999年为36.34%，具体情况如下图所示），股价也不断上升。有人估计，如果1986年时把1万美元投入微软公司，到2003年该投资则变成了223万美元。

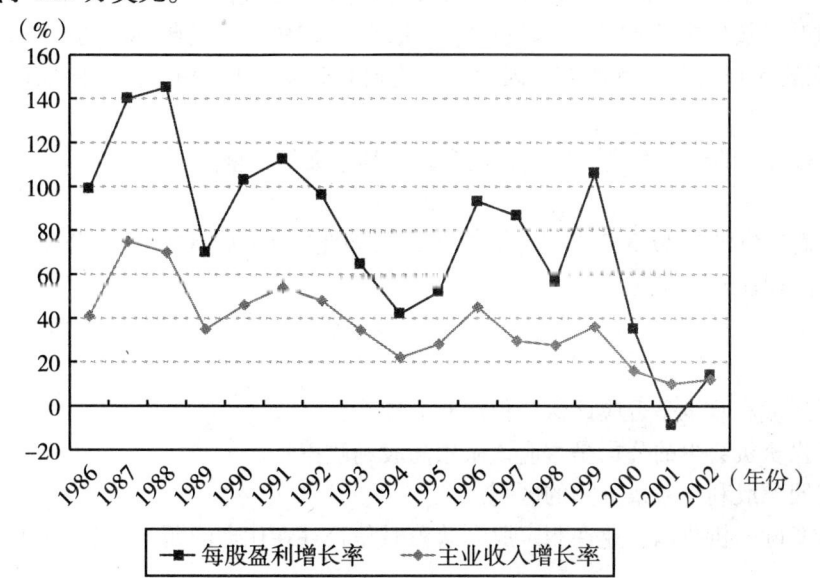

微软公司 1986～2002 年盈利状况

自 1999 年后，该公司主业收入增长率却逐年下降，2002 年增长率仅为 12.13%。就每股收益增长率而言，公司在 20 世纪 80~90 年代每股收益增长率均在 20%~70% 之间。但到了 2001 年，其每股收益却下降了 18.8%，2002 年只增长了 2.17%。也就是说，微软公司的增长速度在逐年下降，这显然合乎常理，毕竟不可能有永远高速成长的企业。同时，这也标志着微软公司正在向成熟企业迈进。这一结论从公司持有的现金流中也可看出。资料显示，该公司 2000 年 6 月拥有现金储备约为 203 亿美元，2001 年 6 月达 285 亿美元，到 2002 年底其手头现金高达 434 亿美元。

那么，微软公司应该如何处置这么多的现金呢？一般来讲，公司现金的处置方式大体有三种：再投资、股票回购、分红。问题的关键是看哪种方式能给股东们带来最大的价值。

第一种处置办法是扩大再投资。的确，2002 年微软公司用于软件开发与广告的投资为 43 亿美元。此外，在 1993~2002 年正值互联网热潮的 10 年间，公司也吞并过不少宽带网、电视电缆公司。但这些业务扩张性并购似乎不太成功。因此，除了集中再投资"微软"的品牌软件领域外，该公司还没有证明它有能力通过在主业之外的投资为其股东们创造超常价值。在 2003 年整个 IT 业不景气的环境下，微软似乎更不能找到可靠的、主业之外的再投资机会。

既然扩张性投资不那么成功，那么这些巨额现金的第二种花费方式是用来回购微软股票。在 2002 年，该公司共回购约 40 亿美元价值的股票，为上一年利润的一半。但值得注意的是，在当时的股市环境下，这种股票回购运作并不成功有效。2002 年，如果算进 2% 的红利，道琼斯指数实际下跌约 18%。同期内微软公司的股价也下跌约 18%，大规模的股票回购并没有使微软股票少跌。也就是说，股票回购并没有使股东获得额外的收益。

在上述两种方法都无法为股东创造足够价值的情况下，微软唯一负责任的选择就是将这些累积的现金分红，至少是部分分红，让股东们自己寻找适合自己的投资机会。资料表明，该公司自其上市后的十几年间从未发放过红利。2003 年 1 月 16 日，微软公司公布，当年开始将按每股 8 美分分红，此后将根据实际情况逐年调整股息。按照已公布的每股 8 美分，2003 年微软共发放 8.64 亿红利，这只是它手头现金的 2%，是其年利润的 11%。相比之下，GE 将其利润的 55% 分红给其股东，因此，在达到 GE 的分红比率之前，微软还有一段长路要走。

虽然微软公司的红利发放规模微不足道，但其意义却很重大。①

讨论：

为什么微软公司在 2003 年对其股利政策作出如此巨大的调整？它与公司的经营状况和行业背景是否有着某种联系？

思考题

1. 公司的股利政策是否应该保持稳定？为什么？
2. 对于投资机会少的公司是否应该采用高股利政策？
3. 试述股票股利与股票分割的区别。
4. 结合实际分析我国企业在制定股利政策时是否存在代理问题？

---

① 本篇资料来源于：陈志武，《为什么微软决定发红利？》，载《新财富》2003 年第 3 期。

5. 2006年5月，证监会发布的《上市公司证券发行管理办法》第二章第八条规定，"公开发行证券公司最近三年以现金或股票方式累计分配的利润不少于最近三年实现的年均可分配利润的20%。"2008年10月9日，证监会发布《关于修改上市公司现金分红若干规定的决定》，将上述规定修改为："最近三年以现金方式累计分配的利润不少于最近三年实现的年均可分配利润的30%"。结合实际数据分析这两项规定对我国上市公司股利政策的影响，并讨论这两项规定的实施是否有助于保护中小股东利益。

6. 试分析股票回购与现金股利对股东财富的影响。

7. 试分析影响股利政策制定的各种因素。

8. 股利无关论建立在哪些假设的基础上？

9. 按照剩余股利政策，假定某公司资本结构（债务与权益之比）目标是3∶5。明年计划投资800万元，今年年末股利分配时，应当从税后净利中保留多少用于投资需要，才能将剩余利润用于发放股利？

10. 股票交易价格在现金股利支付的哪个阶段可能会有所下降？

本章推荐阅读资料

1. ［美］詹姆斯·范·霍恩、约翰·瓦霍维奇著，郭浩、徐琳译：《现代企业财务管理》（第10版），第十八章：股利政策，第540~574页，经济科学出版社1998年版。

2. ［美］斯蒂芬·A·罗斯、伦道夫·W·威斯特菲尔德、杰弗利·F·杰富著，吴世农、沈艺峰、王志强等译：《公司理财》（第6版），第18章，第356~383页，机械工业出版社2005年版。

第8章 营运资本管理

学习提要与目标

营运资本等于流动资产减去流动负债,营运资本管理也就是企业流动资产和流动负债的管理。流动资产管理即企业将资金投放在短期资产上的管理,主要包括现金、应收账款和存货管理;流动负债管理即企业的短期债务筹资管理。营运资本管理是财务管理的主要内容,是企业日常财务管理的核心。

通过本章的学习,应能够:
- 掌握营运资本的含义与特点;
- 理解经营周期和现金周转期与营运资本的关系;
- 理解营运资本投资策略和融资策略;
- 掌握短期债务筹资方式的基本概念与特点;
- 明确现金管理的目标与内容;
- 掌握目标现金余额的确定方法;
- 掌握信用政策的制定与财务评价。

第一节 营运资本管理概述

财务管理主要包括投资、筹资、收益分配和营运资本管理四大部分内容。而收益分配实质上是企业的再筹资活动；营运资本等于流动资产减去流动负债，营运资本管理也就是企业流动资产和流动负债的管理。流动资产管理即企业将资金投放在短期资产上的投资管理，流动负债管理即企业的短期债务筹资管理，从这个角度看，营运资本管理包括营运资本投资管理与筹资管理。因此，财务管理的内容也可以划分为投资和筹资两大部分。前面各章已经讨论了长期投资与筹资问题，如资本预算、长期筹资方式、资本结构安排和股利政策等。本章将讨论短期投资与筹资问题，即营运资本投资与筹资管理。

一、营运资本的含义与特点

营运资本（working capital）是指企业投入日常生产经营活动中的资本。营运资本有广义和狭义之分，广义的营运资本又称毛营运资本（gross working capital），是指一家企业在流动资产上的投资总额；狭义的营运资本又称净营运资本（net working capital），是指流动资产减去流动负债后的余额。

营运资本一般具有以下特点：

1. 流动性强

企业占用在流动资产上的资金，周转一次所需的时间较短，通常在一年或一个营业周期内，较之长期资产具有较强的变现能力。资产负债表中的流动资产项目，就是依据其项目的流动性由高至低排列的。从流动性看，流动资产中的主要项目现金、交易性金融资产、应收账款、存货等的变现能力依次降低。

2. 波动性大

流动资产的数量会随企业营业收入及内外部其他条件的变化而变化，波动性大。流动资产数量发生变动时，流动负债的数量也会发生相应变动，从而导致净营运资本出现较大的波动。

从动态看，营运资本的高低取决于企业的经营周期（应收账款周转期+存货周转期）、应付账款周转期、现金周期、长短期融资策略和短期投资政策等。

二、经营周期与现金周转期

营运资本管理关注企业的短期经营活动（short-operating activities）。一个典型生产经营型企业的短期经营活动包括以下一系列事件和决策（见表8-1）。

表8-1 短期经营活动与决策

活　动	决　策
1. 购买原材料 2. 支付购货款 3. 生产产品 4. 销售产品 5. 收回现金	1. 订购多少存货 2. 是否借款或者削减现金余额 3. 选择何种生产技术 4. 是否给特定客户提供商业信用 5. 如何收款

这些活动导致了现金流入和流出的非同步、不确定性。不同步是因为原材料货款的支付与产品销售的现金回收不在同一时间发生；不确定是因为将来的成本不能确切地知道。企业的短期经营活动及其相应的现金流转情况如图8-1所示。

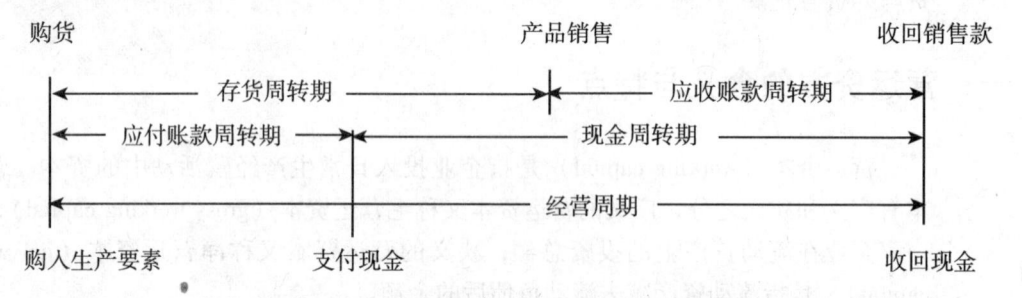

图8-1 短期经营活动及短期现金流转情况

由图8-1可知，从购货到应收账款收回这段时间间隔形成一个经营周期（operating cycle）。在经营周期内，从支付原材料货款（引起现金流出）到应收账款收现（形成现金流入）形成一个现金周转期（cash cycle）。现金流入与流出不同步形成的缺口要求进行短期融资来解决，这个缺口与经营周期和应付账款周期的长短有关，可以通过借款或变卖短期证券来填补，通过改变存货周转期、应收和应付账款周转期可以缩小这个缺口。现金周转期等于经营周期减去应付账款周转期，见式（8.1）。

$$现金周转期 = 经营周期 - 应付账款周转期$$
$$= 存货周转期 + 应收账款周转期 - 应付账款周转期 \quad (8.1)$$

式中，经营周期等于存货周转期加上应收账款周转期。存货周转期的长短取决于原材料储存期、产品生产期和产成品储存期；应收账款周转期是从赊销到账款收回所需的时间；应付账款周转期是企业在购买各种资源，如原材料和人工的过程中能够延期支付款项的时间。根据财务分析的有关内容可知：

存货周转期指从购买存货到货物销售的平均天数，其计算公式为：

$$存货周转期 = \frac{平均存货}{销售成本/365} = \frac{365}{存货周转率} \quad (8.2)$$

应收账款周转期指赊销形成应收账款到收回现金所需要的平均天数。其计算公式为：

$$应收账款周转期 = \frac{平均应收账款}{销售收入/365} = \frac{365}{应收账款周转率} \qquad (8.3)$$

应付账款周转期指从赊购存货到支付货款所需要的平均天数。其计算公式为:

$$应付账款周转期 = \frac{平均应付账款}{销售成本/365} = \frac{365}{应付账款周转率} \qquad (8.4)$$

例 8-1 假设某公司的财务信息如表 8-2 所示。请计算该公司的现金周转期。

表 8-2　　　　　　　　　　某公司财务信息　　　　　　　　　单位：千元

项目	期初	期末
存货	5 000	7 000
应收账款	1 600	2 400
应付账款	2 700	4 800
销售收入	50 000	
销售成本	30 000	

解：由于，现金周转期 = 存货周转期 + 应收账款周转期 − 应付账款周转期

因此，可运用式 (8.2)、式 (8.3)、式 (8.4) 分别计算存货周转期、应收账款周转期和应付账款周转期，即：

存货周转率 = 30 000/(5 000 + 7 000) ÷ 2 = 5（次）

应收账款周转率 = 50 000/(1 600 + 2 400) ÷ 2 = 25（次）

应付账款周转率 = 30 000/(2 700 + 4 800) ÷ 2 = 8（次）

存货周转期 = 365/5 = 73（天）

应收账款周转期 = 365/25 = 14.6（天）

应付账款周转期 = 365/8 = 45.6（天）

所以，现金周转期 = (73 + 14.6) − 45.6 = 42（天）

现金周转期是营运资本管理中一个非常重要的概念，它既可以用于分析公司日常的经营业务，提高营运资本的效率，不断降低营运资本额，又可以用于分析公司新增业务对于融资的需求。现金周转期的概念贯穿于营运资本管理的始终。

现金周转期越短，说明公司对外部融资的需求越少，从而有利于降低融资成本，提高公司经营收益。如果现金周转期等于零，意味着公司除了周转所需的现金外，公司的其他流动资金需求全都可由应付账款支持。如果它小于零，意味着供应商不仅垫付了公司所需的流动资金，公司还将有多余的资金用在非流动资产项目的占用上。

◎ 相关案例

青岛海尔的营运资本状况与竞争优势分析

青岛海尔（股票代码：600690）2007~2013 年营运资本数据如表 8-3 所示。从表中数

据可以看出,其现金周转期逐年降低,且自2010年起为负值,这表明海尔公司的现金周转效率越来越高,对外部的融资需求越来越少,其不仅占用了供应商的钱来满足自身流动资金需求,而且还有富余资金用于满足长期资产所需的资金。另一方面,这也充分反映出海尔公司具有与供货商以及客户的超强议价能力。

表8-3　　　　　　　　　青岛海尔2007~2013年营运资本管理状况　　　　　　　单位:天数

年份＼项目	应收账款周转期	存货周转期	应付账款周转期	经营周期	现金周转期
2007	12.30	32.70	29.25	45.00	15.75
2008	8.27	37.43	31.09	45.70	14.61
2009	11.06	27.04	35.89	38.11	2.22
2010	10.08	20.84	37.57	30.91	-6.66
2011	12.94	30.90	53.49	43.84	-9.65
2012	16.68	40.05	70.94	56.73	-14.21
2013	17.99	39.45	76.52	57.44	-19.08

资料来源:根据海尔公司年报数据整理得出。

三、营运资本管理的内容与目标

(一) 营运资本管理的内容

营运资本管理,主要涉及流动资产投资管理与短期融资管理两大方面。在日常经营过程中,由于临时性流动资产占用所需资金需要通过短期融资来解决,且流动资金与短期融资之间密不可分,因此,在讨论营运资本管理问题时应将其细化为以下三大方面:

(1) 营运资本管理策略,包括营运资本投资策略和营运资本融资策略。
(2) 短期负债融资方式及其决策。
(3) 企业需要投资多少资金于流动资产的管理,包括:
① 为了日常运营,应持有的现金水平是多少?即现金管理。
② 需要订购多少原材料等?即存货管理。
③ 应给予客户什么样的商业信用?即应收账款管理。

(二) 营运资本管理的目标

营运资本管理目标主要有:
(1) 有效地运用和管理流动资产,在流动性、收益性和风险性之间做出权衡,在风险可接受的情况下,力求其边际收益大于边际成本。
(2) 选择合理的短期融资方式,最大限度地降低短期负债融资成本。

(3) 加快营运资本周转速度,以尽可能少的资金投入获取更多的营业收入,提高企业的流动性和短期偿债能力。

四、营运资本管理策略

营运资本管理策略（Working capital policy）包括两大方面：一是营运资本投资策略，即确定流动资产投资总额和各项流动资产目标投资额的策略；二是营运资本融资策略，即如何确定流动资产资金来源的策略。

(一) 营运资本投资策略

公司在制定营运资本投资策略时，要在获利能力和短期偿债风险之间进行权衡。这是因为，第一，从收益角度来看，如果流动资产占用较多，一方面不会产生额外利润，另一方面会增加公司的融资需求，从而引起融资成本的提高；相反，如果流动资产占用较少，公司可以在维持其正常经营的同时，减少对融资的需求，从而降低融资成本、提高收益。第二，从风险角度来看，流动资产占用较多，在某种程度上意味着公司短期偿债能力有一定的保障，从而降低短期支付风险；反之则相反。因此，在收益性与风险性之间做出权衡是选择流动资产投资策略所需遵循的主要原则，这一原则将贯穿于营运资本管理始终。

在现实中，行业、经营规模和利率水平等因素，都可能影响企业的流动资产占用水平。一般认为，企业在流动资产占用水平上存在三种可能的投资策略，其与企业销售水平之间的关系如图8-2所示。

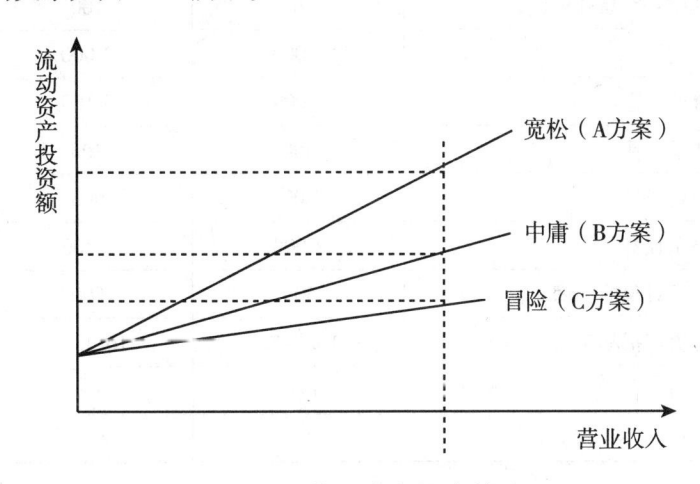

图8-2 营运资本投资策略

1. 宽松（稳健）的投资策略

宽松的投资策略是指企业在安排流动资产数量时，在正常经营需要量和正常保险储备量的基础上又加上了一部分额外储备量，以便降低企业风险。该种策略属于保守型投资策略，图8-2中的A方案便属于这种策略。在这种投资策略下，由于流动资产的收益性较低，所以企业投资报酬率一般也较低；但由于流动资产变现能力较强，所以其短期偿债风险也较小。该策略是一种流动性高、收益性和风险性均较低的策略。

2. 冒险（激进）的投资策略

冒险的投资策略是指企业在安排流动资产数量时，只安排正常生产经营所需的资产投入，而不安排或很少安排除正常需要外的额外资产（如采购的材料只满足正常需要，而不考虑安全储备需要）。图8-2中的C方案便属于冒险型投资策略。采用该种投资策略的企业，由于流动资产占用数量较低，所以企业投资报酬率相对较高；但由于资产变现能力偏弱，所以短期偿付风险相对较高。该策略是一种流动性低、收益性和风险性均较高的策略。

3. 中庸（折中）的投资策略

中庸的投资策略处于保守与激进之间，是指企业在保证正常经营所需流动资产占用的情况下，适当安排一定量的保险储备，以防不测。图8-2中的B方案便属于该种策略。该策略是一种流动性、收益性和风险性适中的策略。

例8-2 假设光华公司有A、B、C三个可供选择的营运资本投资方案，这三个方案的唯一区别是流动资产的持有量不同，但流动负债和长期负债相同。数据见表8-4。请依据该表做出分析。

表8-4　　　　　　　　　光华公司营运资本投资方案　　　　　　　　单位：万元

项目	A（冒险）	B（中庸）	C（宽松）
（1）流动资产	1 000	1 100	1 200
（2）其中：交易性金融资产	0	100	200
（3）固定资产	2 000	2 000	2 000
（4）资产总额	3 000	3 100	3 200
（5）流动负债	400	400	400
（6）长期负债	600	600	600
（7）股东权益	2 000	2 100	2 200
（8）预计息税前利润	500	500	500
（9）总资产报酬率[（8）/（4）]	16.67%	16.13%	15.63%
（10）净营运资本[（1）-（5）]	600	700	800
（11）流动比率[（1）/（5）]	2.5	2.75	3

解：由表8-4可知，在其他条件不变的情况下，随着流动资产投资额的增加，总资产报酬率由16.67%分别降为16.13%和15.63%；但流动比率却由2.5提高到2.75和3，短期偿债能力提高、风险降低。这表明，随着流动资产投资额的增加，该公司流动性提高了，风险降低了，但收益也下降了。

因此，企业在进行流动资产投资策略选择时，需在流动性、收益性和风险性之间进行权衡。营运资本投资策略的选择既取决于企业经营特点和经营需要，也取决于决策者对待风险的态度。

> 在上述三种营运资本投资策略中，流动资产的投资规模是不同的。站在某一个特定企业角度思考，你认为有没有一种最优的策略？为什么？

（二）营运资本融资策略

企业的融资需求可分为长期性资金需求和短期性资金需求两部分。前者是指在固定资产和流动资产中的长期（稳定）资产上的资金占用需要，具有稳定性；而后者是指在流动资产中的临时性、短期资产（变动）上的资金占用需要，这部分资金需求在数量上波动较大。为了便于理解，我们将公司流动资产划分为临时性流动资产和永久性流动资产两大部分。前者是指为了满足季节性需求或商业周期波动的临时性需求而占用的流动资产，如销售旺季增加的应收账款和存货等；后者是指满足公司长期稳定需求（最低需求）而占用的流动资产，如安全储备中的存货或现金等。永久性流动资产所占用的资金是长期的，与占用在固定资产上的资金相似，并且随着公司规模的扩大而增加。

与此分类相对应，公司的资金来源也可分为临时性资金来源和永久性资金来源两部分。前者一般通过短期负债融资来满足，后者一般通过长期负债和权益资本来满足。

从营运资本与长、短期资金来源的匹配关系看，主要有三种可供选择的营运资本融资策略，即配合型融资策略、激进型融资策略和稳健型融资策略。

1. 配合型融资策略

配合型融资策略的特点是：对于临时性流动资产，运用临时性负债来满足其资金需要；对于永久性流动资产和固定资产（统称为永久性资产，下同），运用长期负债、自发性负债和权益资本来满足其资金需要。该融资策略如图8-3所示。

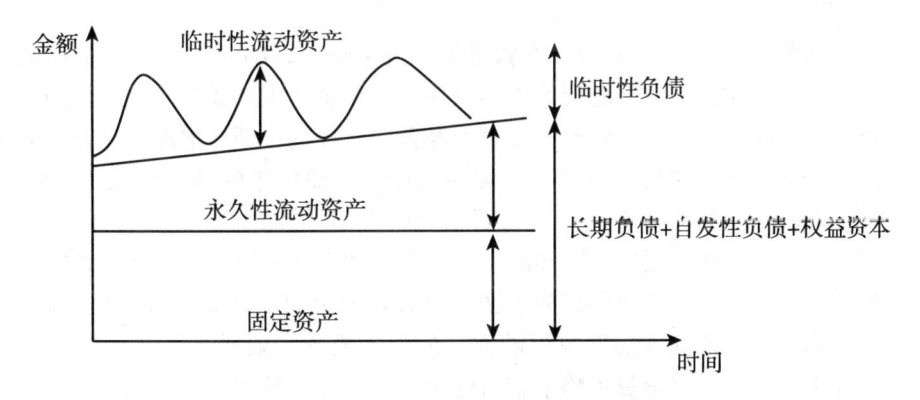

图8-3 配合型营运资本融资策略

配合型融资策略要求企业临时负债融资计划严密，使现金流动与预期安排相一致。在季节性低谷时，企业应当除自发性负债外没有其他流动负债；只有在临时性流动资产的需求高峰期，企业才举借各种临时性债务。

例如，某企业在生产经营的淡季，需占用300万元的流动资产和500万元的固定资产；在生产经营的高峰期，会额外增加 200 万元的季节性存货需求。配合型融资策略的做法是：企业只在生产经营的高峰期才借入 200 万元的短期借款；不论何时，800 万元永久性资产（即 300 万元永久性流动资产和 500 万元固定资产之和）均由长期负债、自发性负债和权益资本来解决。

这种融资策略的基本思想是将资金占用与资金来源的期间相匹配，以降低企业不能偿还到期债务的风险并尽可能降低债务的资本成本。但事实上，由于企业生产经营的不确定性，往往做不到资金占用与资金来源的完全配合。如本例，一旦企业生产经营高峰期内的销售不理想，未能取得销售现金收入，便会发生偿还临时性负债的困难。因此，配合型融资策略是一种理想的、对企业有着较高资金使用要求的营运资本融资策略。

2. 激进型融资策略

激进型融资策略的特点是：临时性负债不但融通临时性流动资产所需的资金，还解决部分永久性资产所需的资金。该融资策略如图 8-4 所示。

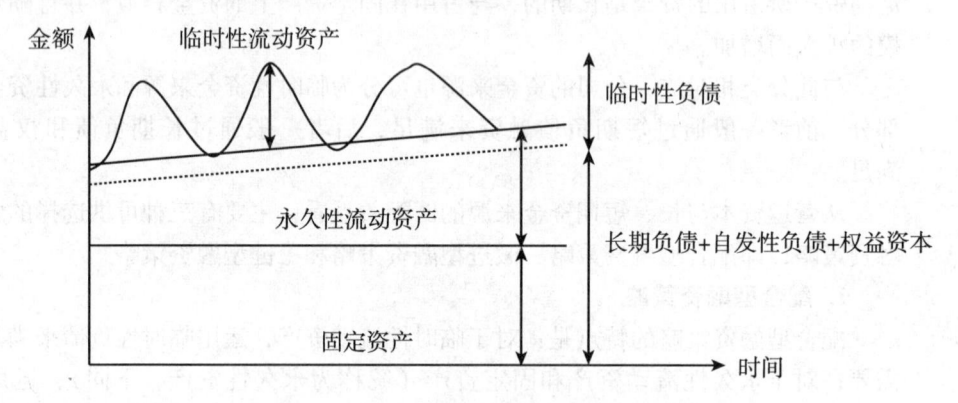

图 8-4 激进型营运资本融资策略

从图 8-4 中可以看出，在激进型融资策略下，临时性负债在企业全部资金来源中所占比重大于配合型融资策略。沿用上例，企业生产经营淡季占用 300 万元的流动资产和 500 万元的固定资产，在生产经营的高峰期，额外增加 200 万元的季节性存货需求。如果企业的长期负债、自发性负债和权益资本的筹资额低于 800 万元（即低于正常经营期的流动资产占用与固定资产占用之和），比如只有 700 万元甚至更少，那么就会有 100 万元或者更多的永久性资产和 200 万元的临时性流动资产（在经营高峰期内）要由临时性负债融资解决。这种情况表明，企业实行的是激进型融资策略。由于临时性负债（如短期银行借款）的资本成本一般低于长期负债和权益资本的资本成本，而激进型融资策略下临时性负债所占比重较大，所以该策略下企业的资本成本较低。但是另一方面，为了满足永久性资产的资金占用需要，企业必然要在临时性负债到期后重新举债或申请债务展期，这样企业便会更为经常地举债和还债，从而加大筹资困难和风险；还可能面临由于短期负债利率的变动而增加企业资本成本的风险。所以激进型融资策略是一种收益性和风险性均较高的营运资本融资策略。

3. 稳健型融资策略

稳健型融资策略的特点是：临时性负债只融通部分临时性流动资产所需的资金，

另一部分临时性流动资产和永久性资产所需的资金，则由长期负债、自发性负债和权益资本来满足。如图8-5所示。

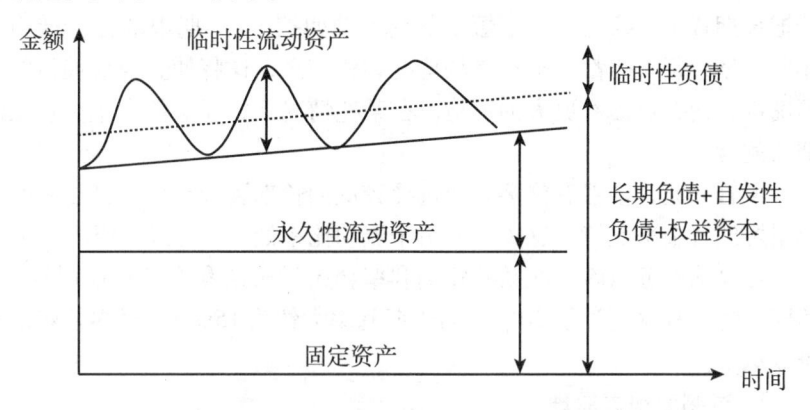

图8-5 稳健型营运资本融资策略

从图8-5可以看出，与配合型融资策略相比，稳健型融资策略下临时性负债占企业全部资金来源的比例较小。沿用上例，如果企业在生产经营的旺季借入低于200万元的资金，比如100万元的短期借款，而无论何时的长期负债、自发性负债和权益资本之和总是高于800万元，比如达到900万元，那么旺季季节性存货的资金需要只有一部分（如100万元）靠短期借款解决，其余部分的季节性存货和全部永久性资金则需要由长期负债、自发性负债和权益资本提供。而在生产经营的淡季，企业则可将闲置的资金（100万元）投资于短期有价证券，以赚取收益和以备旺季之用。在这种策略下，由于临时性负债所占比重较小，所以企业无法偿还到期债务的风险较低，同时蒙受短期利率变动损失的风险也较低。然而，另一方面，却会因长期负债资本成本高于临时性负债的资本成本，以及经营淡季时仍需负担长期负债利息，从而降低了企业的收益。所以，稳健型融资策略是一种风险性和收益性均较低的营运资本融资策略。

一般地说，如果企业能够驾驭资金的使用，采用收益和风险配合得较为适中的配合型融资策略是最有利的。

（三）营运资本策略的分析原理

对于企业采取的营运资本策略，可根据下列原理进行分析。

1. 匹配原理

匹配原理是指把资金来源的期限和流动资产的期限相匹配。也就是要在每一笔支付到期时企业已预先安排好该支付责任所需的资金。一般来说，企业资金来源中，长期资金的比例越高，企业不能履行短期偿债责任的可能性也越小，而且固定利率的长期资金还避免了短期资金利率经常波动带来的财务风险。

2. 风险与收益原理

提倡使用短期资金作为企业部分资金来源的理由是短期资金的期望成本低于长期资金的期望成本。统计资料表明，一般情况下长期资金成本确实比短期资金成本高。

利率的期限结构曲线一般是上翘的,即长期资金的成本比较高,但短期资金的风险比长期资金的风险高。在长期资金的使用期限内,企业应履行的支付责任是清楚的,但若把长期资金转换为一笔笔短期资金,例如把10年期限的债券转换为数额相同的1年期负债,每一年都要根据市场情况调整利息,这将使企业应履行的支付责任变得很不确定,使企业面对更大的风险。在某些情况下,还可能发生企业无法把短期负债展期的危险。

尽管如此,依然有许多企业选择较低的长期资金比例,甚至有些企业的固定资产也用短期资金来支持,这类企业由于流动比率低于1,营运资本为负,从而大大加大了其自身的财务风险。在某些短期利率会超过长期利率的特殊时期(例如1980年在美国,短期利率超过了20%,而长期利率大约为15%),过多依赖短期资金的企业会难以承受。

3. 过剩变现力原理

企业应避免承担过大的财务风险,这包括企业资产应有较好的变现力。企业的资金需求波动是很难预测的,因此选择保留一定过剩变现力有助于防备最坏的情况发生。但这种过剩的变现力有可能增加企业的资金成本,因为这种过剩的变现能力至多只能取得短期证券投资收益,而损失长期利率和短期利率之差。因此,即使是最需要变现力的企业也要对过剩变现能力加以限制。

通常我们用营运资本与企业总产值或者销售收入之比,作为衡量和判断营运资本是否达到合理数值的指标。一般认为,工业企业的营运资本相当于1~3个月的营业额时(具体合理数值依据行业而定),才算比较安全合理。在正常情况下,低于这个标准就应当筹资,高于这个标准就应当投资。通过营运资本判断企业长期资金平衡状况,要与企业所处行业特点和经营特点相适应,制定出合理的判断标准。

营运资本的多少也是企业生产经营活动资金实力的反映,反映企业生产经营资金的保证程度,也反映企业长期占用资金来源的稳定性,营运资本数额表明企业承担亏损的能力。如果企业亏损,首先吃掉营运资本,危及正常生产经营。只有当亏损额超过营运资本数额时,亏损才危及企业结构性资金平衡。因此,企业结构性资金的平衡情况,可通过营运资本指标的变化来判断。

营运资本为负,对大多数工业企业来说表明企业的长期资产占用资金过多,缺少长期资金来源,缺少的部分来自于流动负债,企业资金来源与占用失衡。此时,企业的短期资金被长期资产长期占用,长期资金来源不足,企业的流动资产不足以补偿流动负债,企业有可能面临资金支付困难。对于某些零售商业企业而言,营运资本为负不算异常,因为商业企业的存货周转速度较快,先销售、后付款的现象很普遍,正常情况下企业的日常经营活动可提供一定量的资金,可以用作长期投资。营运资本为正,说明企业资金来源能够保证企业资金运用的需求;企业营运资本虽然为正,但若低于营运过程对营运资本的需求,则说明企业营运过程中所需的部分资金,仍然没有稳定的资金来源予以保证,同样会带来日常资金运转困难。因此,营运资本不仅应该为正,而且要满足企业日常生产经营过程对营运资本的需求,要维持企业生产经营过程的资金平衡。

应付账款筹资通常分为三种类型：

（1）享受现金折扣。在这种情况下，企业可获得最长为现金折扣期的免费资金，并取得相应的折扣收益，其免费信用额度为扣除现金折扣后的净购价。

（2）在信用期内付款但不享受现金折扣。在这种情况下，企业可获得最长为信用期的免费资金，其信用额度为商品总购价。但由于放弃现金折扣，从而增加了相应的机会成本，其机会成本计算公式为：

$$放弃现金折扣的成本 = \frac{折扣百分比}{1-折扣百分比} \times \frac{360}{信用期-折扣期} \times 100\% \qquad (8.5)$$

放弃现金折扣的成本是企业是否享受现金折扣的决策依据。企业进行决策时，需要将放弃现金折扣的成本与银行借款利率进行比较，如果放弃现金折扣的成本大于银行借款利率，则企业应接受现金折扣，向银行借款以偿还货款。这是因为，如果在现金折扣期这一点上，企业用银行借款支付货款并享有折扣，其借款利息小于享有折扣的机会收益；反之，则结论相反。

（3）逾期支付。在这种情况下，企业实际上是拖欠卖方的货款，逾期越长，放弃现金折扣的成本越低。但是，这种信用结算实际上无信用可言，企业会因此而信誉下降，未来失去的机会收益更多。

例 8-3 某企业按 "2/10，N/30" 的信用条件购进一批商品，商品价款为 100 万元。请计算分析该企业分别在折扣期内、信用期内和第 50 天付款时各自的信用额度、付款额和放弃现金折扣的成本。若假设银行借款利率为 10%，企业应接受现金折扣还是放弃现金折扣？

解：（1）接受现金折扣，在折扣期内付款，即在 10 天内付款，则企业可获得最长为 10 天的免费信用，其信用额度为 98 万元，折扣额为 2 万元，付款额为 98 万元。该信用为免费信用。

（2）放弃现金折扣，在信用期内付款，在第 30 天付款，则企业可获得最长为 30 天的信用，其信用额度为 100 万元，付款额为 100 万元，是有代价的信用。则：

放弃现金折扣的成本 = 2% × 360/[(1-2%) × (30-10)] × 100% = 36.73%

（3）判断是接受现金折扣还是放弃折扣。若企业没有资金，但可从银行取得利率为 10% 的借款，此时因为借款利率 10% 低于放弃现金折扣的成本 36.73%，所以企业应借款来偿还商品款项，享受现金折扣，在第 10 天付款，付款 98 万元。

（4）逾期支付，在第 50 天付款，企业丧失 2 万元折扣换得了 50 天的资金使用期，其信用额度为 100 万元，付款额为 100 万元。则：

放弃现金折扣的成本 = 2% × 360/[(1-2%) × (50-10)] × 100% = 18.37%

尽管这时的放弃现金折扣的成本 18.37% 仍高于借款利率 10%，但已比在第 30 天付款小多了。付款推迟时间越长，放弃现金折扣的成本就越低。但是，延迟付款会损害企业信誉，造成信誉损失。付款越晚，企业信誉损失越高，代价越大，这种代价在信用制度健全的社会环境中是无法用数据衡量的，企业会因失去商业信用被逐出市场。

第二节　短期债务融资

不论公司采用何种营运资本策略，只要公司存在流动资产占用，就必须安排相应融资以满足其需要。从营运资本管理策略上看，公司占用在流动资产上的资金主要通过短期债务融资来满足，只有保持流动资产与短期债务在数量上、期限上的匹配性，才能使公司在提高资产营运能力的同时，降低融资成本并尽量避免风险。

短期债务是指公司需要在1年或者超过1年的一个经营周期内偿还的债务。短期债务融资为公司提供了灵活的融资渠道，具有筹资速度快、灵活性强、成本低和风险大的特点。其方式主要包括：商业信用筹资、短期银行借款和发行短期融资券。

一、商业信用筹资

商业信用是企业在商品购销活动中因延期付款或预收货款而形成的借贷关系，是企业间的直接信用行为。由于商业信用是企业间相互提供、按照市场规则履行而无须签约的筹资形式，因此在西方国家又称之为"免费"的自然筹资。

1. 商业信用类型

商业信用筹资主要用于满足短期资金占用需要，包括应付账款、应付票据、预收账款等形式。

（1）应付账款。它是由赊购商品形成的、以记账方法表达的商业信用形式。在这种形式下，买方通过商业信用筹集的资金量大小取决于卖方的信用条件和信用政策。

（2）应付票据。它是买方根据购销合同，向卖方开出或承兑的商业票据。利用商业票据筹资的方法称为票据法。应付票据的付款期一般为1~6个月，最长为9个月，在多数情况下均不计息。

（3）预收账款。它是指卖方按合同或协议规定，在交付商品之前向买方预收部分或全部货款的信用方式，形成卖方企业债务。

此外，企业在生产经营活动中往往还形成一些应付费用，如应付工资、应交税金、应付利息、应付水电费等。这些费用项目的特点是受益在先、支付在后，因此也属于"自发性筹资"的范围。由于这类应付项目的支付具有时间固定性，且负债额度较为稳定，因此，也习惯称之为"定额负债"或"视同自有资金"。

2. 商业信用管理

商业信用筹资管理集中体现在应付账款管理上。商业信用筹资量的大小取决于：信用额度、信用期（允许按发票面额付款的最长期限）、现金折扣期及现金折扣率等因素。信用额度越大、信用期限越长，则筹资的数量也越多；同时，由于现金折扣期及现金折扣率的影响，使得企业在享有免费信用的同时，增加了因未享受现金折扣而产生的机会成本。因此，企业如何就扩大筹资数量、免费使用商业信用资金以及享受现金折扣与减少机会成本间进行比较，是信用筹资管理的重点。

3. 商业信用筹资的优缺点

商业信用筹资具有自发筹集、资金使用无约束及无成本（享受折扣）等优点，但也存在期限短、支付压力大、成本高（放弃折扣）等不足。

> ❓ 放弃现金折扣的成本本质上就是利用商业信用筹资的资金成本，它是一种机会成本。想一想，企业在何种情况下应接受现金折扣？何种情况下应放弃现金折扣？可举例说明。

二、短期银行借款

短期银行借款（short-term bank credit）是指公司向商业银行借入的、期限在1年以内的款项。作为一种财务融资行为（不同于交易过程中自发形成的商业信用融资方式），它是公司获得短期资金来源的主要形式。在我国，短期银行借款在公司融资中具有重要地位。

(一) 短期银行借款的种类

短期借款按照有无担保品作抵押分为信用借款和担保借款。

1. 信用借款

信用借款又称无担保借款，是指没有担保人作保证或没有财产作抵押，仅凭借款人的信用而取得的借款。公司申请无担保借款时，需要将公司近期的财务报表、现金预算报表送交银行。银行根据这些资料对公司的风险、收益进行评估后，决定是否向公司贷款，并拟定具体的贷款条件。信用借款一般有以下两种形式。

(1) 信用额度借款。信用额度是商业银行在未来一段时间内对借款人规定的无担保贷款的最高限额。一般情况下，公司在批准的信贷限额内，可随时按需要向银行申请借款。但是，银行并不承担必须提供全部信贷限额的法律责任。当公司出现财务状况恶化时，银行可以拒绝继续提供贷款。信用额度一般包括：①信用额度的期限。一般为一年，也有期限更短的。②信用额度的数量。它是银行规定的能贷款给公司的最高限额，例如，如果信用额度的数量是1 500万元，公司已从该银行借入的尚未归还的金额已达1 200万元，那么公司最多还能借300万元。公司在300万元以内的借款，银行将予以保证。

(2) 周转信贷协定。它是商业银行具有法律义务地承诺提供不超过某一最高限额的贷款协定。在协定有效期内，只要公司借款总额未超过最高限额，银行必须满足公司任何时候提出的借款要求。在最高限额内，公司可以借款还款、再借再还，不停地周转使用。公司享受周转信贷协定，通常要就贷款限额内的未使用部分支付给银行一笔承诺费（commitment fee）。

例如，某周转信贷额为1 000万元，承诺费率为0.5%，借款企业年度内使用了600万元，余额400万元，借款企业该年度应向银行支付承诺费2万元（400 × 0.5%）。这是银行向企业提供此项贷款的一种附加条件。

周转信贷协定的有效期通常超过1年，但实际上贷款每几个月发放一次，所以这种信贷具有短期和长期借款双重特点。

银行在提供信用借款时，为降低贷款风险，通常要求借款企业在银行中保持按贷款限额或实际借用额的一定百分比（一般为10%~20%）的最低存款余额，即补偿性余额。对于借款企业来讲，补偿性余额则提高了借款的实际利率。例如，某企业按年利率9%向银行借款100万元，银行要求维持贷款限额10%的补偿性余额，那么企业实际可用的款项只有90万元，则该项借款的实际利率为10%，大于合同利率9%。实际利率的计算过程如下：

$$实际利率 = \frac{100 \times 9\%}{100 - 100 \times 10\%} \times 100\% = 10\%$$

周转信贷协定借款与信用额度借款在持续时间、法律约束力和费用支付等方面都存在一定的差异。主要表现在：第一，信用额度的有效期一般为1年，而周转信贷协定借款可超过1年；第二，信用额度一般不具备法律约束力，而周转信贷协定具备法律约束力，银行要按合约规定承担相关的贷款义务；第三，公司采用周转信贷协定，除支付利息外还要支付承诺费，承诺费是对循环限额中未使用部分收取的费用，而在信用额度贷款情况下，无需对未使用部分支付承诺费。

2. 担保借款

担保借款是指有一定的担保人作保证或利用一定的财产作抵押或质押而取得的借款。担保借款可分为以下两类：

（1）保证借款。保证借款是指按法律，如《中华人民共和国担保法》规定的保证方式以第三方承诺在借款人不能偿还借款时，按约定承担一般保证责任或连带责任而取得的借款。

（2）抵押借款，抵押借款是指按法律规定的抵押方式以借款人或第三方的不动产或动产作为抵押物而取得的借款。实务中也习惯将抵押品为动产的借款方式称为质押借款，在此统称为抵押借款。

银行接受抵押品后，将根据它们的价值决定贷款金额，一般为其价值的30%~90%。这一比例的高低，取决于抵押品的变现能力和银行的风险偏好。抵押借款的成本通常高于信用借款，这是因为银行主要向信誉好的客户提供信用贷款，而将抵押贷款看成是一种风险投资，故而收取较高的利率；同时银行管理抵押贷款要比管理信用贷款复杂，为此往往收取额外的手续费。

（二）短期银行借款的利息支付方式及实际利率

银行借款的利率水平会随着借款的种类、借款的数额与借款时间的不同而有所不同。不同的利息支付方式下，企业承担的实际利率和名义利率（即合同约定利率）可能相等也可能不等。短期借款利息的支付方式一般有利随本清法和贴现法两种。

1. 利随本清法

利随本清法又称收款法，是指在借款到期时向银行支付本金和利息的方法。在没有补偿性余额情况下采取该方法付息时，企业借款的实际利率与名义利率相等。

例如，某公司从银行取得1年期借款100万元，合同利率为10%，年利息费用为 10 万元。则该笔借款的实际利率 = 10/100 × 100% = 10%，它与名义利率 10% 相等。

2. 贴现法

贴现法是银行向借款方发放贷款时，先从本金中扣除利息部分，而到期时借款方再偿还全部本金的一种计息方法。此方法下，银行在发放贷款时会预先从贷款中扣除利息，借款方实际得到的金额是借款面值扣除利息后的余额，而到期还款时必须按借款合同金额偿还。该方法下，企业承担的实际利率要高于名义利率。

$$贴现法付息下的实际利率 = \frac{利息费用}{借款额 - 利息费用} \tag{8.6}$$

或：

$$贴现法付息下的实际利率 = \frac{名义利率}{1 - 名义利率} \tag{8.7}$$

例如，某公司从银行取得借款 100 万元，期限 1 年，合同利率 8%，按贴现法付息，则其实际利率为 8.7%（计算过程如下），高于名义利率 8%。

$$实际利率 = \frac{100 \times 8\%}{100 - 100 \times 8\%} = 8.7\%$$

三、短期融资券

2005 年 5 月，中国人民银行对外发布并实施《短期融资券管理办法》，允许符合条件的企业在银行间债券市场向合格的机构投资者发行短期融资券。在银行间债券市场引入短期融资券是我国企业融资方式的重大突破，是金融市场建设的重要举措。由于我国目前市场资金较为充裕，短期融资券的发行利率较低，加上短期融资券实行余额管理，可以滚动发行，因此短期融资券是有竞争实力的企业降低融资成本的一种有效融资方式。

（一）短期融资券的含义与种类

1. 含义

短期融资券又称商业票据、短期债券，是指具有法人资格的企业，依照规定的条件和程序在银行间债券市场发行并约定在一定期限内还本付息的有价证券。它是由工商企业或金融企业发行的无担保短期本票。在中国，短期融资券是指企业依照《银行间债券市场非金融企业债务融资工具管理办法》的条件和程序，在银行间债券市场发行和交易并约定在一定期限内还本付息的有价证券，是企业筹措短期（1 年以内）资金的直接融资方式。

2. 种类

短期融资券可根据不同的标准进行分类。

（1）按发行方式不同，短期融资券可分为直接销售融资券与间接销售融资券。

① 直接销售融资券，是指由发行人直接销售给最终投资者的融资券。直接发行融资券的公司通常是经营金融业务的公司，它们有自己的分支网点，有专门的金融人

才。因此，有能力自己组织推销工作，从而减少了间接发行短期融资券时应付给证券公司的手续费用。在西方国家，直接销售的融资券目前已占相当大的比重。

② 间接销售融资券，是指先由发行人卖给经纪人，然后由经纪人再卖给投资者的融资券。经纪人主要是银行、各种信托投资公司、证券公司等。公司委托经纪人发行融资券时，要支付一定数额的手续费。

（2）按发行人不同，短期融资券可分为金融公司融资券与非金融公司融资券。

① 金融公司融资券，主要是指由各大公司所属的财务公司、各种信托投资公司、银行控股公司等发行的融资券。这类融资券一般采用直接发行方式。

② 非金融公司融资券，是指那些没有设立财务公司的工商企业所发行的融资券。这类融资券一般采用间接发行方式。

（3）按计息方式不同，短期融资券可分为按面值发行的短期融资券和贴现发行的短期融资券。

按面值发行的短期融资券是指按面值大小发行，债券利息按面值和票面利率计算；贴现发行的短期融资券是指按小于面值发行，贴现息即为债券的利息。

相关链接

华南城 22 亿元第一期短期融资券发行完成

华南城控股有限公司发布公告称，公司全资附属公司华南国际于 2014 年 10 月 17 日完成在中国银行间市场发行本金总额为 22 亿元的第一期短期融资券，年利率为 5.4%，期限为 365 天（从 2014 年 10 月 17 日至 2015 年 10 月 17 日）。华南城方面表示，短期融资券的发行进一步拓宽了集团的融资渠道，降低了融资成本，并反映了国内银行间投资者对华南城的信贷能力和业务前景的信心。该短期融资券发行所得款项主要用作偿还部分银行贷款。而经大公国际资信评估有限公司评定，第一期短期融资券及华南国际的信用评级分别为 A-1 级及 AA 级。

据了解，此前的 9 月 23 日，华南城刊发公告称，华南国际已获得拟在中国发行本金总额最多为 43 亿元的一年期短期融资券的相关批准。此次短期融资券预期将在 2 年内分期发行，而首期预计约为 22 亿元短期融资券发行将在 2014 年 11 月 15 日前完成。同时，华南国际已委任兴业银行及中信银行为联席主承销商，组建承销团以包销发行短期融资券。

资料来源：根据 http://finance.eastmoney.com 资料整理。

（二）发行短期融资券的条件

企业短期融资券的发行主体是中国境内具有法人资格的非金融企业，对银行间债券市场的机构投资者公开发行。发行条件为：（1）在中华人民共和国境内依法设立的企业法人；（2）具有稳定的偿债资金来源，最近一个会计年度盈利；（3）流动性良好，具有较强的到期偿债能力；（4）发行融资券募集的资金用于本企业生产经营；（5）近三年没有违法和重大违规行为；（6）近三年发行的融资券没有延迟支付本息的情形；(7) 具有健全的内部管理体系和募集资金的使用偿付管理制度；(8) 中国人民银行规定的其他条件。

证券公司短期融资券的发行主体是依中国法律设立的具有法人资格的证券公司，在银行间债券市场公开发行。发行条件为：(1) 取得全国银行间同业拆借市场成员资格 1 年以上；(2) 发行人至少已在全国银行间同业拆借市场上按统一的规范要求披露详细财务信息达 1 年，且近 1 年无信息披露违规记录；(3) 客户交易结算资金存管符合证监会的规定，最近 1 年未挪用客户交易结算资金；(4) 内控制度健全，受托业务和自营业务严格分离管理，有中台对业务的前后台进行监督和操作风险控制，近两年内未发生重大违法违规经营；(5) 采用市值法对资产负债进行估值，能用合理的方法对股票风险进行估价；(6) 中国人民银行和证监会规定的其他条件。

中国人民银行依法对融资券的发行、交易、登记、托管、结算、兑付进行监督管理。

(三) 短期融资券融资的优缺点

1. 短期融资券融资的优势

(1) 融资成本低。短期融资券融资成本除利息费用外，还有两种非利息成本，分别是经纪人手续费和等级评定服务手续费。在西方国家，短期融资券的利率加上发行成本，通常要低于银行同期贷款利率。这是因为，在采用短期融资券融资时，融资者与投资者直接往来，绕开了银行这一中介机构，节省了一笔原本应付给银行的融资费用。但也应该注意，短期融资券成本受市场基准利率的影响较大。[①]

(2) 数额大。银行一般不会向公司发放巨额的短期贷款。比如，西方的商业银行贷给个别公司的最大金额不能超过该公司资本的 10%，而短期融资券可以筹措更多资金。

(3) 可提高公司影响力。能在货币市场上发行短期融资券的公司都是著名的大公司，短期融资券的发行成功，有利于提高公司在市场上的影响力与信誉度。

2. 短期融资券融资的不足

(1) 风险大。短期融资券到期必须归还，一般不会有延期的可能。到期不能归还，会产生严重后果。

(2) 灵活性小。只有当公司的资金需求达到一定数量时，才能使用短期融资券融资。如果数量小，则不宜采用短期融资券融资方式。另外，短期融资券一般不能提前偿还，即使公司资金比较宽裕，也要到期才能还款。

(3) 条件高。发行短期融资券对公司的要求较高，并不是任何公司都能发行短期融资券，必须是信誉好、实力强、效益高、风险低的公司才能发行短期融资券，而一些小公司或信誉不太好的公司则不能利用短期融资券来筹集资金。

[①] 央行数据显示，自 2006 年以来，短期融资券发行收益率受市场基准利率的影响较大，从而使短券利差走势起伏不定。随着央行票据发行利率的提高，短期融资券发行收益率也逐步上升，2006 年度第一只短期融资券发行收益率为 3.23%，而 2006 年底最后一只短期融资券的发行收益率则上升到 4.10%，比年初上升了 87 基点，升幅超过了 25%。根据 www.eastmoney.com 的相关资料整理。

第三节 现金管理

一、现金持有目的与现金管理目标

现金是可以立即投入流动的交换媒介。它的首要特点是普遍的可接受性,即可以有效地立即用来购买商品、货物、劳务或偿还债务。因此,现金是企业中流动性最强、收益性较弱的资产,也被习惯称之为非收益性资产。这里我们讨论的现金通常包括:企业的库存现金、各种形式的银行存款、银行本票和银行汇票等。

(一) 现金持有目的

企业持有现金的目的,主要是满足交易性需要、预防性需要和投机性需要。

交易性需要是指满足日常业务的现金支付需要。企业的现金收支往往是不同步的,为了保证货款支付、债务偿还等现金需要,企业必须维持适当的现金余额,才能使企业业务活动正常地进行下去。

预防性需要是指置存现金以防发生意外的支付需要。由于现金流量的不确定性,企业必须保持一定量的现金余额,以防不时之需。现金流量的不确定性越大,预防性现金需要量就越大。此外,预防性现金数额还与企业的借款能力有关,如果企业能够很容易地随时借到短期资金,也可以减少预防性现金的数额;若非如此,则应扩大预防性现金数额。

投机性需要是指置存现金用于不寻常的购买机会。比如遇有廉价原材料或其他资产供应的机会,便可用手头现金大量购入;再比如在适当时机购入价格有利的股票和其他有价证券,等等。

需要指出的是,企业可以使用相同的现金余额来同时达到几种目的,因此,无须分别计算出满足企业各种需要的现金余额,更不能将几种需要额简单相加作为企业的现金持有量。

(二) 现金管理目标

现金之于企业,犹如血液之于人。企业为满足各种需要必须持有一定量的现金,但如果企业置存过量的现金就会因这些资金不能投入周转、无法取得收益而遭受损失。因此,企业现金管理的目标,就是要在持有现金的流动性和收益性之间做出合理的权衡,在保证企业正常经营及偿债的前提下,将现金余额降低到足以维持企业营运的合理水平,并利用暂时闲置的现金以获取最大收益。

二、现金预算管理

现金预算 (cash budget) 是企业在经营活动过程中,对其未来现金流入量和流出量的估计与判断,并以此作为控制手段,加强现金流的管理。现金预算是企业现金管理的重要工具，它让财务经理识别短期资金需求，告诉财务经理短期内需要多少借款，是一种在现金流量时间线上确定现金流缺口的方法。现金预算编制步骤如下。

（一）测算现金流入

企业主要的现金流入是营业现金收入即销售商品、提供劳务收到的现金，包括当期销售当期收到的现金（现销）、前期应收账款收回和预收账款。

其他现金流入包括资产销售、投资收入和长期融资（包括筹集权益资本和长期债务）。

例 8-4 已知光华公司生产甲产品，20×5 年预计价格为每件 60 元。该公司 20×5 年有关预测资料如下：各季度甲产品预计销售量分别为 2 000 件、3 000 件、4 000 件和 3 000 件；甲产品的现销比例为 60%，其余 40% 于下季度收回。假设 20×4 年末应收账款余额为 40 000 元。请编制该企业的现金收入预算。

解：所编制的现金收入预算见表 8-5。

表 8-5　　　　　　　光华公司 20×5 年营业现金收入预算　　　　　单位：元

项目	第一季度	第二季度	第三季度	第四季度	本年合计
销售量（件）	2 000	3 000	4 000	3 000	12 000
销售单价	60	60	60	60	60
销售收入合计	120 000	180 000	240 000	180 000	720 000
现销收入	72 000	108 000	144 000	108 000	432 000
回收前期应收账款	40 000	48 000	72 000	96 000	256 000
现金收入小计	112 000	156 000	216 000	204 000	688 000

该企业其他项目现金流入见表 8-6。

表 8-6　　　　　　　光华公司 20×5 年非营业性现金收入预算　　　　　单位：元

项目	第一季度	第二季度	第三季度	第四季度	本年合计
（1）股利收入		30 000			30 000
（2）处置固定资产				40 000	40 000
合计		30 000		40 000	70 000

（二）测算现金流出

企业的现金流出主要包括（1）购买商品的现金支出；（2）工资、税款和其他费用；（3）资本支出；（4）偿付长期债务的本金和利息、支付股利等。

例 8-5 光华公司根据销售预算、生产预算、有关存货库存要求和材料消耗定额，预计20×5年各季度采购金额分别为23 200元、32 600元、37 200元、29 000元。每季度购买材料只需支付60%现金，余款下季度付清。20×4年末应付账款为10 000元。请编制该企业的现金流出——采购支出预算。

解：所编制的采购支出预算见表8-7。

表8-7　　　　光华公司20×5年现金支出——采购支出预算　　　　单位：元

项目	第一季度	第二季度	第三季度	第四季度	本年合计
预计采购成本	23 200	32 600	37 200	29 000	122 000
(1) 当期付现	13 920	19 560	22 320	17 400	73 200
(2) 支付前期货款	10 000	9 280	13 040	14 880	47 200
(3) 当期现金支出	23 920	28 840	35 360	32 280	120 400

该公司除采购外其他项目现金支出预算见表8-8。

表8-8　　　　光华公司20×5年其他现金支出预算　　　　单位：元

项目	第一季度	第二季度	第三季度	第四季度	本年合计
(1) 直接人工	52 500	77 500	97 500	75 000	302 500
(2) 制造费用	25 000	35 000	43 000	34 000	137 000
(3) 销售及管理费	10 000	10 000	10 000	10 000	40 000
(4) 流通环节税金	6 000	9 000	12 000	9 000	36 000
(5) 预交所得税	5 000	5 000	5 000	5 000	20 000
(6) 预分股利	2 000	2 000	2 000	2 000	8 000
(7) 购买设备				50 000	50 000
合计	100 500	138 500	169 500	185 000	593 500

（三）测算现金余绌

现金流入量与现金流出量的差额就是净现金流量。净现金流量加期初现金余额等于期末现金余额。期末现金余额与目标现金余额（目标现金余额的含义与确定将在下一部分介绍）的差额就是现金余绌。期末现金余额大于目标现金余额，现金多余；期末现金余额小于目标现金余额，现金不足。

例8-6　光华公司目标现金余额预计为20 000元，20×4年末现金余额为20 000元。请计算该公司的现金余绌，并编制20×5年完整的现金预算表。

解：所编制的完整现金预算表见表 8-9。

表 8-9　　　　　　　　　光华公司 20×5 年度现金预算表　　　　　　　　单位：元

项目	第一季度	第二季度	第三季度	第四季度	本年合计
一、现金流入					
（1）经营现金收入	112 000	156 000	216 000	204 000	688 000
（2）其他现金收入		30 000		40 000	70 000
现金流入小计	112 000	186 000	216 000	244 000	758 000
二、现金流出					
（1）采购支出	23 920	28 840	35 360	32 280	120 400
（2）其他支出	100 500	138 500	169 500	185 000	593 500
现金流出小计	124 420	167 340	204 860	217 280	713 900
三、净现金流量	-12 420	18 660	11 140	26 720	44 100
四、现金余绌					
期初现金余额	20 000	20 000	20 000	20 000	20 000
期末现金余额	7 580	38 660	31 140	46 720	64 110
目标现金余额	20 000	20 000	20 000	20 000	20 000
现金余绌	-12 420	18 660	11 140	26 720	44 100
五、现金融通计划					
借款	12 420				12 420
偿还借款		12 420			12 420
投资		6 240	11 140	26 720	44 100

注：偿还借款时，应支付利息，本例为简便起见，忽略了利息。

（四）现金融通

现金融通是指现金多余的处置与短缺的弥补，列示于现金预算表的尾部，如表 8-9 所示。如果现金持有过多，由于现金本身没有收益能力，必然导致资产收益能力的下降和机会成本的上升；如果现金不足，又会影响正常的生产经营活动以及企业履行各种义务，严重时还会导致财务危机。对现金的多余与不足的处置方式，应视具体的情况而定。一般而言，临时性的现金多余可以考虑归还短期借款或购买短期有价证券；如果这种多余是长期性的，则比较适合归还长期借款或进行长期有价证券投资，甚至可以考虑分配给投资者。同样，对于临时性的现金不足，主要通过筹措短期借款或出售短期有价证券加以弥补；如果是长期资金不足，则可以利用负债或变卖长期有价证券来弥补，甚至可以考虑收缩经营规模。

三、目标现金余额的确定

为了实现企业现金管理目标,企业应做好现金预算编制工作,加强日常现金收支管理,加速现金周转速度,同时还应控制好现金持有规模,根据自身情况确定最佳现金持有量(即目标现金余额)。

(一)鲍摩尔模型

威廉·鲍摩尔(William Baumol)第一次将机会成本与交易成本结合在一起,提出了现金管理的模型。鲍摩尔认为,企业持有一定量现金,将会产生两种相关成本。

1. 机会成本

现金作为企业的一项资金占用,是有代价的,这种代价就是它的机会成本。现金持有量越大,机会成本越高。企业为了经营业务,需要拥有一定量的现金,付出相应的机会成本是必要的,但现金拥有量过多,机会成本大幅度上升,就不合算了。假设用 C 表示现金持有量,平均现金持有量为 $C/2$,K 表示持有现金的机会成本率,则:

$$机会成本 = C/2 \times K$$

2. 交易成本

如果企业持有的现金余额大于目标现金余额,多余的现金就可以用来购买有价证券以取得投资收益,需要现金时再将有价证券变卖。一般而言,企业在买卖有价证券时需负担一些费用,如委托买卖的佣金、手续费、过户费等,这就是交易成本。在这里考虑的是与交易次数成正比例变动的那部分交易成本。假设一定时期内企业的现金需求总量不变,则企业持有的现金余额(即每次有价证券的交易额)越多,转换次数就越少,交易成本越低;企业持有的现金余额越少,转换次数就越多,交易成本越高。如果以 T 表示全年现金需求量,F 表示每次交易成本,则:

$$交易成本 = T/C \times F$$

机会成本与交易成本之和就是持有现金的相关总成本。以上两种成本、总成本与现金持有量的关系可以表示在坐标图中(见图8-6)。从图中可以找到相关总成本最低的点所对应的现金持有量 C^*,C^* 就是最佳现金持有量,即目标现金余额,此时机会成本和交易成本相等。

这一点也可以通过数学模型计算出来。从图8-6可以看出,总成本最低的点,就是其切线等于0的点。

$$相关总成本\ TC = C/2 \times K + T/C \times F$$

将总成本对应于现金余额求导,并令其导数等于零,经推导可得:

$$C^* = \sqrt{2TF/K}$$

例8-7 已知,某企业全年现金需求量为72万元,机会成本率为10%,每次交易成本为250元,请计算最佳现金持有量以及相关最低总成本。

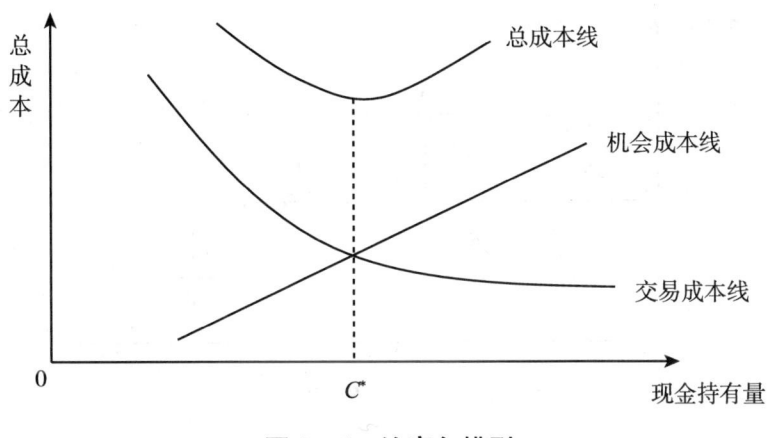

图 8-6 鲍摩尔模型

解：最佳现金持有量为：

$$C^* = \sqrt{2 \times 720\,000 \times 250/10\%} = 60\,000 \text{（元）}$$

最佳现金持有量时的总成本为最低总成本 TC^*：

$$TC^* = 60\,000/2 \times 10\% + 720\,000/60\,000 \times 250 = 3\,000 + 3\,000 = 6\,000 \text{（元）}$$

鲍摩尔模型可能是最简单、最直观的确定目标现金余额的模型，但也存在一定的局限性，主要包括：

（1）该模型假设企业的现金支出是均匀的。但实际上，由于到期日的不同及对成本无法准确预计，现金支出可能波动较大。

（2）该模型假设计划期内未发生现金收入。事实上，绝大多数企业在每一个工作日内都会发生现金流入，也会发生现金流出。

（3）该模型假设企业全年的现金需求量是已知的、确定的，且相关参数如机会成本率、每次交易成本可以预计。

（4）该模型未考虑安全现金储备量。

（二）米勒—奥尔模型

墨顿·米勒和丹尼尔·奥尔创建了一种能在现金流入量和现金流出量每日随机波动情况下确定目标现金余额的模型。对企业来讲，现金需求量往往波动大且难以预知，但企业可以根据历史经验和现实需要，测算出一个现金持有量即现金存量的控制范围，即确定出现金存量的上限和下限，将现金存量控制在上下限之内。当企业现金存量达到控制上限或超过上限时，用现金购入有价证券，使现金存量下降到现金返回线 Z；当现金存量降到控制下限或低于下限时，则抛售有价证券换回现金，使现金存量回升到现金返回线 Z。若现金存量在控制上下限之内，则不必进行现金与有价证券的转换，保持它们各自的现有存量。这种对现金持有量的控制原理，如图 8-7 所示。

图 8-7 中，虚线 H 为现金存量的上限，虚线 L 为现金存量的下限，实线 Z 为最优现金返回线。从图中可以看到，企业的现金存量（表现为现金每日余额）是随机

图 8-7

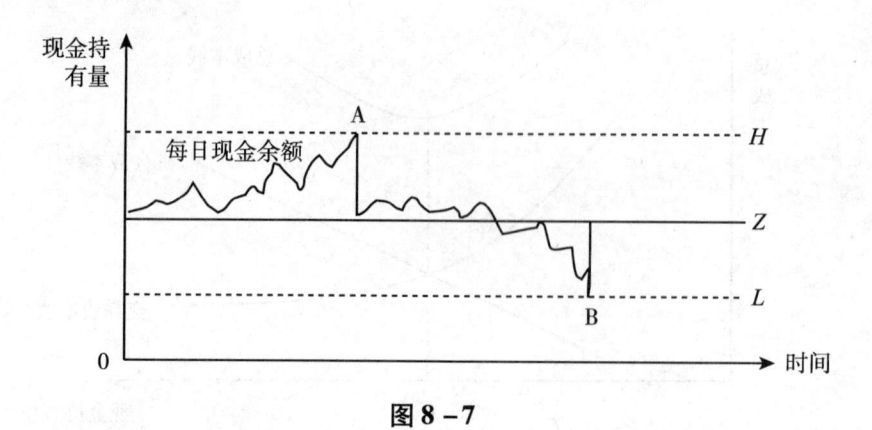

波动的,当其达到 A 点时,即达到了现金控制的上限,企业应使用现金购买有价证券,使现金量回落到现金返回线(Z 线)的水平;当现金存量降至 B 点时,即达到了现金控制的下限,企业应转让有价证券换回现金,使其存量回升至现金返回线的水平。现金存量在上下限之间的波动属控制范围内的变化,是合理的,不予理会。上图中的上限 H、现金返回线 Z 可按下列公式计算,下限 L 应根据企业的情况以及对现金短缺风险的愿意承受程度而确定的。

$$Z = \sqrt[3]{3F\delta^2/4K} + L \tag{8.8}$$

$$H = 3Z - 2L \tag{8.9}$$

式中:F——每次有价证券的交易成本;

K——日机会成本率;

δ——预期每日现金余额变化的标准差(可根据历史资料测算)。

米勒—奥尔模型中的平均现金余额为:

$$平均现金余额 = \frac{4Z - L}{3} \tag{8.10}$$

例 8-8 假定某企业每次有价证券交易成本为 100 元,企业认为任何时候其银行活期存款及现金余额均不能低于 1 000 元,又根据以往经验测算出日现金余额波动的标准差为 2 000 元。该企业有价证券的年利率为 10%,一年按 365 天计算。请问,当该企业的现金余额为 33 000 元、5 000 元及 1 000 元时各自应采取什么样的现金调整策略?该企业的平均现金余额为多少?

解:

(1) 计算日机会成本率 K。

按复利计算思路,$(1 + K)^{365} - 1 = 10\%$,则 $K = 0.0261\%$

(2) 计算最优现金返回线 Z。

$$Z = \sqrt[3]{3 \times 100 \times 2\,000^2 \div (4 \times 0.0261\%)} + 1\,000 \approx 11\,475 \text{(元)}$$

(3) 计算控制上限 H

$$H = 3 \times 11\,475 - 2 \times 1\,000 = 32\,425 \text{(元)}$$

（4）当该企业的现金余额为 33 000 元时，高于控制上限 32 425 元，此时应购入有价证券 21 525 元（33 000 - 11 475），使其现金持有量减少到 11 475 元；当该企业的现金余额为 5 000 元时，位于控制上限和下限范围内，不需做任何调整；当该企业的现金余额为 1 000 元时，位于控制下限，此时应卖出有价证券 10 475 元（11 475 - 1 000）换回现金，使其现金持有量增加到 11 475 元。

（5）计算该企业平均现金余额

$$平均现金余额 = \frac{4 \times 11\ 475 - 1\ 000}{3} \approx 14\ 967（元）$$

米勒—奥尔模型建立在企业未来的现金需求总量和收支不可预测的前提下，因此计算出来的现金持有量比较保守。

四、现金内部控制制度

为了加强对企业货币资金的内部控制和管理，保证货币资金的安全，企业应当按照《内部会计控制规范——货币资金》以及《企业内部控制应用指引第 6 号——资金活动》的要求，建立适合本企业经营特点和管理要求的货币资金内部控制制度并组织实施。企业负责人对本企业货币资金内部控制制度的建立健全和有效实施以及货币资金的安全完整负责。货币资金内部控制制度包括如下内容：

（一）不相容岗位相分离

企业应当建立货币资金业务的岗位责任制，明确相关部门和岗位的职责权限，确保办理货币资金业务的不相容岗位相互分离、制约和监督；出纳人员不得兼任稽核、会计档案保管和收入、支出、费用、债权债务账目的登记工作；单位不得由一人办理货币资金业务的全过程。

（二）定期轮岗制

企业应当配备合格的人员办理货币资金业务，并根据企业具体情况进行岗位轮换，以减少职务犯罪。

（三）现金支出的授权审批制度

企业应当对货币资金业务建立严格的授权审批制度，明确审批人对货币资金业务的授权批准方式、权限、程序、责任和相关控制措施，规定经办人办理货币资金业务的职责范围和工作要求。

现金支出的授权审批制度可以和预算管理相结合。在预算管理模式下，将支出分为预算内支出和预算外支出。对预算内支出，由费用发生的各分公司、分部门经理进行签字，对于大额支出还得同时经过财务经理或总经理签字，即所谓联签制；对预算外支出，遵循例外管理原则，报经决策机构批准之后，由决策者或部门经理签字。审批人应当根据授权批准制度的规定，在授权范围内进行审批，不得超越审批权限。对于重要现金支付业务,应当实行集体决策和审批,并建立责任追究制度,防范贪污、侵占、挪用货币资金等行为。审批权限一般用支出金额大小来表示。对于预算外现金支付,金额较小的,为提高工作效率,可由上一级主管经理审批;对于较大金额的支出,应经过一定的决策机构如董事局会议、经理联席会等批准、签字。预算管理模式将支付审批与预算管理相结合,既下放了一定权限,使公司的高层管理者集中精力抓好大事,又通过预算控制,防止了支付的随意性。

(四) 现金支付程序

企业应当按照规定的程序办理现金支付业务。

1. 支付申请

单位有关部门或个人用款时,应当提前向审批人提交现金支付申请,注明款项的用途、金额、支付方式、预算等内容,并附有效经济合同或相关证明。

2. 支付审批

审批人根据其职责、权限和相应程序对支付申请进行审批。对不符合规定的现金支付申请,审批人应当拒绝批准。

3. 支付复核

复核人应当对批准后的现金支付申请进行复核,复核现金支付申请的批准范围、权限、程序是否正确,手续及相关单证是否齐备,金额计算是否准确,支付方式、支付单位是否妥当等。复核无误后,交由出纳人员办理支付手续。

4. 办理支付

出纳人员应当根据复核无误的支付申请,按规定办理现金支付手续,及时登记现金和银行存款日记账。经办人应当在职责范围内,按照审批人的批准意见办理现金业务。对于审批人超越授权范围审批的现金业务,经办人员有权拒绝办理,并及时向审批人的上级授权部门报告。

与预算管理相结合,支出审批程序如图 8-8 所示。

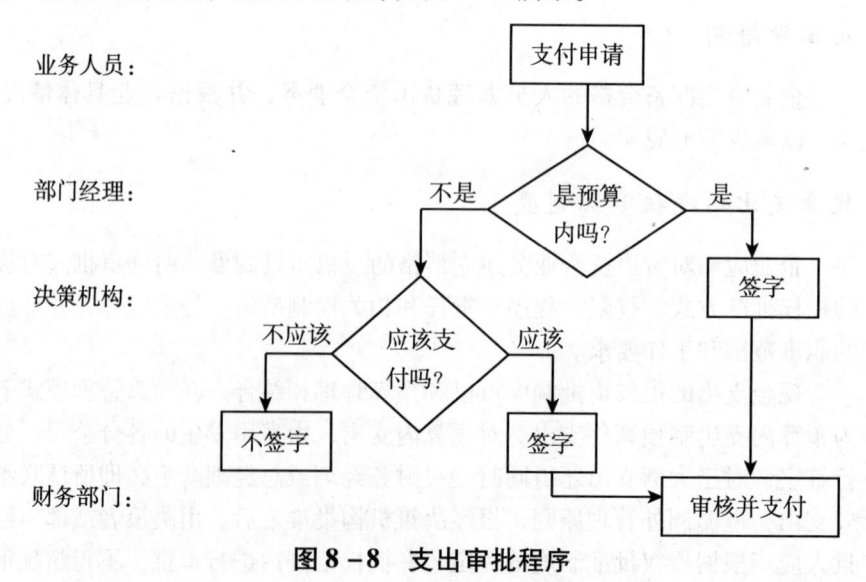

图 8-8 支出审批程序

（五）现金和银行存款的日常管理及清查制度

企业应当加强现金库存限额的管理，超过库存限额的现金应及时存入银行。取得的货币资金收入必须及时入账，不得私设"小金库"，不得账外设账，严禁收款不入账。应当定期和不定期地进行现金盘点，确保现金账面余额与实际库存相符。发现不符，及时查明原因并做出处理。

企业应当严格按照《支付结算办法》等国家有关规定，加强银行账户的管理，严格按照规定开立账户，办理存款、取款和结算。定期检查、清理银行账户的开立及使用情况，发现问题及时处理。加强对银行结算凭证的填制、传递及保管等环节的管理与控制。应当严格遵守银行结算纪律，不准签发没有资金保证的票据或远期支票，套取银行信用；不准签发、取得和转让没有真实交易和债权债务的票据，套取银行和他人资金；不准无理拒绝付款，任意占用他人资金；不准违反规定开立和使用银行账户。应当指定专人定期核对银行账户，每月至少核对一次，编制银行存款余额调节表，使银行存款账面余额与银行对账单调节相符。如调节不符，应查明原因及时处理。

（六）票据及有关印章的管理制度

企业应当加强与货币资金相关的票据的管理，明确各种票据的购买、保管、领用、背书转让、注销等环节的职责权限和程序，并专设登记簿进行记录，防止空白票据的遗失和被盗用。企业应当加强银行预留印鉴的管理。财务专用章应由专人保管，个人名章必须由本人或其授权人员保管。严禁一人保管支付款项所需的全部印章。按规定需要有关负责人签字或盖章的经济业务，必须严格履行签字或盖章手续。

（七）监督检查制度

企业应当建立对货币资金业务的监督检查制度，明确监督检查机构或人员的职责权限，定期和不定期地进行检查。货币资金监督检查的内容主要包括：

（1）货币资金业务相关岗位及人员的设置情况。重点检查是否存在货币资金业务不相容职务混岗的现象。

（2）货币资金授权批准制度的执行情况。重点检查货币资金支出的授权批准手续是否健全，是否存在越权审批行为。

（3）支付款项印章的保管情况。重点检查是否存在办理付款业务所需的全部印章交由一人保管的现象。

（4）票据的保管情况。重点检查票据的购买、领用、保管手续是否健全，票据保管是否存在漏洞。

对监督检查过程中发现的货币资金内部控制中的薄弱环节，应当及时采取措施，加以纠正和完善。

> **相关链接**
>
> ### 相关链接:《企业内部控制应用指引第6号
> ### ——资金活动》
>
> **第十八条** 企业应当加强资金营运全过程的管理,统筹协调内部各机构在生产经营过程中的资金需求,切实做好资金在采购、生产、销售等各环节的综合平衡,全面提升资金营运效率。
>
> **第十九条** 企业应当充分发挥全面预算管理在资金综合平衡中的作用,严格按照预算要求组织协调资金调度,确保资金及时收付,实现资金的合理占用和营运良性循环。企业应当严禁资金的体外循环,切实防范资金营运中的风险。
>
> **第二十条** 企业应当定期组织召开资金调度会或资金安全检查,对资金预算执行情况进行综合分析,发现异常情况,及时采取措施妥善处理,避免资金冗余或资金链断裂。企业在营运过程中出现临时性资金短缺的,可以通过短期融资等方式获取资金。资金出现短期闲置的,在保证安全性和流动性的前提下,可以通过购买国债等多种方式,提高资金效益。
>
> **第二十一条** 企业应当加强对营运资金的会计系统控制,严格规范资金的收支条件、程序和审批权限。企业在生产经营及其他业务活动中取得的资金收入应当及时入账,不得账外设账,严禁收款不入账、设立"小金库"。企业办理资金支付业务,应当明确支出款项的用途、金额、预算、限额、支付方式等内容,并附原始单据或相关证明,履行严格的授权审批程序后,方可安排资金支出。企业办理资金收付业务,应当遵守现金和银行存款管理的有关规定,不得由一人办理货币资金全过程业务,严禁将办理资金支付业务的相关印章和票据集中一人保管。

第四节 应收账款管理

一、应收账款的含义与功能

本章所说的应收账款是指因对外销售产品、材料、提供劳务及其他原因,应向购货单位或接受劳务单位及其他单位收取的款项,包括应收销售款、其他应收款、应收票据等。

应收账款主要有促进销售和减少存货两大功能。企业销售形式通常有两种:现销和赊销。应收账款是企业赊销的结果,赊销也习惯称为信用销售。现代赊销是商业活动的润滑剂。在市场竞争比较激烈的情况下,赊销是促进企业销售的一种重要手段。赊销的促销功能,在银根紧缩、市场疲软、资金匮乏的情况下十分显著,特别是在企业销售新产品、开拓新市场时,赊销更具有重要意义。

二、应收账款的成本

赊销能促进销售,但也需要付出代价。赊销的代价就是应收账款的成本,即将资金投放在应收账款上所产生的成本,主要包括:应收账款的机会成本、管理成本和坏账成本。

1. 应收账款的机会成本

应收账款体现为一种资金占用,企业如果不把资金占用在应收账款上,便可用于其他投资并获得收益,如用于购买有价证券获得利息或股息收入,这种因将资金投放在应收账款上而放弃的其他收益,就是应收账款的机会成本。这种机会成本一般按应收账款资金占用额乘以机会成本率计算,企业可将等风险投资的必要报酬率作为机会成本率。计算如下:

$$应收账款机会成本 = 应收账款占用资金 \times 机会成本率 \qquad (8.11)$$

$$应收账款占用资金 = 应收账款平均余额 \times 变动成本率 \qquad (8.12)$$

$$应收账款平均余额 = 日销售额 \times 平均收现期 \qquad (8.13)$$

此外,也有一种观点认为,应收账款资金占用额应该是应收账款平均余额,不应乘以变动成本率。因为应收账款是我们应该收回的资金,其机会成本应该是因应收账款未收回而丧失的投资收益。这种说法也是有一定道理的。

2. 应收账款的管理成本

应收账款的管理成本是指企业管理应收账款所发生的各种费用,主要包括:调查顾客信用情况的费用、收集各种信息的费用、账簿的记录费用、收账费用及其他费用。

3. 应收账款的坏账成本

应收账款因故不能收回而发生的损失,就是坏账成本。此项成本一般与应收账款发生额成正比,通常坏账成本等于赊销收入乘以预计的坏账损失率。

三、应收账款管理的目标与内容

通过上述分析可知,如果赊销增加,企业利润就会增加,但相应的与赊销相关的成本也会增加。如果利润的增加额大于相应的成本增加额,增加赊销是合算的;如果利润的增加额小于相应的成本增加额,增加赊销就不合算。因此,应收账款管理的目标(即信用管理的目标),就是要实现上述应收账款的功能与相应成本的平衡,这种平衡是通过建立并有效执行适当的应收账款管理政策(即信用政策)来实现的。因此,应收账款管理的内容应当包括:

(1)搜集客户信息并进行信用分析。信用分析是制定适当的信用政策的前提,也是决定是否给予某特定客户商业信用的依据。

(2)制定适当的信用政策,包括信用标准、信用条件和收账政策。

(3)严格执行信用政策。

(4) 根据相关反馈信息，对信用政策进行修订。
(5) 应收账款的监督。

四、信用分析

(一) 信用信息

客户信息资料的来源渠道有：
(1) 客户的损益表与资产负债表；
(2) 客户的商业银行；
(3) 信用评估机构的报告；
(4) 其他企业证明；
(5) 与某一顾客交易的历史记录；
(6) 其他公共性信息来源，包括电视、网络、期刊关于特定顾客或所在行业的报道。

(二) 信用评级

客户资信评价方法可分为定性分析法和定量分析法两种。

1. 定性分析法

定性分析法就是根据客户的非财务数据进行的分析，信用品质判断的"六C"系统就是典型的定性分析法。所谓"六C"系统，是评估客户信用品质的六个方面，即品质（character）、能力（capacity）、资本（capital）、抵押品（collateral）、条件（condition）和连续性（continuity）。

品质是指客户试图履行其偿债义务的可能性。因为每一笔信用交易都隐含着客户对企业的付款承诺，债务人是做出诚意的努力来还债，还是在尽可能地逃避债务，对账款的回收至关重要。因此，经验丰富的信贷管理者通常认为品质是评估中最为重要的因素。能力是企业信用部门对客户偿债能力的一种主观判断，其依据通常是客户的偿债记录、经营手段以及对客户所做的实地考察资料等。资本是指客户的财务实力和财务状况，如客户的负债比率、流动比率和速动比率以及利息保障倍数等，重点应放在对企业的有形资产的考察上。抵押品是指客户为了获得交易信用而提供给企业作为抵押用的资产。条件是指可以影响客户偿债能力的经济形势，及某些地区或经济领域的特殊情况可能造成的影响。连续性是指企业的经营政策及财务政策是否保持连续。

值得注意的是，上述六个方面对企业偿债影响最大的因素是品质、能力和资本，因而应首先加以考虑。为取得上述六方面的信息，不仅需要收集有关资料，还应配合相关的指标加以说明。

2. 定量分析法

客户资信评价的定量分析法是指对客户的财务信息和非财务信息进行评分，根据评分结果判断客户资信等级的一种方法。世界著名征信公司邓白氏国际信息公司所采用的风险指数法就是定量分析法的一种。

邓白氏国际信息公司将我国企业的风险级别分成6级，各级的标准和风险程度如表8-10所示。

表8-10　　　　　邓白氏企业风险指数等级表

风险指数	等级	风险程度	建议控制方法
5~6	RI1	最小，商业失败率0.01%	进行信用交易，放宽付款条件
4~5	RI2	低，商业失败率1.09%	进行信用交易
3~4	RI3	中等，商业失败率1.8%	进行信用交易，但要监控
2~3	RI4	高于平均值，商业失败率2.5%	进行信用交易，但要严格监控
1~2	RI5	明显，商业失败率8%	寻求担保
0~1	RI6	高，商业失败率19.6%	现金交易

风险指数计算时选择的关键要素有14个，如经济类型、所属行业、雇员人数、是否从事进出口业务、流动比率、资产回报率等，每个指标按6分制评分，指标越好评分越高。每个指标按其重要程度设定权重，该权重用百分数表示，全部指标权重之和等于100%。各指标的得分乘以相应权重，然后加总就得出该客户的风险指数，最高分为6分。对比表8-10，就可以确定企业风险等级。

五、信用政策的制定与评价

信用政策也就是企业应收账款管理政策，是企业对应收账款进行规划和控制的基本策略与措施，包括信用标准、信用条件与收账政策三个方面。信用政策的制定与评价是企业经营管理的重要方面，它会影响企业各个方面的工作，销售、生产、购货和现金管理都受到信用政策的影响。

（一）信用标准

信用标准是客户获得企业商业信用所应具备的最低条件。如果客户未能达到企业的信用标准，它就必须在较为苛刻的条件下（如付现款）向企业购货。信用标准的设置，直接影响到对客户信用申请的审批，与销售部门的工作密切相关，它能够帮助企业的销售部门确定企业的信用销售对象，在很大程度上决定了企业客户群的规模。信用标准的宽严也在很大程度上决定了应收账款的规模和相关成本。

如果企业制定很高的信用标准即只对最有信誉的顾客进行信用销售，企业会失去一些很有潜力的客户，还可能将客户推给企业的竞争对手。因此，较高的信用标准尽管使企业所遭受的坏账损失减小，同时应收账款的机会成本及收账成本也相应减少，但它也会造成销售额的减少，从而减少利润。

如果企业制定很低的信用标准即对大多数顾客进行信用销售，将可能增加企业销售额，从而增加利润，但所遭受的坏账损失、应收账款的机会成本及收账成本却会相应增加。

为确定最优的信用标准，企业应在不同的信用标准所增加的边际成本与增加的边际利润之间做出选择。也就是说，如果提高信用标准，所损失的收益小于由此可以避免的应收账款的相关成本，那么，就提高信用标准；如果放松信用标准，能使销售增加所带来的收益增加大于由此而增加的相关成本，那么，就应当采用较宽松的信用标准。

当然企业在确定信用标准时还应考虑其他因素：其一，同行业竞争对手的政策；其二，企业承担违约风险的能力；其三，客户的资信级别。客户资信级别对信用标准的影响，我们已在"信用分析"部分进行了阐述，以下对前两个因素作进一步解释。

分析同行业竞争对手政策的原因在于，销售对赊销期的长短、信用标准的宽严具有较大的敏感性，如果竞争对手制定了较宽松的信用条件，原有顾客和潜在顾客就会转移。尤其在同一市场上只有少数几家企业竞争，且产品相似，顾客在做选择时又可以得到足够的信息，竞争对手的反应就更重要。如果一家企业推出比其他竞争对手对顾客更优惠的政策，竞争对手可能会有两种选择：一是自动调整他们自己的政策以具有竞争性，二是审视他们自身的情况，只有他们认为对长远有利时才作调整。因此，企业应努力去探测竞争对手的思路。

企业承担违约风险能力的高低主要表现在其产品的获利能力和财务实力。如果企业具有较高的承担风险的能力则可提供较宽松的信用标准。

（二）信用条件

信用条件是销售方或劳务提供方在信用期、现金折扣期以及折扣率等方面的规定。信用条件通常可表达为："2/10，N/30"。典型的信用条件包括三个方面的内容：现金折扣期，即在多少天之内付款可以获得现金折扣；现金折扣率；信用期，即允许付款的最长期限。

1. 信用期限

信用期限是企业要求客户付款的最长期限，只要客户在此期限内付款，便可认为该客户没有违约。延长信用期限客观上刺激了销售，但也相应增加了企业在应收账款上的机会成本、管理成本，并可能加剧企业的坏账风险。因而，最优的信用期限是根据增加的边际收入与增加的边际成本而确定的。

2. 折扣期限与现金折扣

企业提供现金折扣的潜在收益是：（1）将吸引一批视现金折扣为减价出售的新顾客；（2）继续吸引一些老顾客专门为享受现金折扣而提前付款。因而使企业既扩大了销售，同时又使企业的应收账款数额下降。同延长信用期限一样，采用现金折扣方式在有利于刺激销售的同时，也需要付出一定的成本，即给予现金折扣造成的价格损失，如果加速收款带来的机会收益能够绰绰有余地补偿现金折扣成本，企业就可以延长现金折扣的期限或进一步增加现金折扣。

提供信用条件的主要成本是推迟收到资金的机会成本，既然机会成本是由利率水平决定的，那么卖方随利率的变化而变更信用条件看起来也是合理的，然而信用条件通常是固定不变的，客户的付款部门不会轻易改变它的付款行为。一项信用条件的变动，特别是一项紧缩的信用条件的变动，是会产生很大影响的，也许会因此失去客户，因为这些客户已经把这种信用条件看成是理所当然的。由于变动信用条件是很困难的，因此，在建立信用政策时，特别重要的工作是仔细审核、评价信用条件。

3. 信用条件的财务评价

本部分以举例方式说明信用条件的财务评价问题。详见例8-9。

例8-9 某企业原信用条件为"N/30"，变动成本率为60%，资金成本率为10%。预计年赊销收入为5 000万元，该企业为保证销售的实现，拟订了两个备选方案：

A：将信用条件放宽到"N/45"。预计坏账损失率将提高到3%，收账费用为60万元。

B：将信用条件变更为"2/10，1/30，N/45"，估计约有60%的客户（按赊销额计算）会利用2%的现金折扣，20%的客户会利用1%的现金折扣。预计坏账损失率为赊销收入的2%，收账费用为55万元。

试问该企业应选择哪个方案？一年按360天计算。

解：第一步，测算采用A方案的应收账款成本。

由已知得：A方案平均收账期=45（天）

A方案的平均应收账款余额 $= \dfrac{5\ 000}{360} \times 45 = 625$（万元）

A方案应收账款占用资金 $= 625 \times 60\% = 375$（万元）

应收账款的机会成本 $= 375 \times 10\% = 37.5$（万元）

应收账款的坏账损失 $= 5\ 000 \times 3\% = 150$（万元）

应收账款的收账费用 $= 60$（万元）

A方案应收账款的成本合计 $= 37.5 + 150 + 60 = 247.5$（万元）

第二步，测算采用B方案的应收账款成本。

B方案平均收账期 $= 60\% \times 10 + 20\% \times 30 + 20\% \times 45 = 21$（天）

B方案的平均应收账款余额 $= \dfrac{5\ 000}{360} \times 21 = 291.67$（万元）

B方案应收账款占用资金 $= 291.67 \times 60\% = 175$（万元）

应收账款的机会成本 $= 175 \times 10\% = 17.5$（万元）

现金折扣额 $= (60\% \times 2\% + 20\% \times 1\%) \times 5\ 000 = 70$（万元）

应收账款的坏账损失 $= 5\ 000 \times 2\% = 100$（万元）

应收账款的收账费用 $= 55$（万元）

B方案应收账款的成本合计 $= 17.5 + 70 + 100 + 55 = 242.5$（万元）

第三步，比较两个方案应收账款的成本。

这两个方案的收益是相同的，因为不管采用哪一个方案，销售收入是不变的，变动成本率是不变的，固定成本也是不变的，所以相应的收益是相同的。因此，只要比较两个方案的成本即可，哪个方案成本低，哪个方案较优。由于B方案的成本低于A方案的，B方案较优，所以应选择"2/10，1/30，N/45"的信用条件。

(三) 信用限额

信用限额又称为信用额度，包括企业发放给全体顾客的总体信用限额和发放给某一特定顾客的信用额度两方面。企业总体信用额度取决于企业自身的财务实力、信用政策、经营战略以及外部市场压力。

$$总信用限额 = 每天赊销额 \times 预计收账期$$

在总体限额的控制之下，还要针对具体客户的资信情况，确定对其的赊销额度。为每个客户建立信用限额账户，可以有效控制可能的信用损失。信用限额虽然不一定能提高客户付款的概率，但它可以限制不付款引起的坏账损失。卖方按可接受的信用风险，对新的账户制定一个低的信用限额，随着收账经验的积累，如果客户的付款情况是正常的，可以再调高信用限额。如果要使信用限额的建立生效，就必须密切控制每个账户，在向客户提供新增赊销额度之前必须经过信用审批。

(四) 收账政策

收账政策包括从债务人那里收取超过或没超过正常赊销期限的款项的程序。该政策最重要之处是具备能被清楚理解的规则，并由执行规则的人贯彻执行。如果客户看到企业没有严格执行某些规则，那么客户也将不会遵守。若客户资金有限，在决定支付哪部分账款时，取决于他感觉的各个供应商执行其信用政策的严肃程度。若客户认为某个供应商会采取无所谓态度，那么他就延迟向这个供应商付款；而那个若延迟付款就会切断供货的狠心肠供应商将会准时得到款项。但这只是收账实务的一方面，最重要的还是促使客户愿意付款、准时付款，具体包括：理解客户面临的问题，使他们确信付款是互利的，让他们意识到你愿意与他共同合作。

1. 收账程序

收账必须遵循一套系统的程序，该程序应当根据客户的信用风险不同而有所区别，但通常收账程序应包括：

(1) 发送过期通知书。该通知书应当在账款到期后及时发出，通知书的内容应当根据客户拖延情况及过去付款情况，措辞各异。比如，对过去信用很好但由于一些原因而偶然拖欠的客户应措辞委婉，而对恶意拖欠的客户应当严厉苛刻。

(2) 电话通知。很多客户对书面通知可能不予理会，但对电话这种直接催收方式则比较重视。

(3) 上门收款。这是一种成本很高的收账方式。当上述方法无效时，可以采用。一方面，给客户带去很大压力；另一方面，也给客户传递一个明确的信息，即企业对执行其信用政策和收账政策是严肃认真的。

(4) 诉讼付款。这种收账方式的代价很高，只有在所有的收款手段均告无效而客户所欠款项数额巨大时才使用。

2. 收账政策的财务评价

履行收账政策是要付出代价的，如收账人员的工资、办公费、差旅费、法律费用等，这就是收账成本。通常在一定限度内，收账成本越高，措施越得力，坏账损失与机会成本就越小,但二者并非呈线性关系。他们之间的关系是:最初支付的收账成本不会使坏账和机会成本大量减少;随着收账成本陆续增加,坏账和机会成本会有较大幅度减少,产生越来越大的效应;收账成本的增加达到一定限度(饱和点)后,其对进一步降低坏账损失的效力就会逐渐减弱,以致得不偿失。所以,合理的收账政策应该是使坏账和机会成本的减少额大于收账成本增加额的政策。

例 8-10 某企业有两种不同的收账政策备选方案 B、C(见表 8-11),A 为目前的方案。假定该企业全年有 240 万元的赊销额,目前的机会成本率为 10%,一年按 360 天计算。试问该企业应否改变当前的收账政策。

表 8-11 各收账方案相关资料

收账政策	备选方案		
	A	B	C
收账成本(元)	22 000	35 000	60 000
平均收账期(天)	60	50	40
坏账损失(元)	80 000	56 000	32 000

解:根据所给资料,列表计算分析。分析过程见表 8-12。

表 8-12 收账政策分析表

收账政策	备选方案		
	A	B	C
应收账款周转次数(次)	360/60 = 6	360/50 = 7.2	360/40 = 9
应收账款平均余额(元)	2 400 000/6 = 400 000	2 400 000/7.2 = 333 333.33	2 400 000/9 = 266 666.67
应收账款机会成本(元)	400 000 × 10% = 40 000	333 333.33 × 10% = 33 333.33	266 666.67 × 10% = 26 666.67
① 应收账款机会成本减少额		6 666.67	13 333.33
② 应收账款坏账成本减少额		24 000	48 000
③ 成本减少额小计		30 666.67	61 333.33
④ 收账成本增加额		13 000	38 000
⑤ 差量收益增加额		17 666.67	23 333.33

注:③ = ① + ②,⑤ = ③ - ④。

通过上述计算可以看出,B、C 两个方案的机会成本和坏账减少额都大于其收账成本增加额,因此,应采用新的收账政策。同时因为 C 方案节约成本即增加的收益更大,因此应选择 C 方案。

六、应收账款的监督与反馈

一个企业的管理部门一般都认为他们采用的是一种最好的信用政策,否则他们已经开始采用其他的信用政策了。但是,企业内外部环境在不断地变化,原来很好的信用政策,现在看来可能并不是很好。所以,信用政策以及实施这种政策的程序应随环境的变化而变化。一个不断完善的信用政策要求有一个监督应收账款水平的系统,这一监督系统为信用政策的下一步决策提供反馈信息。下面以个别账户的监督与反馈为例进行介绍。

(一) 应收账款的监督

应收账款的监督必须能监督每个账户的活动。通过对个别账户的监督可以帮助我们确定客户是否按照约定的条件付款,何时开始收账以及应否增加信用限额等。个别账户监督的工具主要有个别账户账龄分析表、平均收账期和客户账款的历史分析。

1. 个别账户账龄分析表

将每个账户(按客户设置)所欠款项的数额和账单的年龄(即欠款时间)列示于表中,就是账龄分析表(见表8-13)。它有助于管理者判断个别账户是否存在账款拖欠问题。

表8-13　　　　　　　　个别账户的账龄分析表　　　　　　　　单位:千元

客户	应收账款余额	应收账款账龄(天)				
		未过期	过期30~60	过期61~90	过期91~120	过期120以上
A 企业	5 000	4 000				1 000
B 企业	4 000	2 000	1 500	500		
C 企业	2 500	2 500				

由表8-13可以看出,A企业大部分应收账款未过期,但是有一小部分已过期120天以上,这个问题的严重程度和将要采取的催收措施要看账款拖欠的原因。让我们假设两种不同的情况:第一种情况,A企业每个月均按时订货与付款,过期未付的1 000千元实属运输货物受损造成的;第二种情况,在未付的1 000千元这一订单与最近大批订单之间该企业一直没有来订过货。显然,对于第一种情况,应采取调整和受损理赔的措施;而对第二种情况,信用管理员应倍加注意该企业的信用质量,同时可采取这样的措施:4 000千元到期之后立即催收,同时限制对该企业的信用销售。

B企业的应收账款是一个需要密切关注的账户,在最近的三个月有明显的迟付现象;而C企业显然是一个信用很好的客户,应收账款没有逾期。

当然,个别账户账龄分析表还可以根据管理需要增加一些扩展信息,包括订货次数、订货数量、信用限额和其他有利于信用分析者分析客户活动和付款情况的信息。账龄段的划分也可以小于30天,这取决于企业信用期限的长短。

2. 平均收账期

监督个别账户的另一个有效方法是计算账户的平均收账期（average collection time）。可通过查询每个订单、计算发票日与收到现金之间的天数来确定收账期。企业平均收账期的计算可参见表8-14。

表8-14　　　　　　　　　　　企业平均收账期计算表

客户	订货日期	收账期（天）	收款金额（千元）	收款金额×收账期
A企业	3/2	40	4 000	160 000
	4/3	35	3 000	105 000
	10/4	50	5 000	250 000
	12/5	40	6 000	240 000
	合计		18 000	755 000

平均收账期 = 755 000/18 000 = 41.94（天）

计算出平均收账期之后，应与企业给予客户的信用期相比较，对于平均收账期已远远超过信用期限的客户，应及时采取措施。此外注意"收账期"一栏的变化及其趋势，这样就很容易了解以后的收账进展情况。

3. 客户账款的历史分析

将客户应收账款变化置于一个较长的时间内进行连续分析是十分有价值的。客户账户历史分析表如表8-15所示。

表8-15　　　　　　　某客户账款历史分析表　　　　　　单位：千元，天

账号名称	月份	债务总额	期内	过期 1~30	过期 31~60	过期 61~90	过期 大于90	争议额	累计销售额	平均账龄
M0364	4	4 616	1 649	1 846	1 050	71	0	0	1 649	96
	5	5 636	1 810	1 649	1 846	260	40	31	3 459	98
	6	5 331	1 805	1 810	1 649	36	0	31	5 264	95
	7	5 160	1 545	1 805	1 810	0	0	0	6 809	92
	8	5 267	1 917	1 545	1 805	0	0	0	8 726	92
	9	4 196	1 816	1 917	463	0	0	0	10 542	71
	10	2 445	0	1 816	629	0	0	0	10 542	71
	11	1 347	135	0	1 212	0	0	0	10 667	81
	12	2 297	2 162	135	0	0	0	0	12 839	61
	1	4 972	2 810	2 162	0	0	0	0	15 649	62
	2	4 805	1 960	2 810	35	0	0	0	17 609	60
	3	3 542	1 162	1 960	420	0	0	0	18 771	64

将表中债务总额与企业给予它的信用限额比较,可以看出信用限额是否严格执行;将累计销售额与总销售收入比较可以发现客户的重要程度及其变化情况。客户是企业最重要的资源之一,我们是否采用了适当的信用政策并维持了与大客户的良好关系?通过争议额的变化可以清楚地看出争议的产生及解决;通过平均账龄的变化可以看出客户付款的主动性,以及收账政策的有效性;通过平均账龄与赊销期比较,可以看出企业信用条件的执行情况。显然上述信息对信用政策的再评价与执行是非常有价值的。

(二) 反馈

信用政策监督的结果应进行反馈,为做出是否修订目前信用政策的决策提供信息,信用政策监督与反馈过程如图8-9所示。如果企业采纳的信用政策和程序未达到既定的目标,就应当对它作适当的调整。监督系统确定了信用政策及其程序的有效性。当监督系统本身未达到既定的目标,管理者就应当考虑适当地变动监督系统以达到既定要求;如果没有正确地实施信用政策,就应当适当地改变信用程序;如果执行了正确的信用程序,那就应该适当地变动信用政策。不断地完善信用政策和收账程序,是整个信用管理的重要组成部分。

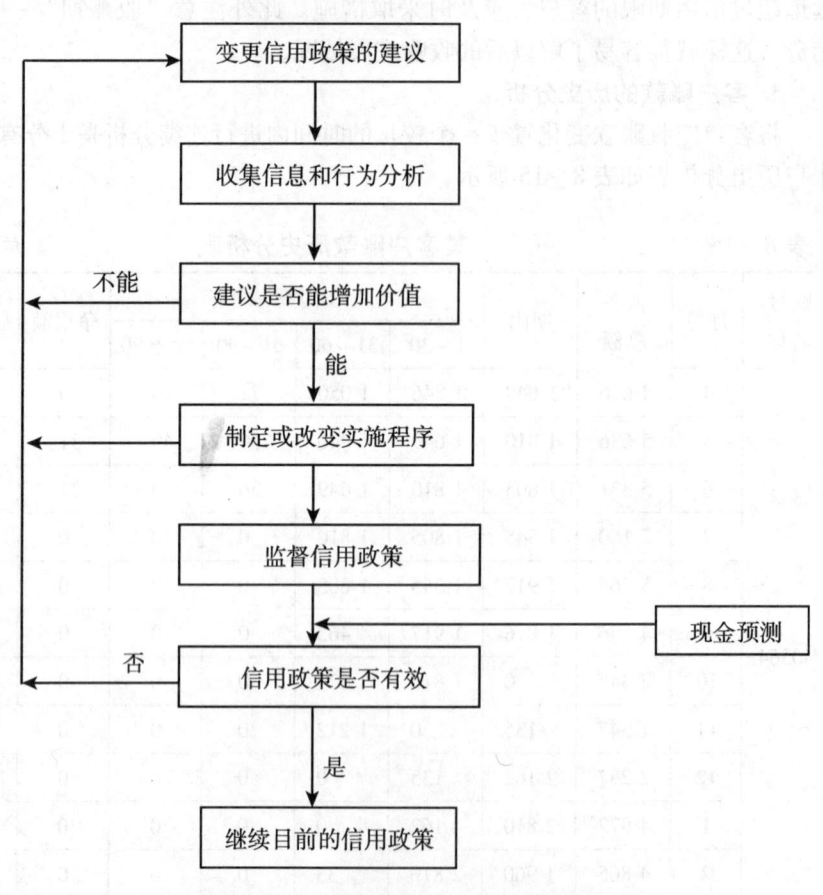

图8-9 信用政策监督与反馈系统

七、应收账款保理

应收账款保理业务是一项集贸易融资、商业资信调查、应收账款管理及信用风险担保于一体的新兴综合性金融服务。所谓保理（factoring）是指卖方（供应商或出口商）与保理商（提供保理服务的金融机构）之间存在的一种契约关系，根据该契约，卖方将其现在或将来的基于其与买方（债务人）订立的货物销售或服务合同所产生的应收账款转让给保理商，由保理商为其提供下列服务中的至少两项。

（1）贸易融资。保理商可以根据卖方的资金需求，收到转让的应收账款后，立刻对卖方提供融资，协助卖方解决流动资金短缺问题。

（2）销售分户管理。保理商可以根据卖方的要求，定期向卖方提供应收账款的回收情况、逾期账款情况、账龄分析等，发送各类对账单，协助卖方进行销售管理。

（3）应收账款的催收。保理商有专业人士从事货款催收，他们会根据应收账款逾期的时间采取有理、有力、有节的手段，协助卖方安全回收账款。

（4）信用风险控制与坏账担保。保理商可以根据卖方的需求为买方核定信用额度，对于卖方在信用额度内发货所产生的应收账款，保理商提供100%的坏账担保。

相关链接

银监会明确六类不合格应收账款不得开展保理融资

2014年4月18日，银监会发布《商业银行保理业务管理暂行办法》（下称《办法》），对保理业务、保理融资、应收账款及转让予以定义并进行了分类，对合格应收账款标准进行了界定。

近年来，保理业务在我国呈现出加快发展的态势。中国银行业保理专业委员会数据统计显示，2012年我国银行保理业务量折合人民币2.83万亿元，同比增长26.94%，其中国内保理人民币2.24万亿元，同比增长17.83%；国际保理939.72亿美元，同比增长80.16%。到了2013年上半年，银行业协会成员单位国内保理业务量达1.23万亿元，同比增长115.79%；国际保理业务量达594.32亿美元，同比增长176.12%。2013年保理业务增速有明显提升。

银行的保理业务是以"应收账款"为前提，根据《办法》的定义，保理业务是以债权人转让其应收账款为前提，集应收账款催收、管理、坏账担保及融资于一体的综合性金融服务，即债权人将其应收账款转让给商业银行，由商业银行向其提供应收账款催收、管理、坏账担保及融资等业务，即保理业务。可见，其中的核心就是"应收账款"。

随着保理业务的快速发展，由于"应收账款"存在各种问题，为业务带来诸多风险，甚至出现不良增加。此次《办法》出台，也对"应收账款"进行了定义，并明确了标准。"应收账款是指企业因提供商品、服务或者出租资产而形成的金钱债权及其产生的收益，但不包括因票据或其他有价证券而产生的付款请求权。"商业银行也要求按照"权属确定，转让明责"的原则，严格审核并确认债权的真实性，确保应收账款初始权属清晰确定、历次转让凭证完整、权责无争议。

为了严格控制风险,银监会也要求银行对于六大不合格的"应收账款",不得开展保理融资业务。包括不合法基础交易合同、寄售合同、未来应收账款、权属不清的应收账款、因票据或其他有价证券而产生的付款请求权等。对于这六类不合格的应收账款,《办法》也进行了定义,如未来应收账款是指合同项下卖方义务未履行完毕的预期应收账款。

资料来源:"第一财经网站"。

本章小结

本章主要介绍营运资本投资管理即流动资产管理和营运资本融资管理即短期债务融资。其主要内容包括:(1)营运资本的财务意义。从动态分析,公司营运资本高低取决于其经营周期、应付账款周转期、现金周期、长短期融资决策和短期投资策略等。现金周转期越短,说明公司对外部融资需求越低,从而降低了融资成本,提高了公司价值。如果现金周转期等于零,意味着公司除了周转所需的现金外,公司的其他流动资金需求全都由应付账款支持。如果小于零,意味着供货商不仅垫付了公司所需的流动资金,公司还将多余资金用于长期资产的占用。(2)营运资本的财务策略。包括两个方面:一是营运资本投资策略,即确定流动资产投资总额和各项流动资产目标投资额的策略;二是营运资本融资策略,即如何确定流动资产的资金来源的策略。(3)短期债务融资方式及相关概念。短期债务融资方式主要有商业信用、短期银行借款和短期融资券等。(4)现金管理。现金管理的目标就是要在企业的流动性和收益性之间做出合理的权衡,在保证企业正常经营及偿债的前提下,将现金余额降低到足以维持企业营运的合理水平,并利用暂时闲置的现金以获取最大收益。现金管理内容包括:编制现金预算、确定目标现金余额、加速现金回收、控制现金支出等。(5)应收账款管理。应收账款是企业信用销售形成的,应收账款管理也就是信用管理。信用销售在扩大销售的同时也带来了一系列成本,如应收账款的机会成本、管理成本和坏账损失等。信用管理的目的,就是要实现信用销售的功能与相应成本的平衡,制定并实施适当的信用政策。加强应收账款监督与反馈是实现信用管理目标的有效手段。

■关键词汇

营运资本(working capital)　　　　营运资本策略(working capital policy)
经营周期(operating cycle)　　　　现金周转期(cash conversion cycle)
商业信用(trade credit)　　　　　　短期银行借款(short-term bank credit)
应收账款(accounts receivable)　　　信用政策(credit policy)
收账政策(collection policy)　　　　"6C"(character, capacity, capital, collateral, conditions, continuity)
账龄分析表(aging schedule)　　　　保理业务(factoring)

小组讨论

继 2014 年 10 月，泸州老窖（000568，SZ）公告称公司在中国农业银行长沙迎新支行的 1.5 亿元存款离奇"失踪"后，2015 年 1 月 9 日晚，泸州老窖再次公告称，公司对全部存款展开风险排查发现，其在中国工商银行南阳中州支行的两笔存款存在异常情况，涉及金额 3.5 亿元。请查找泸州老窖存款离奇"失踪"案的相关资料，结合现金管理理论，分析探讨：

1. 泸州老窖存款离奇"失踪"的背景与原因。
2. 泸州老窖是否建立了现金管理制度？制度是否健全？执行情况如何？
3. 从存款离奇"失踪"来看泸州老窖现金管理存在的问题及对策。

思考题

1. 什么是营运资本？其财务意义是什么？
2. 有哪三种营运资本融资策略？试进行比较分析。
3. 什么是放弃现金折扣的成本？其财务决策的思路是什么？
4. 银行借款利息的支付方式有几种？其实际利率的计算以及实际利率与名义利率之间的关系是怎样的？
5. 什么是现金预算管理？如何编制现金预算表？
6. 现金管理的成本有哪些？试述它们的含义。
7. 什么是目标现金余额？确定目标现金余额的方法有哪些？
8. 简述应收账款的功能与代价。
9. 企业信用政策包括哪些内容？如何进行企业信用条件的财务评价？

练习题

1. 假设某企业的财务信息如下表所示，请计算该公司的现金周转期。一年按 365 天计算。

项目	金额（千元）
平均存货	2 500
平均应收账款	1 800
平均应付账款	875
销售收入	11 500
销售成本	8 200

2. 假设某企业每天的现金净流量波动（一天的现金流入量减去现金流出量）的标准离差为 50 000 元。每次购买或出售有价证券的费用是 100 元，有价证券年利率是 10%。由于该企业的流动性要求和有关补偿性余额的协议，该企业的现金余额最低的控制界限为 100 000 元。那么在米勒—奥尔模型下，该公司现金余额的上限、现金余额返回点以及平均

现金余额分别是多少（一年按360天计算）？

3. 某公司新开展了一项业务。资料如下：每月销售额平均为120万元（每月按30天计），变动成本率为60%，信用条件是"2/10，N/30"，预计20%的客户愿意取得现金折扣，其他客户一般在第40天付款。坏账及收账成本约占销售额的10%；在销售日，工资和材料款一并支付。公司现有大量的生产能力。要求：分析说明该公司应否采用目前的信用政策。

4. 某公司目前年赊销额为24万元，每件产品的售价为10元，该公司考虑其目前的信用政策及另外两个新的政策，并预计这些政策将产生如下结果：

	目前政策	政策A	政策B
需求增加	0	25%	35%
平均收现期	1个月	2个月	3个月
坏账损失率	1%	3%	6%

假设该公司新增产品每件能带来3元利润，其资金报酬率为20%。请问：该公司采取哪个政策对它更有利？假设不考虑收账费用，1年按360天计。

5. A公司是一家商业企业。由于目前的收账政策过于严厉，不利于扩大销售，且收账费用较高，该公司正在研究修改现行的收账政策。现有甲和乙两个放宽收账政策的备选方案，有关数据如下：

项目	现行收账政策	甲方案	乙方案
年销售额（万元/年）	2 400	2 600	2 700
收账费用（万元/年）	40	20	10
所有账户的平均收账期	2个月	3个月	4个月
所有账户的坏账损失率（%）	2	2.5	3

已知A公司的销售毛利率为20%，应收账款投资要求的最低报酬率为15%。坏账损失率是指预计年度坏账损失和销售额的百分比。假设不考虑所得税的影响，1年按360天计。

要求：通过计算分析，回答应否改变现行的收账政策？如果要改变，应选择甲方案还是乙方案？

6. 光华公司正在计划下年的流动资产投资水平。公司预计随着资产的投入，销售会增加到2 000万元。固定资产总额为1 000万元。短期与长期负债成本均为8%。长期负债取得的资金被投资于永久性流动资产。公司希望保持60%的负债比率。如果公司分别采取严格、中庸或宽松的营运资本投资策略，流动资产水平预计是销售额的45%、50%或60%。公司预计息税前的销售利润率为12%。公司的所得税率为25%。请计算分析：

(1) 不同的营运资本投资策略下公司权益报酬率分别是多少？

(2) 你认为该公司应采用哪种营运资本投资策略？为什么？为了回答这一问题，你觉得还需搜集何种资料？抑或做出何种假设？

(3) 背景资料中，预计销售额不受营运资本策略的影响，这种假定是否合理？

本章推荐阅读资料

1. ［美］斯蒂芬·A·罗斯等著，吴世农等译：《公司理财》（第9版），机械工业出版社2013年版。
2. ［美］Arthur J. Keown、Divid F. Scott、John D. Martin、Jay William Petty 著，朱武祥译：《现代财务管理基础》（第七版），第16、17章，清华大学出版社1997年版。
3. 王斌主编：《财务管理》，高等教育出版社2009年版。
4. 蒋屏主编：《公司理财》，中信出版社2005年版。
5. 中国注册会计师协会编：《财务成本管理》，中国财政经济出版社2014年版。